KEVIN MITREGA

Krakau

ABSEITS DER PFADE

braumüller

Anicie und der Stadt, die uns zueinander geführt hat.

Inhalt

Krakauer Bezirke

I	Stare Miasto	X	Swoszowice
II	Grzegórzki	XI	Podgórze Duchackie
III	Prądnik Czerwony	XII	Bieżanów-Prokocim
IV	Prądnik Biały	XIII	Podgórze
V	Krowodrza	XIV	Czyżyny
VI	Bronowice	XV	Mistrzejowice
VII	Zwierzyniec	XVI	Bieńczyce
VIII	Dębniki	XVII	Wzgórza Krzesławickie
IX	Łagiewniki-Borek Fałęcki	XVIII	Nowa Huta

Erkundete Stadtteile

1. *Stare Miasto*
2. *Kazimierz*
3. *Nowy Świat, Piasek*
4. *Kleparz*
5. *Wesoła, Stradom*
6. *Zwierzyniec*
7. *Azory*
8. *Bronowice*
9. *Rakowice, Czyżyny*
10. *Dębniki*
11. *Podgórze*
12. *Nowa Huta*

Einladung nach Krakau

Die einstige Königsstadt heißt auf Polnisch Kraków. Ausgesprochen wird dies wie *kra-kuf*, dabei gebührt der ersten Silbe ein beherztes Betonen, in etwa so wie bei *Krampus*. Damit hätten wir auch schon das katholische Klischee abgefrühstückt. Ein Besuch in Krakau ist vergleichbar mit dem rituellen Aufsuchen einer ans Herz gewachsenen Stammkneipe. Zunächst ist es ein Akt, der sich durch Wiederholung auszeichnet – niemand, der jemals in dieser wunderschönen Stadt unterwegs war, tut dies nur ein einziges Mal. Dann ist es ein Moment der Vertrautheit, man fühlt sich auf Anhieb wohl, findet sich gut zurecht und genießt das heimelige Gefühl. Zu guter Letzt weiß Krakau – wie auch die lieb gewonnene Kneipe – stets zu überraschen, mit Begegnungen, Begebenheiten und ihren Dynamiken. Diese Stadt ist nicht nur wie eine Kneipe, sie *ist* schlichtweg eine einzige Kneipe, die man aus einem tiefen Bedürfnis, einer Sucht heraus wiederkehrend betritt.

Der Eindruck verstärkt sich insbesondere bei einem Spaziergang durch die historische Altstadt und den angrenzenden Stadtteil Kazimierz: eine schier endlose Aneinanderreihung von Cafés, Restaurants, kleinen Freuden und anderen Filialen des Hedonismus, die zum Verweilen laden. Sie alle geben das gleiche Versprechen ab – Behaglichkeit, wie in der angestammten Kneipe. Für Genießerinnen und Nachtschwärmer sind das prächtigste Aussichten. Als Gast überkommt einen in Krakau manchmal das Gefühl, im Schlaraffenland zu wandeln. Man sieht sich mit einer kaum zu fassenden Vielfalt an Möglichkeiten konfrontiert, welche den angenehmen Nebeneffekt mit sich bringen, dass diese Stadt trotz ihrer vergleichsweise beschaulichen Größe niemals langweilig zu werden droht.

Ein Wort zum Tourismus in Krakau

Es ist nicht allzu lange her, da ging es noch überhaupt nicht darum, das abseitige Krakau zu entdecken und den touristischen Ausschlachtungsökonomien gekonnt auszuweichen. Die Stadt war – und ist für manche immer noch – ein Punkt »im Osten«, einer »wilden« Himmelsrichtung, die höchstens Abenteurer anzieht, weit weg von den Orten, wo man sonst hinfahren würde. Dabei ist Krakau alles andere als weit weg, von Wien aus gesehen ist die Distanz sogar kürzer als nach Innsbruck. Auf einem Bewusstseinsatlas lag die ehemalige Hauptstadt Polens viele Jahre abseits der etablierten Reisedestinationen, zumindest für Auswärtige. Nach wie vor dominiert in Krakau ein starker Binnentourismus das Geschehen. Dazu gesellen sich einige Reisende aus den östlichen Nachbarregionen, die schon vor der Wende, wenn auch nicht so zahlreich wie heute, anzutreffen waren. »Der Westen« entdeckte Krakau erst viel später, besonders in der gegenwärtigen Dimension.

Aus Sicht des Fremdenverkehrs setzte der erste richtige Boom, welcher bis heute anhält, in den 1990er-Jahren ein. Dieser prägte sogar den Begriff »Schindlertourismus«, eine Anlehnung an das plötzlich überproportional aufkeimende Interesse an der jüdischen Kultur und Geschichte Krakaus als Folge des Films *Schindlers Liste*. Zudem leistete die Ernennung des historischen Stadtkerns zum Weltkulturerbe der UNESCO sowie zur Europäischen Kulturhauptstadt des Jahres 2000 einen entscheidenden Beitrag zum Siegeszug, den die Reiseindustrie in Krakau angetreten hat. Begünstigt durch den Beitritt Polens und anderer slawisch geprägter Staaten zur Europäischen Union im Jahr 2004, entwickelte sich ein gewisser Hype um den »aufstrebenden Osten«, der gerne irgendwo zwischen Tradition und Moderne verortet wird. Ein riesiger Markt wurde geschaffen, und die Besucherzahlen zeigten nur mehr in eine Richtung: steil nach oben. Jährlich wurden Allzeitrekorde gebrochen. Anfang 2020 war es wieder so weit, das Tourismusbüro der Krakauer Stadtverwaltung präsentierte den Wert von sage und schreibe 14 Millionen Besuchern im Vorjahr, davon etwa 3,3 Millionen aus dem Ausland. Für eine Stadt mit rund 800 000 Einwohnerinnen und Einwohnern sind das astronomische Größen. Mit Ausbruch der Pandemie flachte die Kurve deutlich ab, eine unvorhergesehene wie ungewünschte Nebenwirkung.

Als Wirtschaftszweig entwickelte sich der Fremdenverkehr mit all seinen Verästelungen in Kultur und Gastronomie zur wichtigsten Einnahmequelle der Stadt – eine zwiespältige Angelegenheit. Mit großem Abstand thront Krakau seit einigen Jahren konstant auf Platz eins der beliebtesten und meistbesuchten Destinationen des Landes. Darauf möchte die Regierung ungern verzichten, also ordnet sie ungebrochen alles dem Primat privater Investitionen in touristische Infrastruktur unter. Dies zeigt sich beispielsweise am unermüdlichen Bau von Hotels. Gerade in der Altstadt gibt es mittlerweile Straßenzüge, wo praktisch nur mehr Quartiere für Gäste zu finden sind. Mitunter wurde dafür in jüngster Vergangenheit eine Reihe lokaler Einrichtungen geopfert – gegen alle Widerstände und Protestaktionen seitens der Bevölkerung. Dazu zählen etwa das legendäre Konzerthaus Lizard King, das unheimlich charmante Programmkino ARS sowie der rie-

Die junge Marysia, »Urheberin des Protests«, fordert mit ihrer Zeichnung: »Zerstört nicht diesen Ort!«

sige Gebäudekomplex Tytano auf dem Areal der ehemaligen Tabakfabrik, in dem sich Bars, Restaurants und diverse Räume für künstlerische Aktivitäten versammelten.

Es kommt aber auch einiges in Bewegung. Die Kritik, wonach Krakau zu einer Stadt für Investoren statt für ihre Einwohner geworden sei, wird lauter. Insofern empfanden manche den Besucherrückgang der vergangenen Jahre als zwischenzeitliches Aufatmen. Wie in vielen anderen Bereichen des Lebens haben sich in dieser Zeit auch hier Gegebenheiten verändert und Prioritäten verschoben.

Erzählungen und Empfehlungen

Dieses Buch möchte Lust auf Krakau machen und dazu anregen, sich nicht dem Mainstream hinzugeben, sondern sich neugierig auf den Facettenreichtum dieser Stadt einzulassen.

Auf Krakau ist Verlass, hörten mich nicht wenige sagen, und ich möchte Ihnen zeigen, warum dem so ist. Wir werden unbekannte Seiten der Klassiker entdecken und dort hingehen, wo sonst niemand hinsieht. Wir werden von Persönlichkeiten erfahren, die mit der Geschichte Krakaus eng verbunden sind, und auf Menschen treffen, die diese Stadt heute prägen. Dieses Buch möchte Ihr Begleiter vor Ort sein, aber auch Ihre Vorbereitung für die anstehende Reise. Es möchte neue Einblicke geben und nicht zuletzt allen tröstlich sein, die gerade nicht in Krakau weilen können.

Unsere Erkundungen finden in der Regel innerhalb eines Bezirks statt, wobei diese sich in kleinere Viertel gliedern. Die Kapitel beziehen sich zumeist auf einen solchen Stadtteil. Da und dort kommt es zu Überlappungen. Wir starten im historischen Zentrum in Stare Miasto und bewegen uns von dort aus in einer Zirkelbewegung immer weiter stadtauswärts. Dabei begleitet uns der abseitige Tenor von Beginn an bis zum Ende. Dort erwarten uns abschließend ein Streifzug durchs Krakauer Nachtleben sowie ein Ausflug in die »polnische Sahara«.

Fürchtet nicht die fremde Zunge!

Abschließend noch eine Bemerkung zur polnischen Sprache: Ja, sie mag auf den ersten Blick etwas einschüchternd wirken, vor allem in schriftlicher Form. Angesichts der teils kühnen Kombinationen aus aneinandergefügten Konsonanten kann einem schon einmal die Zunge verkrampfen, noch bevor man es schafft, den Mund zu öffnen. Doch einmal ausgesprochen, ist das Polnische von Weichheit und Liebe getragen – mit rollendem R und reichlich Temperament. Manchmal auch in atemberaubender Geschwindigkeit und ungeahnt hohen Frequenzen. Es sind aber auch andere Sprachen, etwa Deutsch, Englisch oder Spanisch, weit verbreitet, also kein Grund zur Verzweiflung. Die Menschen in Polen wissen um die Schwierigkeit der Artikulation ihrer Landessprache. Bezüglich der Grammatik meinen sie selbstironisch, nicht einmal sie selbst würden diese richtig beherrschen, und raten scherzhaft davon ab, das Regelwerk zu erlernen. Umso mehr aber wissen die Polinnen und Polen jede Anstrengung zu schätzen, sich ihrer Sprache, Kultur und Geschichte zu nähern. Dieses Buch möchte eine Einladung dazu sein.

Bleiben Sie länger, als es der Haltebereich vorsieht. »Küssen bis zu drei Minuten erlaubt!«, steht auf diesen Schildern in Krakau geschrieben.

Stare Miasto

Von einer verschollenen Königsstadt

Stare Miasto

Krakau ist eine ausgesprochen alte Stadt. Ihre Geschichte reicht mehr als tausend Jahre zurück. Die erste schriftliche Nennung entstammt einem Reisebericht des arabisch-jüdischen Kaufmanns Ibrahim Ibn Jakub aus dem Jahr 965. Zentral in Mitteleuropa gelegen, war und ist Krakau ein Kreuzungspunkt von Menschen, Waren, Kulturen und Geschichten. Die glanzvollste Zeit erlebte die Stadt im Mittelalter, als sie das Machtzentrum der polnischen Krone bildete und zu den bedeutendsten Handelsplätzen des Kontinents zählte. Ende des 16. Jahrhunderts wurde die Hauptstadt nach Warschau verlegt, woraufhin ein schleichender Niedergang einsetzte. Krakau geriet über die folgenden Jahrhunderte in die Rolle einer Provinz an allen möglichen politischen Rändern. Diese Entwicklung hat aber mitunter ihre Schönheit bewahrt. Die Stadt repräsentiert wie keine andere Metropole in Polen die Aufnahme unterschiedlicher Einflüsse: die engen Kontakte zum italienischen Kulturraum, fränkische und burgundische Vorbilder beim Bau gotischer Kirchen, vielfältige Zeugnisse in der Sprache, welche die Zeit überdauerten, und vieles mehr.

Wie kaum eine andere Stadt lebt Krakau förmlich von seiner Geschichte. Hier gibt es keine Gegenwart ohne Vergangenheit. Durch Krakau streift man wie durch eine Bibliothek, entlang von Buchrücken, die Häuser sind und unendlichen Erzählreichtum in sich tragen. Diese Stadt verfügt über so etwas wie ein Stadtnarrativ – einen Plot, der von Mythen und Legenden durchzogen und eng mit der polnischen Historie verwoben ist. Nicht umsonst spielt sie in zahlreichen Schilderungen zur polnischen Nation eine zentrale Rolle. Vieles, was kulturgeschichtlich als »polnisch« gilt, wird in Krakau verortet und nicht etwa in der gegenwärtigen Hauptstadt Warschau. Heute besteht eine gewisse Rivalität zwischen den beiden Städten, welche unterschiedlicher nicht sein könnten. Die einzige Gemeinsamkeit könnte vielleicht die Weichsel sein. In Krakau hat man sich gut damit arrangiert, nicht mehr die *stolica*, wie es auf Polnisch heißt, zu sein. Mit Blick auf den Kulturpalast, der 1955 als Geschenk Stalins mitten ins Warschauer Zentrum gesetzt wurde, zeigt sich die Krakauer Bevölkerung sogar recht glücklich darüber. Die Menschen wissen ganz genau, dass ihre Stadt für immer die heimliche Hauptstadt bleiben wird – ein hierzulande bekanntes Lied, *Nie przenoście nam stolicy do Krakowa* (*Verlegt uns die Hauptstadt nicht nach Krakau*), handelt davon. Nach wie vor bildet Krakau das geistige und kulturelle Zentrum in Polen, das schmutzige Geschäft der Politik überlässt man gerne den Kollegen in Warschau.

Nur allzu gern wird der Krakauer Lebensweise ein gewisser Snobismus nachgesagt. Das hiesige Selbstverständnis wurzelt in den familiären Gefügen des alten polnischen Adels, katholisch und bürgerlich-konservativ geprägt. Die Spuren führen bis in die noble Zeit des Mittelalters, wo Standesdünkel, kaufmännischer Reichtum, kulturelle Vielfalt und die Überpräsenz des Klerus dieses besondere Lokalkolorit formten. Bis ins 19. Jahrhundert war das beschauliche Krakau durch eine Stadtmauer vom Rest der Welt abgeschottet, umgeben von kleinbäuerlichen Strukturen und viel Peripherie – man legte also größten Wert darauf, *in* der Stadt, also in der heutigen Altstadt (*Stare Miasto*) zu leben, um nicht als »Bauer« gescholten zu werden.

Die Folge dessen war eine beispiellose Verdichtung Krakaus innerhalb der ehemaligen Begrenzung, die den kompakten Charakter der Altstadt ausmacht. Kein Wunder, dass all die Kneipen von heute in den Kellern, zu ebener Erde, in Innenhöfen, teilweise auch in oberen Geschoßen oder gar auf Dächern gemessen an der Zahl im Verhältnis zur Grundfläche des Stadtteils die weltweit höchste Dichte aufweisen. Das gesamte Leben in Krakau orientiert sich nach dem Zentrum, diese Tatsache ist so alt wie die Stadt selbst. Am Marktplatz, dem Rynek Główny, treffen sich die Menschen, machen ihre Besorgungen und geben sich den Annehmlichkeiten des Lebens hin. Auch die explosionsartige Ausbreitung der Stadt, welche in den 1950er-Jahren einsetzte und fortan wirkt, vermag es nicht, daran auch nur ansatzweise etwas zu ändern.

Vor diesem Hintergrund besteht für unsere Entdeckung der Altstadt im Folgenden zunächst einmal die Notwendigkeit, den Begriff des Abseitigen etwas zu schärfen. Im historischen Teil Krakaus *abseits der Pfade* zu schreiten, ist nahezu unmöglich geworden. Die gesamte Altstadt, noch so winkel- und facettenreich, hat sich zu einem einzigen touristischen Pfad entwickelt – mehrmals ist man geneigt zu sagen, sie sei dazu verkommen. In manchen Perioden, vor allem wenn es wärmer wird, überkommt einen nicht nur der Architektur wegen das Gefühl, in Venedig unterwegs zu sein. Denn es gibt leider auch hier Tage, an denen das Phänomen *overtourism* spürbar wird.

Seit einiger Zeit leben im historischen Kern der Altstadt so gut wie keine Einheimischen mehr. Im Zuge der groß angelegten Renovierungsarbeiten infolge der Ernennung Krakaus zum UNESCO-Weltkulturerbe wurden sukzessive ganze Häuserzeilen ausgesiedelt. Viele Bewohnerinnen und Bewohner konnten danach nicht mehr in ihr altes Zuhause zurückkehren, da man es für unverhältnismäßig erklärte, einfache Leute in den restaurierten Räumlichkeiten wohnen zu lassen. Keller und Erdgeschoß wurden dem Gewerbe zugesprochen, während Hotels, Redaktionen und andere repräsentative Einrichtungen die prunkvolle Beletage mit den aufgefrischten Deckenfresken bezogen. Es blieben also nur mehr die Obergeschoße übrig, allerdings mit deutlich weniger Wohnungen, da diese vergrößert wurden, um dem Prunk vergangener Tage gerecht zu werden. Das Zentrum rund um den Rynek mag heute zwar weitgehend unbewohnt sein, es wird aber dafür permanent von ganzen Menschenhorden bevölkert.

Trotz dieser Entwicklungen ist es dennoch möglich, eine abseitige Seite der Krakauer Altstadt zu entdecken – abseitig ganz im Sinne der Originalität, versteht sich. Wir werden uns auf einen Rundgang begeben, der zwar auch an die ganz klassischen Orte, meist Sehenswürdigkeiten genannt, führen wird, dabei jedoch Geschichten erfahren, welche für gewöhnlich nicht zum Besten gegeben werden. Manche dieser Erzählungen werden geläufiger sein, Stichwort *hejnał*, doch die Mehrzahl, seien Sie versichert, wird Ihnen in der gängigen Reiseliteratur nicht begegnen.

Das Durchkreuzen der Pfade

Wir beginnen unseren Streifzug durch die Krakauer Altstadt beim Eingang, dem wohl nahe liegendsten Ausgangspunkt für eine Besichtigung. Das Florianstor (Brama Floriańska) ist das letzte historische Portal, das der Stadt geblieben ist, und hält sich hartnäckig seit Beginn des 14. Jahrhunderts. Es beherbergt angesichts seiner opulenten Ausmaße einen geradezu winzigen Durchgang. Die Größe dürfte aber den königlichen Ansprüchen Genüge getan haben, denn Seine Majestät schritt auf dem Weg zur Residenz durch ebenjenes Schlupfloch, befindet es sich doch auf dem sogenannten Königsweg, der zwischen der Florianskirche außerhalb der Altstadt bis zum Herrschaftssitz auf dem Wawel verläuft.

Das Florianstor scheint etwas Listiges an sich zu haben, denn es überdauerte sämtliche Bestrebungen seiner Abtragung sowie alle seine Artgenossen inklusive der Stadtmauer. Manche historischen Nahezuabbruchaktionen waren so irrwitzig, dass man sich als Schreiberling nur dankbar darüber zeigen kann, dass diese in Überlieferungen erhalten geblieben sind. Eine dieser Geschichten schildert den buchstäblich steinigen Weg zur ersten elektrifizierten Straßenbahnlinie in Krakau anno 1901. Die Stadtplaner waren kurz davor gewesen, eine unerhörte Torheit zu begehen. Als sie die nagelneue *jedynka* (*Einserlinie*) durch das Florianstor pressen wollten, geriet plötzlich das Portal zur Stadt zum Hindernis. Wer heute durch diese Flucht schreitet, käme im Leben nicht auf die Idee, hier einen Wagen auf Schienen durchzuschicken. Dabei wollten die Ingenieure an alles gedacht haben, hatten präzise Maß genommen, die Waggons extra für die Lücke anfertigen lassen. Doch man vergaß auf die eigentliche Innovation, denn für die elektrische Oberleitung war nach dem Einschieben des Gefährts partout kein Platz mehr. Zuvor hatten noch Pferde die Waggons gezogen, somit hinkte man bereits in der Planungsphase seiner Zeit hinterher.

Was also tun in dieser misslichen Lage? Der erste Impuls erwies sich als wenig fortschrittlich: Anstatt die Technologie ihrer Umgebung anzupassen, wählte man zunächst den umgekehrten Weg. Also versuchten die verzweifelten Ingenieure, die städtischen Amtsträger davon zu überzeugen, das vermeintliche Übel – das alte Gemäuer, das ihr Scheitern zu verantworten hätte – zu beseitigen. Anfangs zeigten sich die Entscheidungsbefugten gar dazu geneigt, dem Antrag zuzustimmen, doch dann bekamen die Krakauer Wind davon und es regte sich Widerstand. Die Menschen konnten nicht nachvollziehen, weshalb wegen eines simplen Konstruktionsfehlers gleich ein jahrhundertealtes Bauwerk der mangelhaften Gerätschaft weichen sollte.

Schließlich kam der rettende Einfall, der an nüchternem Pragmatismus wohl kaum zu überbieten ist: wieso nicht einfach den Boden absenken? Darauf waren die Ingenieure nicht gekommen. Und so fiel das Niveau der Pflasterung durch das

Florianstor extra für die Straßenbahn um einige Zentimeter – schon passte die Maßanfertigung durch die Lücke. Man muss den Geist der Moderne gespürt haben, als der Waggon durch das Portal rollte. Später verschwand die Straßenbahn aus dem Bereich innerhalb der alten Stadtmauer wieder. Heute erinnert nichts mehr an diese bahnbrechende »Unterführung«, lediglich die alten Waggons können in Kazimierz im städtischen Museum für Ingenieurwesen bewundert werden. Damals war man dank dieser Innovation dem Bau einer U-Bahn in Krakau näher denn je.

Ob sich das ausgeht?

Wir quetschen uns also ebenerdig und ohne Strom durch die Öffnung und betreten die Altstadt. Auf der ulica Floriańska, die pfeilgerade zur Marienkirche führt, begegnet uns rechter Hand ein alter Bekannter aus Österreich, Kaiser Franz Joseph I. Er blickt von der Beschilderung eines Restaurants mit dem Namen *Pod Złotą Pipą*, was so viel bedeutet wie *Unter dem goldenen Zapfhahn*. Es war aber nicht immer so gut um die Gunst der Polen gegenüber ehemaligen Okkupanten bestellt. Für kurze Zeit war Krakau, als das Land zwischen Österreichern, Preußen und Russen aufgeteilt worden war, eine »freie« Stadtrepublik – der letzte Rest von Polen auf der europäischen Landkarte. Aus dieser Periode resultieren mitunter die Stadtfarben Blau und Weiß, welche für die Weichsel sowie die Neutralität stehen. Den Habsburgern war diese kleine Insel der Freiheit naturgemäß ein Dorn im Auge, also besetzten sie in den 1840er-Jahren unter windigen Vorwänden die Stadt. Józef Piłsudski, der spätere Marschall und Staatschef des unabhängigen Polen in der Zwischenkriegszeit und nach wie vor eine zentrale historische Figur der Gegenwart, beschreibt in einer seiner Schriften die Gefühlslage ganzer Generationen: »Länger als ein Jahrhundert überhäufte man Polen unter Zuhilfenahme von Bajonetten, die seinerzeit Polen niedergeworfen hatten, mit Wohltaten fremden Lebens, das gerade deshalb oft so leidenschaftlich gehasst wurde.«

In Krakau haben sich im Laufe der Zeit zahlreiche Redewendungen herausgebildet, welche auf die österreichische Herrschaft und ihre Eigenheiten zurückgehen. Beispielsweise sei eine Person mit Doktortitel entweder Arzt oder Österreicher. Es sind meist hochironische und subtile Phrasen, zu denen ganze Bücher in polnischer Sprache vorliegen. Ein solches geflügeltes Wort lautet *austriackie gadanie* (*österreichisches Gerede*). Dies beschreibt eine Art des Sprechens, die in ihrem Wesen unklar ist, ein sinnloses Geschwafel ohne dahinterliegende Absicht, unbedeutend, weder ernst gemeint noch ernst zu nehmen, geradezu lächerlich. Ihr Ursprung soll in der Tatsache begründet liegen, dass trotz zahlreicher Versprechungen aus Wien nie nennenswerte Gelder nach Galizien, der unterentwickeltsten Provinz der Donaumonarchie, geflossen sind. Stattdessen wurde ständig vertröstet, beschwichtigt, Verbindliches in die Zukunft verlegt – jaja, das wird schon, schauen wir mal. Angesichts der jüngst öfter ausgesprochenen Drohung seitens der Europäischen Union, finanzielle Zuwendungen an Polen zu kürzen, dürften sich die aktuellen Machthaber in Warschau erneut an »österreichisches« Gerede erinnert fühlen – wohlgemerkt mit dem feinen Unterschied, dass die Konsequenzlosigkeit in diesem Fall einen Gewinn darstellt. Aber kommen wir in diesem Zusammenhang auf die eigentliche Bedeutung des Wortes *pipa* zurück, nämlich *Pfeife*, und zwar im pejorativen Sinne, wie es auch im Deutschen gebräuchlich ist. Je nach Lesart schimmert der Kaiser wie eine Medaille im Licht. Wie heißt es so schön? Es ist nicht alles Gold, was glänzt.

Wertvoller hingegen ist der Besuch im Restaurant. In der Altstadt kann es Ihnen passieren, dass Sie auf offener Straße von jemandem angeworben werden, in der Hoffnung, dass Sie sich ins angepriesene Etablissement begeben. Für gewöhnlich bedeutet es ja nichts Gutes, wenn ein Lokal auf solch offensive Weise werben muss – besonders beim Essen. Meist sind es irgendwelche Clubs, die mit billigem Fusel oder Striptease zu locken versuchen. Letzteres erkennen Sie schon von Weitem an den charakteristisch roten Regenschirmen der Werbetreibenden. Dass es auch anders geht, beweist das Restaurant Pod Złotą Pipą.

Eines Abends bat mich ein ob seiner Profession viel zu elegant gekleideter Mann ins Lokal. Er sah mich die Speisekarte am Hofeingang studieren, und wir kamen ins Gespräch. Der Mann war über sechzig und trug einen dunkelblauen Regenmantel, dazu einen Hut. Seine Hände hielt er in schwarzen Lederhandschuhen warm. Ich fragte ihn, was es mit dem Namen des Restaurants auf sich habe. »Na ja, was hat es damit

Ob es dem Kaiser mundete?

auf sich?«, setzte er an. »Es ist ein Spiel, eine Provokation. Vor allem ist es eine Referenz auf den Schwejk. Das Wort *pipa* stammt aus dem Tschechischen. Der Urheber war sich der breiten Assoziationsmöglichkeiten bewusst, er wollte die Menschen zum Nachdenken anregen.« Welch Aufregung er schon des Öfteren miterlebt habe, schilderte der Mann weiter. Es sei vorgekommen, dass sich Leute wegen der vermeintlichen Obszönität (*pipa* ist in etwa so doppeldeutig wie das englische *pussy*) auf den Schlips getreten fühlten. Dann fragte ich nach dem Kaiser, der auf dem Schild zu sehen ist. »Ja, der Kaiser. Er war eben mal hier. Und hat gegessen. Nicht alle waren glücklich über seine Uniform«, erzählte der Mann schmunzelnd.

Das Restaurant befindet sich im gepflegten Keller des Hauses an der ulica Floriańska Nummer 30, rustikal und edel zugleich. Die Auswahl an Speisen ist vielversprechend und mit Bedacht klein gehalten. Zudem arbeitet dort ein Kellner, den man eher in Wien vermuten würde. Er meint von sich aus, er habe Angst vor Menschen und doch bediene er sie. Sein Umgang ist ungemein trocken, schlagfertig und latent unfreundlich. Ich frage mich, hat die österreichische Seele Krakau je verlassen?

Auf dem Königsweg zieht's!

Wir schreiten voran in Richtung Marienkirche. Kurz vor dem Marktplatz ist ein laues Lüftchen zu vernehmen. Wir halten kurz inne, werfen einen Blick zurück, die Straße entlang bis zum Florianstor. Dabei kommt mir eine Anekdote zu einem weiteren Abbruchversuch des letzten Stadtportals in den Sinn, doch diesmal übergebe ich das Wort an den wohl größten polnischen Feuilletonisten der Zwischenkriegszeit, Tadeusz Boy-Żeleński, der in Krakau allgegenwärtig ist. In einem Text aus dem Jahr 1931 beschreibt er auf unübertreffliche Art und Weise die nicht zu glaubende Begebenheit:

»Heute gibt es Ämter, die die Mauern vor den Menschen schützen. Aber wo bleibt der Schutz der Menschen vor den Mauern? Seit kurzem gibt es die Einrichtung der Konservatoren, und das ist gut. Doch im Unterbewusstsein drängt sich der Gedanke auf, dass viele schöne Dinge nicht entstanden wären, wenn es die Konservatoren seit Jahrhunderten gegeben hätte. Der Stolz Krakaus, die reizvolle und originelle Grünanlage Planty, wurde aus einem unbeschreiblichen Vandalismus geboren: Sie entstand an der Stelle, wo man die alten Wehrmauern der Stadt zerstörte. Man bewundert heute den Florianturm: Früher gab es in der Innenstadt an fast jedem Straßenende einen solchen Turm. Alle wurden zerstört. Beinahe auch wäre der Florianturm niedergerissen worden, und es lohnt festzuhalten, welchem Umstand er seine Rettung dankt. Der Stadtrat hatte in einer Sitzung die Abtragung des Turms bereits beschlossen (…), als einer der Ratsherren dagegen protestierte und sein Veto damit begründete, dass auf dem Platz vor der Marienkirche schreckliche Windstöße aufträten. Beim Abtragen des Florianturms würde ein nicht auszuhaltender Durchzug entstehen. Ich sehe, Sie lächeln: Welche Dummheit! Doch nein, der Einspruch war gar nicht so dumm und durchaus begründet. Wissen Sie, was es mit dem Wind an der Marienkirche auf sich hatte? In der Tat traten hier zum Ärgernis der Gläubigen, die der Kirche zuströmten, heftige Böen auf. Eine wahre Tragödie für jede gesetzte Matrone, ein ernsthaftes Problem, das ihren guten Ruf und ihre Ehre betraf. (…) Man stelle sich die Damen vor, wie sie ihre Röcke schürzten, in die der Wind wie in ein Segel hineinfuhr und zur Freude der Passanten, die dem Gotteshaus zustrebten, die Barchenthöschen enthüllte (…). Es war also die besonnene Stimme jenes Ratsherrn, die den Florianturm rettete.«

Ein Hoch auf die Prüderie! Wer weiß, vielleicht ist der alte Turm tatsächlich nur deshalb erhalten geblieben, um weiterhin potenziellen Entblößungen entgegenzuwirken. Die stille Aufforderung des Florianstors zur Bedeckung der Haut quittiere ich mit einem gleichgültigen Nicken. Setzen wir also den Rundgang fort und schreiten an der Marienkirche vorbei auf die zentral gelegenen Tuchlauben (*sukiennice*) zu, welche den Marktplatz mehr oder minder in zwei Hälften teilen. Eine Unzahl von Tauben leistet uns dabei Gesellschaft, sie tummeln sich in kleinen Häufchen auf dem Boden und schwärmen wild herum, wo sie Futter vermuten. Slalomartig passieren wir die Blumenverkäuferinnen. Sie stehen unter den zum Symbol des Marktplatzes gewordenen gel-

Ein Marketing-Coup vom Feinsten

Ein Mahnmal zur Todsünde Neid

ben Sonnenschirmen, welche die wahrscheinlich effektivste Werbemaßnahme darstellen, die jemals von einem Radiosender durchgeführt wurde.

Die Tuchlauben verfügen über zwei Durchgänge: einen langen Korridor, bestehend aus zahlreichen Verkaufsständen, und einen kürzeren Durchlass, welcher den Handelsweg auf mittlerer Höhe kreuzt und dazu dient, auf direktem Weg den Rynek zu queren. Es ist der größte mittelalterliche Handelsplatz auf dem Kontinent – allein seine Dimensionen spiegeln die historische Bedeutung der Stadt wider. Vor der besagten Abkürzung halten wir kurz inne. Ein schwarzer Dolch hängt etwas unscheinbar an einer Eisenkette vom Torbogen herab. Er gilt nicht den Konstrukteuren der Krakauer Straßenbahn, nein, einer Legende nach diene die Waffe als Mahnung. Zwei Brüder, beide Baumeister, sollen einst die Marienkirche mit ihren charakteristisch unterschiedlichen Türmen errichtet haben. Im Zuge der Arbeiten geriet das Geschwisterpaar in Konkurrenz zueinander – sie fürchteten, der jeweils andere könnte einen höheren, schöneren Turm bauen. Einer der Brüder konnte seinen Bau frühzeitig vollenden. Es handelt sich um den Nordturm mit dem markanten achteckigen Aufsatz und dem gekrönten Dach. Daraufhin tötete er seinen vermeintlichen Rivalen aus neidvoller Angst, dieser könnte sein Werk übertreffen. Der Dolch, den wir gerade im Blick haben, soll die Tatwaffe gewesen sein. Weil der Bruder den Mord an seinem engsten Verwandten nicht verkraften konnte, stürzte er sich wenig später vom Südturm in den Tod. Um sicher zu gehen, rammte er sich davor noch das Messer in die Brust.

Nachdenklich mustere ich die beiden Türme der Marienkirche. Ihre Verschiedenheit verleiht der Basilika etwas Besonderes. Der höhere Nordturm diente im Mittelalter der Observation. Als Krakau noch von einer Mauer umgeben war, wurde von diesem Wachturm aus zum Öffnen und Schließen der Tore ein Hornsignal geblasen. Zudem wurde auf diese Weise im Falle eines Brands oder feindlichen Angriffs Alarm geschlagen. Die Glocke erklingt, sie schlägt zur Tagesmitte, was bedeutet, dass ganz Polen nun dem berühmten Krakauer *hejnał* im Rundfunk lauschen kann. Dies ist ein zu jeder vollen Stunde gespieltes Trompetensignal und eine Art lebendiges Wahrzeichen der Stadt. Menschen stehen gebannt auf dem Marktplatz und richten ihren Blick kollektiv auf den Observationsturm mit der goldenen Krone. Ein kleines Holzfenster öffnet sich, ein uniformierter Feuerwehrmann tritt an die Fensterbank, im Dunkel des Innenraums kaum zu sehen. Er setzt eine Trompete an und gibt sich damit zu erkennen. Der goldglänzende Trichter ragt aus der Öffnung. Dann ertönt das Signal, welches je einmal in alle vier Himmelsrichtungen gespielt wird. Die markante Tonfolge endet in einem Abriss, der wie so vieles in Krakau auf eine Legende zurückzuführen ist.

Der Überlieferung nach soll im Jahr 1241 der Turmwächter ein einfallendes Heer von Tataren – so werden in Polen Mongolen genannt – frühzeitig erblickt und daraufhin ins Horn geblasen haben. Dank seiner lautstarken Warnung konnte die Stadt rechtzeitig verriegelt und der Angriff abgewehrt werden. Doch der Wachmann bezahlte seinen heroischen Einsatz mit dem Leben. Er wurde von einem Pfeil der Angreifer getroffen. Das Geschoss durchbohrte ihm die Kehle, just während er das Signal gespielt hatte. Seitdem reißt der *hejnał* im Gedenken daran auf so abrupte Weise ab. Es ist eine alte Tradi-

tion, für deren Pflege heute die Krakauer Feuerwehr zuständig ist. In 24-Stunden-Schichten wird das Ritual alle sechzig Minuten vollzogen. Dazu zählen das händische Läuten der Glocke sowie die viermalige musikalische Darbietung. Nur eine Handvoll trompetenspielender Uniformierter gehört dieser besonderen Abteilung der Brandbekämpfung an. Der Beruf des Hejnałisten genießt hohes Ansehen, die meisten schielen insbesondere auf das günstige Verhältnis von tatsächlicher Arbeitszeit und Pausen.

Beim Stichwort Hejnałist werden Erinnerungen wach an die letzte Nacht, die ich in Krakau verbracht habe, bevor ich 2018 wieder nach Wien gezogen bin. Es war bitterkalt an jenem Sonntag im Februar, Minusgrade im zweistelligen Bereich, spiegelglatte Pflastersteine in der Stadt. Ich bin mit einer Freundin in der Altstadt um die Häuser gezogen, um meinen vorläufigen Abschied von der Stadt zu begießen. Um kurz vor zwei Uhr früh wurde mir plötzlich bewusst, dass ich in nächster Zukunft keinen *hejnał* mehr erleben würde, woraufhin ich kurzerhand den Beschluss fasste, meine Begleiterin Zuzanna hinaus in die Eiseskälte zu zerren, um mit ihr noch einmal dem abreißenden Spiel beiwohnen zu können. Weit und breit war niemand zu sehen, wir waren die Einzigen, die zitternd in der Kälte ausharrten. Schließlich erklang die Glocke, ein nahezu kathartischer Moment. Es war exakt zwei Uhr geworden, und wir reckten unsere Köpfe gen Himmel. Ich wusste genau, auf welches Fenster ich zu blicken hatte. Mir war unbeschreiblich kalt, ich schaute und schaute nach oben, mein Blick schien zu gefrieren. Ich starrte und starrte auf das verdammte Fenster – doch nichts geschah! Es bewegte sich nicht. Klemmte es? Ein plausibler Gedanke, doch gleich alle acht? Nein, das konnte kein Zufall sein, kein Irrtum, völlig ausgeschlossen! Ich nahm bereits Züge eines peniblen Arbeitsinspektors an. Mir war einfach nicht begreiflich, warum es nicht weiterging, wenn man in diesem Zusammenhang überhaupt von Fortführung sprechen kann. Doch es geschah nichts mehr. Ich war maßlos enttäuscht, habe dem Trompetenspieler seinen Akt der Verweigerung übel genommen. Er hatte es definitiv wärmer als wir. Still trotzte der Feuerwehrmann der Kälte und ließ uns abgerissen zurück. Später wurde ich darüber aufgeklärt, dass kein Bläser der Welt unter diesen Umständen hätte spielen können. Das Instrument hätte sich am Mund festgefroren und dann wäre erst recht kein Ton zu hören gewesen.

Verstummte Weissagung

Zurück in der Gegenwart, setzen wir unseren Streifzug durch die Altstadt fort. Wir bleiben außerhalb der Tuchlauben und schreiten südwärts, erst am Adam-Mickiewicz-Denkmal vorbei, dann an Lenins Lieblingscafé, dem Noworolski. Am Ende des länglichen Renaissancebaus biegen wir rechts ab, den markanten Rathausturm erblickend. Wir passieren das südliche Ende der Tuchlauben und bemerken eine kleine Nische in der Außenwand der historischen Gemäuer. Sie ist mittlerweile unbesetzt. Hier befand sich kein Wachposten, auch kein Portier, sondern der ehemalige Schaffensplatz einer wahren Krakauer Kultfigur. Zdzisława Solska, Dzidiana oder auch Dzidzianna genannt, war eine legendäre Wahrsagerin (auf Polnisch *wróżka*). Alle kannten sie in Krakau, und sie wurde heiß geliebt. Über dreißig Jahre lang saß Dzidiana täglich an

Was bringt die Zukunft?

ihrem angestammten Platz und sagte den Menschen ihre Zukunft voraus. Ihr Selbstverständnis »den Rynek in Krakau hab' ich gebucht bis ans Lebensende« fand Eingang ins kollektive Gedächtnis der Stadt.

Seit den 1980er-Jahren prägte ihre Präsenz das Bild der Tuchlauben. Dzidianas Anblick hatte sich dauerhaft ins Stadtbild eingeschrieben, denn sie war nicht zu übersehen. Sie wirkte wie eine betagte Frauenfigur aus einer Märchenerzählung. Immerzu war sie bunt gekleidet und üppig mit Schmuck behangen. An den Fingern trug die Wahrsagerin eine Vielzahl von Ringen, die mit glänzenden Steinen besetzt waren. Die Leute ließen sich aus der Hand lesen, aus Kaffeesatz, Spielkarten und dergleichen mehr. Vor dem permanent improvisierten Stand – bestehend aus leeren Pappkartons und einem Klappstuhl – bildeten sich regelmäßig Warteschlangen. Eine Begegnung mit Dzidiana hatte sowohl etwas Spirituelles als auch etwas mehr oder minder Ernsthaftes an sich. Die Mischung aus Aberglauben und Illusionskunst begeisterte unzählige Menschen. Vor allem war sie dafür bekannt, sich kein Blatt vor den Mund zu nehmen. Dzidianas direkte, manchmal auch rotzfreche Art steigerte nur ihre Sympathiewerte. Sie wurde als fröhlich und charmant beschrieben, stets zu Scherzen aufgelegt.

Über Zdzisława Solskas früheres Leben weiß man nicht allzu viel. Sie stammte aus Krakau, war in jüngeren Jahren als Schauspielerin tätig und arbeitete über zwanzig Jahre lang als Aktmodell an der Kunstakademie. Den Studentinnen und Studenten soll sie mit einem Lineal auf die Finger gehauen haben, wenn die Arbeiten ihren Vorstellungen nicht entsprachen, so die Überlieferung. Zudem soll sie in Abwesenheit der Professoren hie und da »Korrekturen« an den Werken vorgenommen haben.

Als Dzidiana am letzten Tag des Jahres 2016 plötzlich nicht mehr in ihrer Nische zu sehen war, hielten Passanten kurz inne. Etwas fehlte, das gewohnte Bild der Tuchlauben war nicht stimmig. Wenig später wurde publik, dass die geliebte Wahrsagerin am 15. Jänner 2017 im Alter von 88 Jahren verstorben war. Ihr Tod bewegte die Stadt. Für die meisten Krakauer war Dzidiana gefühlt immer anzutreffen – für viele, seit sie denken können. An ihrem Platz legten die Menschen Blumen nieder und zündeten Kerzen an. Im Internet kursierten unzählige Erinnerungen an Dzidianas Sprüche und Voraussagungen. Selbst die Krakauer Verkehrsbetriebe meldeten sich in einer Mitteilung zu Wort. Die Wahrsagerin war nämlich eine loyale Kundin des TeleBus gewesen, eine Art städtisches Taxi, das auf Vorbestellung Fahrten zwischen den Haltepunkten des öffentlichen Liniennetzes durchführt. Im Wortlaut war Folgendes zu lesen: »In tiefer Trauer vernahmen wir die Nachricht vom Tod der in Krakau bekannten Wahrsagerin Dzidzianna Solska. Seit den Anfängen des TeleBus, dem Autobus auf Telefonbestellung, war sie uns treu gewesen. Sie zählte zu den ersten Passagieren (im System hatte sie die Nummer 13). Seit 2007 buchte sie bei uns täglich, auch an Wochenenden, eine Fahrt um 12 Uhr von der ulica Saska. Sie war äußerst freundlich. Wenn sie in der Zentrale anrief, sagte sie: ›Ich grüße Sie, Herr Verkehrsleiter.‹ Den letzten TeleBus orderte sie am 30. Dezember 2016. In Summe trat sie 2415 Fahrten an.«

Mittlerweile sind ein paar Jahre ins Land gezogen, und Dzidianas Nische ist nach wie vor leer. Womöglich wird sie für immer so bleiben, da diesen Platz sonst niemand auf ihre Weise einzunehmen vermag. 2020 reichte eine lokale Initiative einen Antrag für die Errichtung eines Denkmals bei der Stadtverwaltung ein. Für die Wahrsagerin sahen die Beteiligten eine kleine Bank vor – etwas, worüber sie sich sicher gefreut hätte. Doch der Antrag wurde abgelehnt, der gesetzlich verankerte Denkmalschutz der historischen Tuchlauben verunmögliche »signifikante optische Veränderungen am Gebäude«, so die Begründung. Es mag vielleicht in nächster Zukunft kein materialisiertes Gedenken an die Wahrsagerin Dzidiana geben – womöglich wissen ihre Kolleginnen ja mehr –, dafür möge die Erinnerung an sie, nicht zuletzt durch diese Zeilen, in bewährter narrativer Form lebendig bleiben.

Und wo ist das Rathaus?

Nur wenige Schritte von den Tuchlauben entfernt erhebt sich der Krakauer Rathausturm (*wieża ratuszowa*). Er wurde zur selben Zeit errichtet wie die Marienkirche, die Ähnlichkeiten in Bezug auf die Architektur legen Zeugnis davon ab. Der Turm scheint jedoch etwas verloren auf dem Marktplatz zu stehen. Vor allem aber drängt sich eine Frage auf: Wenn das der Rathausturm ist, wo ist dann das dazugehörige Rathaus?

Die Geschichte um den Sitz der Krakauer Stadtregierung birgt einige Besonderheiten. Vor allem aber hat sie etwas von einer tragischen Komödie. Als eine der ganz wenigen Städte von ähnlichem Rang verfügt Krakau über kein historisches Rathaus mehr. Selbst der dafür vorgesehene Begriff im Polnischen, *ratusz*, findet hier in Bezug auf die Verwaltungsbehörden keine Verwendung. In Krakau spricht man entweder vom *magistrat* (*Magistrat*) oder *urząd miasta* (*Stadtamt*). Im Übrigen ist *magistrat* ein Relikt erster Güte aus dem österreichischen Beamtenjargon, der auf dem Gebiet des ehemaligen Galizien bis heute Verwendung findet. Es lässt sich ohne Zweifel sagen, dass die Okkupation seitens der Habsburger am bürokratischsten verlaufen ist. Die heutigen Verwaltungsapparate verteilen sich auf mehrere Standorte. Das Hauptgebäude, in dem der Krakauer Stadtpräsident seinen Sitz hat, bildet seit dem 19. Jahrhundert der Wielopolski-Palast unweit des Rynek. Was aber geschah mit dem historischen Rathaus? Nähern wir uns dem übrig gebliebenen Turm, gelangen wir zu einem Modell des ehemaligen, vollständigen Amtshauses. Das alte Rathaus war in mehreren Bauphasen entstanden und erreichte seine endgültige Form zu Beginn des 15. Jahrhunderts. Nach gut 400 Jahren wurde es mit Ausnahme des Turms abgetragen. Böse Zungen behaupten, die Zerstörung des Rathauses gehe auf das Konto der Habsburger, die nach der Einverleibung Krakaus in die Donaumonarchie auf diese Weise ihre Macht demonstrieren wollten. Doch dies entspricht nicht den Tatsachen, und so hüllen sich die meisten Darstellungen zur Stadtgeschichte in kollektives Schweigen, wenn es um diese Causa geht. Nicht dieses Buch.

Im Jahr 1817 stellte die damalige Stadtregierung fest, dass Teile der rathäuslichen Räumlichkeiten, darunter die mittelalterliche Kornkammer Krakaus, sich in einem derart schlechten Zustand befänden, dass ihre Revitalisierung nicht mehr rentabel erschiene. Daraufhin wurde einstimmig der Beschluss gefasst, die ungenutzten Gemäuer zu entfernen. Zu dieser Zeit war Krakau noch eine Stadtrepublik, was ihr sämtliche Möglichkeiten gab, autonom über innere Belange zu entscheiden. Die Herrschaften in Wien hatten also nichts zu melden. Ironie des Schicksals: Zuvor hätten ebenjene das alte Rathaus noch retten können. Es existierten bereits habsburgische Pläne zur Adaptierung des teils desolaten Gebäudes, doch aufgrund der politischen Entwicklungen konnten diese nicht mehr realisiert werden. Schließlich begann 1820 die Demontage und mit ihr der tragikomische Teil der Erzählung. Durch die schrittweise Abtragung entstanden Risse an Wänden, die man gar nicht entfernen wollte. Der Schaden war so beträchtlich, dass man weitere Mauern zerstören musste, was wiederum neue Risse zur Folge hatte, denen wieder andere Wände zum Opfer fielen … Auf diese Weise verschlimmerte sich die Situation zusehends, bis schließlich der gesamte Gebäudekomplex nicht mehr zu halten war. Auch der Rathausturm war ernsthaft bedroht, konnte aber durch die richtigen baulichen Maßnahmen vor der Zerstörung bewahrt werden. Seitdem ist der *ratusz* in Krakau nicht nur aus dem Stadtbild, sondern auch aus dem Sprachge-

Das einstige, vollständige Rathaus

brauch verschwunden. Einsam erinnert heute der Rathausturm an die Freiheit der ehemaligen Stadtrepublik, die so groß war, dass sie sich gleich ihres Amtssitzes entledigen musste. Dafür muss man ihr aber zugutehalten, dass die daraus resultierende Weitläufigkeit des Marktplatzes ein Ambiente verströmt, das seinesgleichen sucht.

Die Krakauer zogen aus dieser Episode ihre Lehren. So war etwa auch das bedeutende Burgschloss am Wawel im stetigen Verfall begriffen. Nachdem die Stadtrepublik von den Habsburgern eingenommen worden war, nutzten diese den ehemaligen Sitz der polnischen Krone als Kaserne. Durch den wenig zimperlichen Umgang der Armee erlitt die Bausubstanz eine beträchtliche Beschädigung. Unterdessen blieb den Polen keine andere Wahl, als machtlos dabei zuzusehen, wie das einstige Zentrum ihrer Nation zu einer besseren Garnison verkam. Schließlich gelang dem Parlament nach Erlangung partieller Autonomie in Galizien ein genialer Coup: Im Jahr 1880 wurde von polnischer Seite der Beschluss gefasst, das Burgschloss am Wawel Franz Joseph I. als Schenkung zu übertragen. Dieser Schachzug erwies sich als besonders schlau, denn unter keinen Umständen durfte seinerzeit eine kaiserliche Residenz wie eine vernachlässigte Bruchbude aussehen. Also ließ der Kaiser langwierige und aufwendige Restaurationsarbeiten durchführen, bis am Beginn des 20. Jahrhunderts – kurz vor dem Zusammenbruch der Donaumonarchie – das Schloss in neuem Glanz erstrahlte. Es war nur mehr eine Frage der Zeit, bis die Polen mit Beendigung des Ersten Weltkriegs ihre Unabhängigkeit und damit auch das Schloss am Wawel in einwandfreiem Zustand wiedererlangten.

Eine kleine Kaffeehausgeschichte

In Krakau wird bereits seit dem 17. Jahrhundert Kaffee getrunken. Allerdings erfreute sich das Getränk zu Beginn, als es nur erlauchten Kreisen vorbehalten war, nicht gerade größter Beliebtheit, denn aufgrund seines bitteren Geschmacks war es als des Teufels Werk in Verruf geraten. Jenseits des Adels rümpfte man zudem nicht nur aufgrund des charakteristischen Kaffeegeruchs die Nase, sondern auch wegen seiner osmanischen Provenienz. Der wachsenden Popularität des Kaffees konnte dies jedoch nichts anhaben. Spätestens mit der Kultivierung einer Wiener Tradition, dem schwarzen Heißgetränk etwas Milch oder Sahne beizumengen, hatte man dem Gebrüh endgültig den Satan ausgetrieben. Zwar brachten die Habsburger auf diese Weise nicht den Kaffee nach Krakau, wie häufig kolportiert, sehr wohl aber die damit verbundene Kaffeehauskultur.

Das erste hiesige Café entstand zu Beginn der 1770er-Jahre im ersten Stock des Tenczerowski-Hauses, direkt am Marktplatz an der Nummer 31, Ecke ulica Szewska. Besagtes Haus steht heute nicht mehr, an seiner Stelle befindet sich ein etwas jüngerer Bau. Hier eröffnete Marianna Sędrakowska erstmals ein Lokal, in dem frisch zubereiteter Kaffee ausgeschenkt wurde. Die Inhaberin gilt damit als die erste Kaffeesiederin der Stadt, was insofern bemerkenswert ist, als Frauen der Zutritt zu den später entstandenen Grand Cafés (nicht nur in Krakau) lange Zeit verwehrt wurde – ein Umstand, der nur allzu gern aus dem historischen Bewusstsein verdrängt wird. Sędrakowskas Café war eine spartanisch eingerichtete Stube bescheidenen Ausmaßes, keine Rede von einem Kaffeehaus nach heutigen Maßstäben. Lediglich ein paar Holzbänke standen an den Wänden, in der Mitte des Raums befand sich ein Tisch, an den kleine Löffelchen aus Zinn gekettet waren. Eine Karte war weder vorhanden noch notwendig, serviert wurde einzig und allein Kaffee in uniformer Ausführung.

Zu jener Zeit wurden einige solcher Kaffeekabäuschen, wie man sie vielleicht nennen könnte, eröffnet. Viele davon wurden von Frauen geführt, Zutrittsbeschränkungen gab es keine. Sie entwickelten sich innerhalb kürzester Zeit zu einem wichtigen Treffpunkt der Gesellschaft. Hier konnte sich eine eigene Öffentlichkeit, etwas abseits vom Getummel am Rynek, etablieren. Es wurden Netzwerke geknüpft und Geschäftsbeziehungen aufgebaut, nicht zuletzt boten diese Knotenpunkte insbesondere Auswärtigen die Gelegenheit, mit der lokalen Bevölkerung in Kontakt zu treten.

Im Europa des 19. Jahrhunderts zählte Krakau zu den bedeutendsten Handelszentren für Zucker, welcher aus Rüben der ruralen Umgebung gewonnen wurde. Mit den Zuckerhändlern kamen auch die Zuckerbäcker und ihre vielfältigen Kreationen in die Stadt, etwa aus Frankreich oder der Schweiz. Infolgedessen entwickelte sich eine rege Konditoreikultur, welche 1823 einen vorläufigen Höhepunkt erreichte, als offiziell ganze 36 Betriebe registriert waren – angesichts der damaligen Einwohnerzahl von rund 28 000 eine beachtliche Anzahl. Viele in der männlich dominierten Zuckerbäckerzunft gelangten zu Reichtum und Ansehen. In ihren Konditoreien scharten sich die bourgeoisen Eliten.

Im Gegensatz zu den frühen Kaffeestuben durften Konditoreien zu ebener Erde, also direkt auf dem Marktplatz, ihr Geschäft eröffnen. Der Grund dafür war, dass man ihr Gewerbe mit dem Verkauf von Lebensmitteln gleichsetzte und die exponierten Räumlichkeiten am Marktplatz dem Handel vorbehalten waren. Also verlagerte sich das gesellschaftliche Leben, zumindest in bestimmten Kreisen, rasch in die angesagten Konditoreien. Zwischenzeitlich wurde Krakau von den Habsburgern besetzt und in österreichisches Staatsgebiet integriert, was eine Reihe von Reglementierungen – um nicht zu sagen: Einschränkungen – des öffentlichen Lebens zur Folge hatte. Manche Zuckerbäckerbetriebe waren indes so erfolgreich geworden, dass ihren Inhabern der Erfolg zu Kopf stieg und sie daraufhin etwas übermütig agierten. Ein wesentlicher Faktor des Erfolgs der Konditoreien liegt in der Tatsache begründet, dass diese neben allerlei Köstlichkeiten auch hausgemachte Liköre verkauften. Es gab so manchen Konditor, der abends nach Ladenschluss hinter verschlossenen Türen geheime Partys in seinem Geschäft veranstaltete. Dies war jedoch strengstens untersagt, die geladenen Gäste wurden also diskret durch Hintertüren ins Innere geschleust. Auf diese Weise entwickelten sich ausgewählte Konditoreien zu den ersten verdeckten Ausgehorten in Krakau, man könnte sogar sagen, sie wurden zu Vorläufern der amerikanischen Speakeasies zu Zeiten der Prohibition.

Natürlich bekamen die österreichischen Besatzer Wind davon. Nie und nimmer konnten sie solch ein Betragen ihrer Untertanen goutieren, also setzten sie alles daran, auf möglichst perfide Weise dagegen vorzugehen. Per Dekret wurde 1851 das Öffnen von Lokalen an Feiertagen verboten – selbstverständlich nur, um dem Gebot des Allmächtigen Folge zu leisten. Diese Verordnung bedeutete für die Zunft der Zuckerbäcker eine regelrechte Katastrophe. Sie erwies sich als besonders treffsicher, da Konditoreien vor allem an Sonntagen ihre besten Umsätze erzielten. Der Verlust dieses Geschäfts kostete nicht wenigen Betrieben die Existenz. Schließlich beseitigte sich das »Problem« von selbst.

Paradoxerweise folgte auf den Niedergang der Konditoreien die Blütezeit der Kaffeehäuser in Krakau. Womöglich ließe sich dies sogar als Kalkül der Habsburger deuten, sozusagen als Akt eines kulturellen Imperialismus, der den Zerfall einer internationalen Zuckerbäckerkultur in Kauf nimmt zugunsten einer in der Hauptstadt verorteten Tradition. Und so kam es, dass ein gewisser Ferdinand Winter aus Wien – quelle surprise – im Jahr 1857 das erste »typische« Grand Café in Krakau eröffnete, das die gewohnten Standards erreichte. Sein Kaffeehaus befand sich im Wielopolski-Palast, wo später die Stadtverwaltung ihren Sitz einnehmen sollte. Es war mondän eingerichtet, mit stilvollem Mobiliar, samtenen Vorhängen und Tischen für Kartenspiele und Billard. Anfangs hielten sich dort vorwiegend österreichische Beamte sowie Angehörige des Militärs auf, doch wurde bereits wenig später der kakanische Way of Life, unter einem Luster sitzend Kaffee zu trinken und dabei Zeitung zu lesen, auch unter den Krakauern zu schätzen gewusst.

In den 1860er-Jahren waren in der Stadt rund achtzig größere und kleinere Cafés zu finden, ein vorläufiger Höhepunkt. Zu dieser Zeit zählte ein gereichter Kaffee zu den erschwinglicheren Annehmlichkeiten des Alltags – der in Polen an sich üblichere Tee war wesentlich teurer. Wie in den großen europäischen Metropolen entwickelte sich auch hier das Kaffeehaus zum Mittelpunkt intellektueller und künstlerischer Strömungen, insbesondere der des Jungen Polen (Młoda Polska). Gleichzeitig dezimierten sich die einst florierenden Konditoreien auf nicht einmal ein Dutzend. Zu den legendärsten seiner Zunft

Eines der ältesten Cafés der Stadt: das Noworolski

zählte der Schweizer Gaudenty Redolfi, dessen »herrliches Zuckerwerk«, wie es in der Literatur festgehalten ist, regelrechte Menschenaufläufe vor seinem Geschäft an der Nummer 38 am Marktplatz verursacht haben soll. Das heutige Restaurant am gleichen Standort hat mit der ehemaligen Spitzenkonditorei nur mehr den Namen gemein. Größere Menschenansammlungen sind dort ebenso wenig zu vermuten. Dafür ist der wunderschöne Schriftzug Redolfis, eine eingefasste Glasmalerei im Torbogen des Hauses, erhalten geblieben. Sie ist aber nur dann zu sehen, wenn die Holzverkleidung des Tors geöffnet ist. Im Übrigen war Redolfis Konditorei die erste in Krakau, in der sich Frauen die Räumlichkeiten mit Männern teilen durften. So wurde in vielen Familien der Besuch beim Zuckerbäcker zu einem beliebten Freizeitritual. Später richteten manche Kaffeehäuser separate Säle für Frauen ein – in denen aber auch Männern der Aufenthalt erlaubt war, sofern sie in weiblicher Begleitung erschienen. Umgekehrt galt diese Regelung allerdings nicht.

Wo sind nun all die alten Cafés geblieben? Niemand, der nach Koffein lechzt, hat etwas davon, über inexistente Kaffeehäuser aufgeklärt zu werden. In der Tat sind die allermeisten von ihnen verschwunden. Schon in der Blütezeit der Krakauer Kaffeehauskultur war die Fluktuation extrem groß, viele Betriebe hielten nicht einmal ein Jahr durch. Später taten zwei Weltkriege und die schwierige Nachkriegszeit ihr Übriges. Am Rynek stechen heute vor allem zwei Cafés hervor, die auf ihre spezielle Art und Weise der Zeit getrotzt haben: zum einen das Hawełka, das seinerzeit aus einem Delikatessengeschäft hervorging und älter ist als das berühmte Hawelka in Wien, und zum anderen das Noworolski an der Außenseite der Tuchlauben, dessen Geschichte aus vielerlei Gründen erzählenswert ist. Dieses Kaffeehaus, das architektonisch dem Wiener Café Sacher nachempfunden ist, wurde ursprünglich im Jahr 1910 eröffnet und entwickelte sich dank seiner ausgezeichneten Lage zum Treffpunkt der intellektuellen Eliten.

Der Gründer Jan Noworolski hatte es in seinem Leben nicht leicht. Gleich zweimal wurde ihm sein Geschäft geraubt. Zuerst von den Nationalsozialisten, die es Noworolski für einen symbolischen Złoty »abkauften« und ihn daraufhin vertrieben. Auf diese Weise wurde das traditionsreiche Kaffeehaus germanisiert, bis 1945 bestand es unter dem schlichten Namen *Tuchhallen Cafe*. Zwar bekam Noworolski sein Café nach Kriegsende wieder, doch der Friede währte nicht lang. Nur vier Jahre später entrissen ihm die Kommunisten den Besitz, als man sein Kaffeehaus gegen eine noch geringere Summe »verstaatlichte«. Für ein Déjà-vu sorgte zudem die Namensgebung, welche einfach von den ehemaligen Okkupanten übernommen und polonisiert wurde – *Kawiarnia Sukiennice*. Jan Noworolski verstarb in den 1970er-Jahren, seine Bemühungen um die Wiedererlangung seines Cafés blieben ohne Erfolg. Erst 1992, nach der Wende, gelang es seinen Nachkommen, die Restitution zu erwirken. Seitdem firmiert das Kaffeehaus wieder unter seinem ursprünglichen Namen und bemüht sich um den Erhalt der Tradition. Dem heutigen Besuch im Noworolski mag vielleicht etwas Museales anhaften, nicht zuletzt, weil es vergleichsweise kostspielig ist, doch es lohnt auf jeden Fall, allein der opulenten Räumlichkeiten und regelmäßig stattfindenden Klavierkonzerte wegen, einen Blick hineinzuwerfen.

Kennen Sie Deco Morreno?

Vom Rathausturm ausgehend schreiten wir südwärts auf die ulica Bracka zu. In dieser geschwungenen Gasse befindet sich das besonders in literarischen Kreisen beliebte Café Nowa Prowincja. Ein Besuch zählt für mich zum Pflichtprogramm eines jeden Krakau-Aufenthalts. Wo sonst kann man im Freien auf einer alten Kirchenbank sitzen und beim Kaffee über Literatur sinnieren? Sie kennen das bestimmt, nur allzu häufig wird im Rahmen eines Gesprächs über Bücher ein Themensprung mittels der elegant-unschuldigen Frage »Kennen Sie die?« oder »Kennen Sie den?« vollzogen. Ich habe einen Autor für Sie, der selbst die versiertesten Philologen ins Schwitzen bringen wird: Deco Morreno. Versuchen Sie es, Sie können ergänzend anführen, dass seine Sprache von dunkler Farbe ist, mit zarter Süße und bitteren Noten. Morreno ist ein wahrer Genuss, besonders in der kalten Jahreszeit.

Verzeihen Sie, dass ich Sie auf den Arm nehme. In Wahrheit ist Cacao Deco Morreno, wie der vollständige Name lautet, eine polnische Kakaomarke, die vor wenigen Jahren für einen Hype im Internet und darüber hinaus gesorgt hat. Der Grund dafür liegt im Verpackungsdesign, welches genauso gut für einen Buchumschlag hätte verwendet werden können. Einige lustige Montagen in Verbindung mit dem vermeintlichen Autor und seinem Roman *Najwyższa jakość* (*Höchste Qualität*) machten in sozialen Medien die Runde. Als dann jemand auf die Idee kam, das »Buch« auf dem beliebten Online-Literaturportal Lubimy Czytać zu »rezensieren«, war der virale Hit perfekt. Binnen kürzester Zeit formierte sich eine ganze Horde von Morreno-Fans, die begeistert von ihrer »Lektüre« erzählten. Die Kakaofirma zeigte sich indessen höchst erfreut über die unglaubliche Werbekampagne, welche ihr ohne jegliches Zutun in den Schoß gefallen war. Das Unternehmen sprang sogleich auf den Zug auf und rief einen Wettbewerb ins Leben, der den Titel des »nächsten Buches« finden sollte. Ebenfalls an Bord ging die große Buchhandelskette Empik, die am 29. Februar 2020 sogar eine Veranstaltung mit dem Autor und seinem neuen Werk in einer Warschauer Filiale abhielt. Die surreale Begegnung wurde mit folgenden Worten angekündigt: »Vier Jahre nach Erscheinen des berühmten Romans *Höchste Qualität* kehrt der Autor Deco Morreno mit einem neuen Buch unter dem geheimnisvollen Titel *Dreiundvierzig* zurück. Aus diesem Anlass wird Deco Morreno incognito sein erstes Interview geben.« Die Veranstaltung wurde im Übrigen aufgezeichnet und ist nach wie vor auf der Facebookseite des Kakaoherstellers abrufbar.

Ein Gedicht!

Zudem eroberte der Spaß die Wirklichkeit jenseits des Internets, denn das Hauptwerk von Deco Morreno ist mittlerweile ein geflügeltes Wort in der polnischen Sprache. Formulierungen wie »Mein Lieblingsautor ist Deco Morreno« sind die elegante Art zu sagen, dass man nicht lese – obwohl der Variantenreichtum dieser poetischen Sager eher das Gegenteil vermuten lässt. Polen beweist damit wieder einmal, dass es ein Land der Dichterinnen und Dichter ist. Die sechs Nobelpreise für Literatur kommen ja nicht von ungefähr.

Warum dieser Exkurs zum Kakao? Nun, das Café Nowa Prowincja wird für gewöhnlich mit zweierlei in Verbindung gebracht: Dichtkunst und heiße Schokolade. Zwei Dinge, die sich (erwiesenermaßen) wunderbar ergänzen. Die Menschen schwärmen vom Kakaogetränk, der Spezialität des Hauses, welches aufgrund seiner Konsistenz zum Mythos aufgestiegen ist. Die heiße Schokolade sei hier so dick, dass man sie löffeln müsse – ein Verfahren, das unter Poeten Verdichtung genannt wird. Wer weiß, womöglich verbirgt sich darin auch der Geist Morrenos.

Obwohl das Lokal noch gar nicht so lange besteht, ist es schon jetzt ein Nachfolger seiner selbst. Im Jahr 2000 legten Anna Bistroń und Paweł Szczęśniak mit der Eröffnung des ursprünglichen Cafés Prowincja den Grundstein für eine Erfolgsgeschichte mit Hindernissen. Ihr Kaffeehaus wurde binnen weniger Jahre so gut angenommen, dass die Gründer 2004 expandieren mussten. Sie erweiterten das Lokal um die Räumlichkeiten im unmittelbar angrenzenden Gebäude und nannten den Anbau Nowa Prowincja. Dieser entwickelte sich zu einem beliebten Treffpunkt der heimischen Literaturszene – unter den Stammgästen fanden sich Größen wie Wisława Szymborska, Ryszard Krynicki oder Adam Zagajewski –, aber auch Persönlichkeiten aus dem Umfeld der Jagiellonen-Universität traf man hier regelmäßig. Alles schien eitel Wonne, bis im Jahr 2011 eine überraschende Meldung den Medien zu entnehmen war: Das Café Prowincja schließt. Nicht wegen Geldproblemen,

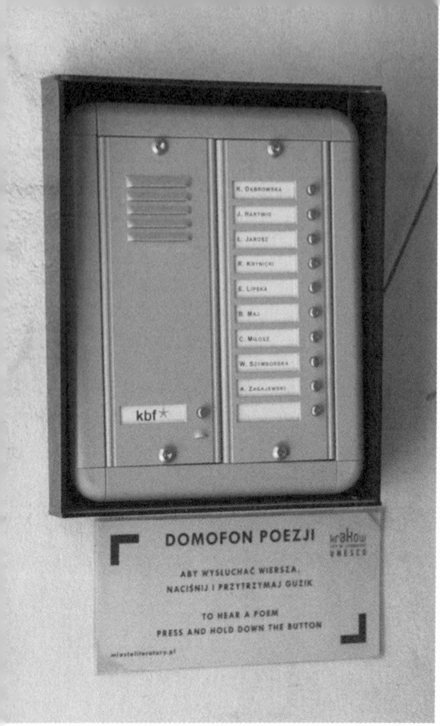

Treten Sie in Kontakt.

wie zunächst gemunkelt, sondern weil die Betreiber gerichtlich von den Hauseigentümern dazu gezwungen wurden. Warum man sie aus der Liegenschaft haben wollte, wissen nur die Beteiligten. Womöglich war ja für jemand anderen Geld das Problem. Jedenfalls ging ein Aufschrei durch die Szene – doch der Protest blieb wirkungslos. Am Ende gaben die Stammgastliteraten symbolisch ein Büchlein unter dem Titel *Epitafia bywalców i nie-bywalców Nowej Prowincji* (*Epitaphien von Stammgästen und Nicht-Stammgästen des Nowa Prowincja*) heraus. In Kleinstauflage und im Eigenverlag erschienen, gerieten die Bände zu gefragten Sammlerstücken. Kontaktieren Sie mich, sollte Ihnen eines in die Hände fallen.

Auf diese Weise avancierte das Nebenhaus zum Haupthaus, und das »alte« Prowincja verschwand. In der »neuen« Form besteht das Lokal nach wie vor und erfreut sich einer loyalen Anhängerschaft. Rustikales Interieur und antiquarische Objekte verbreiten eine gemütliche Atmosphäre. Es ist ein eigener Mikrokosmos, in den man hier eintritt, daran erinnert mitunter eine Vielzahl von alten Uhren, die im Eingangsbereich platziert sind. Alle zeigen etwas anderes an und rufen dabei ins Bewusstsein, dass etwas so Grundlegendes wie Zeit auch nur ein relatives Konzept ist. Häufig wird die Teeküche, wie sie im Haus genannt wird, übersehen. Diese erreicht man über den Gang zu den Toiletten, nur dass man dort statt der Erleichterung die Wendeltreppe aufsucht. Im Obergeschoß gelangen Sie in ein kuscheliges Séparée, wo ausschließlich Tee, dafür in großer Auswahl, serviert wird. In diesem Ambiente lässt sich Zeit besonders gut relativieren.

Beim Verlassen des Cafés nehmen wir noch etwas von seinem Zauber mit auf den Weg. Direkt im Eingangsbereich befindet sich eine Gegensprechanlage, die man sich genauer ansehen sollte. Auf dem Raster aus Schildchen versammelt sich eine hochkarätige Runde von Schriftstellerinnen und Schriftstellern, welche allesamt in Verbindung mit dem Nowa Prowincja stehen: Krystyna Dąbrowska, Julia Hartwig, Łukasz Jarosz, Ryszard Krynicki, Ewa Lipska, Bronisław Maj, Czesław Miłosz, Wisława Szymborska und Adam Zagajewski. Anlässlich des zehnten Geburtstags des Lokals im Jahr 2014 wurde dieses besondere Gerät enthüllt. Es spielt authentische Tonaufnahmen eines Gedichts des jeweiligen Autors, wenn man »anläutet«. Auf diese Weise können wir für einen kurzen Moment mit einer anderen, lyrischen Welt in Kontakt treten.

Vom Wert der Literatur

Seit 2013 darf sich Krakau UNESCO-Literaturstadt nennen. Zwar mag dieser Status der Stadt vollkommen zu Recht gebühren, es umgibt ihn aber ein nicht unbedeutender Makel. Nach wie vor gibt es kein eigenes Literaturmuseum – und das, obwohl es bereits vor Jahrzehnten Ambitionen dafür gegeben hat. In der unmittelbaren Nachkriegszeit siedelten sich zahlreiche polnische Institutionen in Krakau an, da die Stadt, bezogen auf ihre Bausubstanz, den Krieg weitgehend unversehrt überstanden hatte. So auch der nationale Schriftstellerverband,

UL. KRUPNICZA
22
DZ. ŚRÓDMIEŚCIE
pusto

der in einem Zinshaus in der ulica Krupnicza Nummer 22 seinen Sitz einrichtete. Das Haus, für das wir ein paar Schritte aus der Altstadt hinaus machen, ist nahezu unverändert geblieben. In einschlägigen Büchern wird es als Dom Literatów (*Haus der Literaten*) bezeichnet, an Ort und Stelle zeugt jedoch nichts von seiner einstigen Bedeutung für die polnische Literatur. Hier befanden sich die Büros des Schriftstellerverbands sowie Arbeitswohnungen für Autorinnen und Autoren. Im Parterre, wo heute ein vegetarisches Lokal ist, war seinerzeit die legendäre Kantine des Hauses.

Vor dem Gebäude stehend mag es einem etwas unwirklich erscheinen, dass an diesem Ort bis in die 1990er-Jahre literarische Größen wie Jerzy Andrzejewski, Wisława Szymborska, Halina Poświatowska, Czesław Miłosz, Stanisław Lem und viele andere mehr lebten und wirkten – mit Miłosz und Szymborska noch dazu zwei Nobelpreisträger. All das schreit geradezu nach einem Museum für Literatur! Was also konnte seine Errichtung verhindern? Unter der kommunistischen Herrschaft hatte der Literaturbetrieb besonders mit Zensur und prekärsten Bedingungen zu kämpfen. Nicht wenige Autorinnen und Autoren verfügten neben ihrer poetischen auch über politische Strahlkraft – einige gingen dafür ins Exil. Damit folgten sie dem Beispiel von Adam Mickiewicz, dem Übervater der polnischen Literatur, und schrieben von außen gegen den Zerfall der Nation an. Mit der Ausrufung des Kriegsrechts im Jahr 1981 kamen der Schriftstellerverband und seine zahlreichen regimekritischen Stimmen zusehends in die Bredouille. Es folgte die selbst gewählte Auflösung der Organisation – eine pragmatische Entscheidung, um weiteren Repressionen zu entfliehen. Nur wenige Jahre später wurde ein neuer Verband gegründet, von anderen Leuten, loyal und in Warschau ansässig. Somit versiegten jegliche Aktivitäten im Dom Literatów, und auch später konnte sich keine Formation bilden, die sich stark genug für die Errichtung eines Museums engagiert hätte.

Dass auf die Fassade »leer« geschmiert wurde, erscheint sogar als durchaus passend.

An dieser Stelle beenden wir unseren kleinen Abstecher und kehren wieder in die Altstadt zurück, am Teatr Bagatela vorbei, die ulica Szewska entlang. Im Boden sind noch die alten Straßenbahngleise eingelassen, sie erinnern an glorreiche Ingenieurleistungen aus vergangenen Tagen. Mancherorts befürchtet man ob der Schienenführung eher Entgleisungen denn sicheres Fortkommen – natürlich im übertragenen Sinn. Auf »der Szewska« tummeln sich die Menschen ununterbrochen, insbesondere nach Einbruch der Dunkelheit. Der Straßenzug zwischen Planty und Rynek ist eine populäre Anlaufstelle für durstige Nachtschwärmer, welche in diversen Lokalitäten unter ihresgleichen die Gläser zum Sonderpreis leeren. Wo Alkohol ist, sind Scherben nicht weit – umso bemerkenswerter, dass auf dieser Ausgehmeile tagsüber eine Buchhandlung ihre Pforten öffnet. Diese zählt zwar sicherlich nicht zu jenen, die Literaturbegeisterte in Scharen anziehen, ist sie in ihrem Charakter der Sparte verbilligte Restexem-

plare und Sonstiges zuzurechnen. Doch mit einer Reaktion auf eine Entgleisung der besonderen Art bewiesen die Inhaber ihren wahrlich feinsinnigen Humor.

Eines Nachts wurde das Auslagenfenster des Geschäfts eingeschlagen und daraus Bücher entwendet. In der Scheibe klaffte ein Loch in der Größe eines Kanaldeckels, welches provisorisch mit einer Folie zugeklebt werden musste. Bei aller Liebe zur Literatur, aber ausgesprochen üppig dürfte die Beute wohl nicht ausgefallen sein. Nichtsdestotrotz ließen sich die Buchhändler von diesem zu verurteilenden Akt nicht beirren und hinterließen stattdessen eine Nachricht an den Verursacher. Am Tatort war sodann Folgendes zu lesen: »Lieber Einbrecher, es tut uns außerordentlich leid, dass Sie sich dazu veranlasst sahen, unser Geschäft zu plündern. Wir werden daran arbeiten, die Preise noch attraktiver zu gestalten.« Als Verfechter der Buchpreisbindung kann ich mich zwar nur dagegen aussprechen, dennoch fand ich diese Replik ausgesprochen komisch.

Kurze Unterbrechung

Wenn der Magen und die Stühle leer sind

Nach diesem ausgiebigen Streifzug durch die Krakauer Altstadt ist die Zeit reif für einen kulinarischen Abschluss. Ganz in der Nähe des Rynek, in der ulica Jagiellońska, finden wir meinen persönlichen Favoriten, wenn es um polnische Küche geht: das Restaurant Cechowa. Es ist erstaunlich zentral gelegen und hat doch etwas Abseitiges an sich. Vor allem bin ich immer wieder erstaunt über die ungewöhnliche Frequentierung dieses hervorragenden Lokals. Nicht selten kam es vor, dass ich mich in einem leeren Raum wiederfand und mit einem Blick in die Küche zu vergewissern suchte, ob überhaupt geöffnet sei. Dann wiederum gab es Tage, an denen einem die zahlreichen Gäste abermals Vertrauen einflößten. Auch wenn unbesetzte Stühle in der Gastronomie eine andere Sprache sprechen mögen, für dieses Restaurant lege ich meine Hand ins Feuer. Irgendwann habe ich für mich beschlossen, mir dieses Phänomen so zu erklären, dass ich zu unkonventionellen Zeiten Hunger verspüre.

Das Cechowa gibt sich von außen durch ein markantes smaragdgrünes Vordach zu erkennen. Schreiten wir durch die Tür, landen wir zunächst in einem eher nichtssagenden Zwischenraum. Vor uns ein Gang, der in den Hof führt, wo im Sommer ein Gastgarten bereitsteht, links und rechts jeweils ein Eingang, mittig hängt eine Leuchtreklame der Brauerei Żywiec. Das Restaurant verfügt über zwei separate Speisesäle, durch die Tür zu unserer Linken betreten wir den Hauptraum. Das Innere hat etwas von der Vorstellung »wie man sich im Westen ein polnisches Gasthaus ausmalen würde« – ein wenig rustikal, aus der Zeit gefallen, aber gemütlich. Die durchgehende Holzverkleidung an den Wänden mit den saalsäumenden Wappen unter der Decke weckt böhmisch angehauchte Assoziationen. Seit nunmehr fast vierzig Jahren gibt es das Restaurant Cechowa. Es zählt damit zu den beständigsten wie

Ob es heute wieder voll ist?

bescheidensten Größen der Krakauer Gastwirtschaft mit den freundlichsten Wirtinnen, die ich kenne.

Polnische Küche braucht keine große Inszenierung oder Tamtam. Sie steht für Bodenständigkeit und ist dabei trotzdem raffiniert. An dieser Stelle möchte ich ein Wort über ein gängiges Vorurteil über hiesige Speisen verlieren. Zugegeben, viele Gerichte wirken »auf Papier« recht fleischdominiert und eher deftig. Und ja, auch heute noch beginnen viele Speisekarten im Land ihre fleischlose Abteilung mit Fischgerichten.

Lassen Sie sich von diesem Anblick nicht irritieren.

Es wird in Polen auch nicht wenig Fleisch gegessen, gar keine Frage. Doch der unbedachte Fleischkonsum erlebt nicht zuletzt wegen der Missstände in der Produktion zunehmend einen schweren Stand in der Gesellschaft. Sie werden überrascht sein, mit welcher Ausgewogenheit das Verhältnis von Fleisch, Getreide und Gemüse in der Regel ausgestaltet ist. Zudem verfügen viele der sogenannten Nationalspeisen über wenig oder gar kein Fleisch, etwa *barszcz* (eine kräftige klare Suppe aus Roten Rüben), *pierogi* (Pieroggen mit unterschiedlichsten Füllungen), *gołąbki* (variantenreiche Krautrouladen) und vieles mehr. Nicht zu vergessen die unzähligen Rohkostkreationen, welche unter dem Sammelbegriff *surówki* firmieren. Niemand wird hungrig aus Polen zurückkehren. Obendrauf intensivieren die sehr moderaten Preise im Restaurant Cechowa das Geschmackserlebnis zusätzlich. Auch das ist ein Phänomen, das sich in die Liste der Kuriosa dieses Lokals einträgt.

Folgende Menüempfehlung möchte ich Ihnen mit auf den Weg geben: Als Vorspeise lassen Sie sich am besten einen herzhaften *barszcz* kredenzen. Optional bestellen Sie *krokiety* dazu, das sind mit Fleisch gefüllte und panierte Palatschinken. Für den Hauptgang nehmen Sie Pieroggen mit Kraut und Pilzen (*pierogi z kapustą i grzybami*), diese werden mit glacierten Zwiebeln serviert und schmecken ausgezeichnet. Wenn Ihnen nach Hering ist, so kann ich besten Gewissens den Hering nach Art des Hauses (*śledź à la Cechowa*) empfehlen, welcher mit großartigen Kartoffelpuffern serviert wird. Ich könnte noch viele weitere Propositionen aussprechen, doch dann, so fürchte ich, bliebe Ihnen in der Speisekarte vor Ort nur mehr wenig zu entdecken übrig …

Generationen-sprünge

Kazimierz

Wisst ihr, was jede Stadt polnisch macht? Die Juden. Würde es an ihnen fehlen, begäben wir uns in ein gänzlich fremdes Land, und weil wir ihre Präsenz gewohnt sind, verspürten wir das Gefühl eines Mangels in uns.

Józef Ignacy Kraszewski

Im südlich der Altstadt gelegenen Stadtteil Kazimierz dominieren zwei Narrative. Die klassische Erzählung handelt vom längst zum Mythos verklärten jüdischen Viertel, in dem man als Besucher dazu angehalten wird, der An- und Abwesenheit jüdischen Lebens zwischen alten Gemäuern, Friedhöfen und Bethäusern inmitten einer mancherorts mit Symbolen überfrachteten Umgebung nachzuspüren. Ein anderes Bild, das in jüngerer Zeit von Kazimierz gezeichnet wird, zeigt das angesagte In-Viertel, wo hippe Läden und Kneipen in revitalisierten Häusern das Ambiente prägen – ein Phänomen, das gemeinhin unter dem Begriff »Gentrifizierung« firmiert. An sich sind beide (touristisch geprägten) Narrative vergleichsweise jung, was angesichts der reichhaltigen Geschichte dieser Gegend vielleicht überraschen dürfte.

Die jüdische Welt, die wir heute in Kazimierz vorfinden, ist eine gänzlich andere als noch vor dem Holocaust. Vor allem ist sie eine praktisch ohne Juden, so paradox und fast schon zynisch dies auch klingen mag. In Krakau erlebte die jüdische Gemeinde früh eine Blütezeit. Vor allem zwischen dem 13. und 15. Jahrhundert war der Zuzug aufgrund häufiger Vertreibung im westlichen Europa sehr stark. Es entwickelte sich eine der größten und vitalsten Communitys des Kontinents. Eine der Besonderheiten des jüdischen Krakau ist, dass ein großer Teil der uralten Bausubstanz weiterhin besteht. Generell ist es ein unschätzbarer Glücksfall, dass die Stadt den Zweiten Weltkrieg so gut wie unversehrt überdauern konnte. Leider gilt dies nicht für ihre Bewohner. Im Gegenteil: Manchmal fühlt sich Kazimierz ein wenig wie eine Kulisse an, so als wäre nichts geschehen. Es ist ein Trugschluss zu glauben, die Gräuel der Nationalsozialisten hätten sich allein am anderen Ufer der Weichsel, im Ghetto in Podgórze und in den unweit entfernten Konzentrationslagern Plaszow und Auschwitz-Birkenau ereignet.

Vor dem Holocaust war rund ein Viertel der Krakauer Bevölkerung jüdisch. Die meisten der rund 65 000 Jüdinnen und Juden lebten in Kazimierz, einst eine autonome Stadtgemeinde am Fuße des Wawels und in einen katholischen und jüdischen Bereich aufgeteilt. Mit über siebzig Prozent war der Anteil von Juden hier am größten. Die Nationalsozialisten waren unterdessen besonders »gründlich« – nur einem Bruchteil der Juden gelang es, der systematischen Verfolgung und industriellen Vernichtung zu entkommen. Doch auch nach Kriegsende fanden jüdische Überlebende keinen Frieden. Im August 1945 kam es in Kazimierz zu pogromartigen Unruhen. Unter den nichtjüdischen Überlebenden geriet das uralte antisemitische Gerücht vom Ritualmord in Umlauf. Viele von ihnen waren aus der Provinz in die Stadt geflohen, hatten Häuser besetzt, die zuvor in jüdischer Hand waren, und fürchteten die potenzielle Rückforderung durch ihre Eigentümer. Die Situation eskalierte schließlich, als es in der ulica Kupa zu tödlichen Angriffen auf Juden kam.

Später, im denkwürdigen Jahr 1968, taten die Kommunisten ihr Übriges, als sie als Reaktion auf die Studentenbewegung eine landesweite antisemitische Kampagne lancierten und progressiv gestimmte Demonstrationen auf brutale Weise niederschlugen. In der Folge ereignete sich ein wahrer Exodus unter der verbliebenen, ohnehin schon stark dezimierten jüdischen Population. Grundbesitz und Immobilien der Auswanderer wurden »verstaatlicht«, jedoch im Erhalt sich selbst überlassen und dem Verfall preisgegeben.

Angesichts dieser Gegebenheiten bilden die nicht einmal 200 Mitglieder, welche die jüdische Gemeinde in Krakau heute noch zählt, eine frappierend kleine Gruppe. Immerzu drängen sich beim Gedanken daran die Worte des polnischen Literaturkritikers Jan Błoński auf, der sinngemäß meinte, die jüdische Anwesenheit sei nie so sichtbar gewesen wie *nach* dem Holocaust. Auf den ersten Blick mag diese Formulierung wie ein Widerspruch wirken, doch trägt sie in Wahrheit einen immerwährenden Auftrag in sich. Etwas poetischer drückt es die Publizistin Marta Kijowska aus, wenn sie im Kontrast zu anderen vom Krieg gezeichneten Orten über Kazimierz schreibt: »Hier aber wirkt jedes Stück Mauer, jede Straße, die ihren alten Namen behalten hat, jedes Gebetshaus so, als sollten

die Bewohner morgen zurückkehren.« Es ist mitunter dieses Moment, welches das besondere Flair des Viertels ausmacht.

… und dann kam Steven

Die Nachkriegszeit im Viertel war jahrzehntelang von Verwahrlosung geprägt. Bis weit in die 1990er-Jahre hinein galt Kazimierz als verruchte Gegend, wo obdachlose Trinker und Halunken in verfallenden Bauten hausten und sich untereinander prügelten. Die Kriminalitätsrate war hoch, und man tat gut daran, einsame Spaziergänge nach Einbruch der Dunkelheit zu vermeiden. Eine Vielzahl der Häuser befand sich vor der deutschen Besatzung in jüdischem Besitz – während der Raubzüge wurden diese enteignet, geplündert und sich selbst überlassen. Bis heute sind einige leer stehende, mitunter vom Einsturz bedrohte Gebäude sichtbar. Es ist unklar, ob mit ihnen in absehbarer Zeit etwas geschehen wird.

Blickt man sich um, ist es kaum zu glauben, dass Kazimierz, dieser pulsierende Ort, wo das Leben gefeiert wird, vor nicht allzu langer Zeit noch als Inbegriff zerstörter Realitäten galt. Seine Wiedergeburt vollzog sich in kleinen Schritten. Wojciech Ornat und Zdzisław Leś waren Vorreiter auf diesem Gebiet. Sie sahen die Zukunft des Viertels in der Wiederbelebung jüdischer Kultur. Anfang der 1990er-Jahre begannen die beiden unabhängig voneinander mit ihren Aktivitäten. Ornat eröffnete ein kleines Kaffeehaus namens Ariel, Leś die Buchhandlung Jarden, beides auf der ulica Szeroka, die einem lang gezogenen Platz gleicht. Damals hatte die Gegend nicht viel mehr zu bieten, dementsprechend überschaubar gestaltete sich die Kundenfrequenz. Heute stellt sich die Situation gänzlich anders dar.

Kazimierz ist ein gutes Beispiel dafür, wie hierzulande mit der Sichtbarkeit und Unsichtbarkeit des jüdischen Erbes umgegangen wird – sowie auch seiner Verwertbarkeit. »All jene, die heute auf der Szeroka gute Geschäfte machen, sollten Geld zugunsten eines Denkmals für Steven Spielberg sammeln«, scherzte Zdzisław Leś einmal in einem Zeitungsinterview. Tatsache ist, dass nicht zuletzt der Film *Schindlers Liste* vor rund dreißig Jahren die Stadt Krakau und insbesondere den Stadtteil Kazimierz ins Blickfeld von historisch interessierten Reisenden aus der ganzen Welt katapultierte. Zuvor waren nur wenige (aus dem Westen) auf die Idee gekommen hierherzufahren.

Wojciech Ornats Café Ariel wurde während der Dreharbeiten des 1993 erschienenen Streifens zum Stammlokal von Regisseur Spielberg und seiner Crew. Zu dieser zählte auch die polnische Kostüm- und Szenenbildnerin Ewa Braun, eine gebürtige Krakauerin, die zusammen mit Allan Starski mit dem Oscar für das beste Szenenbild in *Schindlers Liste* ausgezeichnet wurde. Es dauerte nicht lange, schon kamen die ersten Touristen aus Übersee nach Kazimierz und eine beispiellose Entwicklung in Sachen Fremdenverkehr nahm ihren Lauf. In der Anfangszeit muss diese Erfahrung für viele etwas desillusionierend gewesen sein – man fand sich an einem Ort wieder, der bis dato quasi keinen Tourismus aus dem Ausland erlebt hatte und somit komplett unvorbereitet auf diese Situation war.

Der Buchhändler Leś erinnert sich an die ersten Monate unmittelbar nach Anlaufen des Films in den USA: »Plötzlich tauchten Amerikaner in meiner Buchhandlung auf und fragten nach den Schauplätzen, die sie in *Schindlers Liste* gesehen haben«, erzählt er. »Einmal kam jemand mit einem Zeitungsartikel, welcher mit Stills aus dem Film illustriert war. Die Person deutete auf ihre Gazette und meinte, sie sei auf der Suche nach dem abgebildeten Eingangstor zum Ghetto. Ich erklärte, dass im Film lediglich eine Attrappe zu sehen sei, woraufhin ich die entsetzte Reaktion erhielt, die *New York Times* sei eine seriöse Zeitung und würde nicht lügen.« Das von den Nationalsozialisten errichtete Ghetto in Krakau befand sich derweilen gar nicht in Kazimierz, sondern in Podgórze. Die ikonischen Szenen des Films wurden jedoch in Kazimierz gedreht, da das Viertel nach Ansicht der Filmemacher einen deutlich »authentischeren« Eindruck machte als der tatsächliche Schauplatz. Diese ästhetische Entscheidung trug nachhaltig zur Wahrnehmung von Kazimierz bei.

Als sich die Begegnungen mit umherirrenden Reisenden zu häufen begannen, erweiterte Zdzisław Leś sein Angebot bei Jarden um eine Tourismusagentur, die mit Informationen behilflich ist und Führungen zur jüdischen Kulturgeschichte in Krakau anbietet. Diese plötzlich aufgetretene Nachfrage prägte schließlich den Begriff »Schindlertourismus«.

Zwei Engel vor Gericht

Bei Wojciech Ornat lief es zu Beginn nicht ganz so rund wie bei seinem Mitstreiter. Seine erfolgreiche Phase mit dem Café Ariel währte nicht lange. Denn das Ariel, von dem bislang die Rede war, Ornats Ariel, gibt es so nicht mehr. Das aktuelle Restaurant Ariel, zu finden in der ulica Szeroka 17–18, birgt eine Geschichte, die Ihnen heute vor Ort wohl kaum jemand erzählen wird.

Inspiriert vom Erfolg des Cafés Ariel, öffnete das heutige Lokal einst seine Pforten in unmittelbarer Nachbarschaft zu Wojciech Ornat. Das neue Gasthaus erlaubte sich gleich eine fiese Dreistigkeit und nannte sich ebenso Ariel, um am guten Ruf mitzehren zu können. Daraufhin zog Ornat vor Gericht, das Aufeinandertreffen lautete Ariel gegen Ariel. Doch es war zugleich der Kampf zwischen David und Goliath, denn der Inhaber des neuen Restaurants entpuppte sich als der Vermieter des Originals. Somit ging die Sache für Wojciech Ornat schlecht aus, und so fusionierten die beiden Ariels zum ersten großen jüdischen Lokal im Polen der Nachkriegszeit. Nach wie vor lockt das Restaurant mit stimmungsvollem Ambiente, guter Küche – vor allem die ausgiebige *zupa berdyczowska* sollten

Ein übergreifendes Restaurant

Sie probieren – und tollen musikalischen Darbietungen, welche in einem Séparée im Obergeschoß stattfinden.

Zwar wurde Ornat kurzzeitig von der Bühne verdrängt, jedoch ließ er sich nicht unterkriegen und eröffnete ein paar Häuser weiter das Klezmer-Hois, wo früher eine Mikwa untergebracht war. Heute ist dies ein vielfältiger Ort, es beinhaltet ein Restaurant mit jüdischer Küche, einen Veranstaltungssaal mit Kulturprogramm sowie den höchst empfehlenswerten Verlag Austeria. Gleich nebenan, in der alten Popper-Synagoge, betreibt der Verlag eine eigene Buchhandlung. Dort erhalten Sie neben Werken von vornehmlich jüdischen Autorinnen und Autoren in unterschiedlichen Sprachen auch Musik-CDs und diverse Souvenirs. Besorgen Sie sich eines der wunderschönen *Książki do pisania* (*Bücher zum Schreiben*). Das sind Notizbücher, nur besser, denn sie sind mit Zitaten und historischen Fotografien zu einer Person aus Literatur und Kunst oder einer Stadt versehen. Dazwischen geben einem die leeren Blätter viel Raum für eigene Reflexionen und Gedanken.

Wojciech Ornats Engagement markiert den Beginn einer Wiederentdeckung von jüdischen Einflüssen in der polnischen Kultur sowie der zahlreichen Biografien von Menschen, die im Zuge des Holocaust auf grausame Weise eliminiert wurden. Zudem setzte eine gewisse Popularisierung des »Jüdischen« ein, die Ornat, aber auch Teile der jüdischen Gemeinde selbst durchaus ambivalent betrachten. Einerseits zeigt man sich erfreut darüber, dass das internationale Interesse am »jüdischen Krakau« so groß geworden ist. Andererseits bemerkt Wojciech Ornat durchaus selbstkritisch, dass die hübsch revitalisierten Häuser in Kazimierz lediglich eine Scheinwelt aufbauen, die nur ein mattes Abziehbild dessen sein kann, was das Viertel vor dem Zweiten Weltkrieg einmal repräsentierte. Es ist stets eine Gratwanderung, die nicht immer gelingt. Manchmal droht es mitunter zum Kitsch zu verkommen. Dennoch bleibt es eine enorm wichtige Aufgabe, die Knospen jüdischen Lebens in Krakau zu pflegen.

Eine der schönsten Buchhandlungen der Stadt mit Fokus auf jüdische Literatur

COME TO PALESTINE

Alt und jung, Tür an Tür

Wir bewegen uns weiter durch das neue, hippe Kazimierz, wo Geschichte und Gegenwart nah beieinanderliegen und sich Künstler, Lebenskünstler sowie alle, die sich für einen davon halten, aufhalten und das Leben feiern. Tagsüber werden Galerien, kleine Läden und Cafés aufgesucht, nach Einbruch der Dunkelheit verlagert sich das Geschehen in die zahllosen Kneipen und auf die Straße.

In der ulica Miodowa, unweit der Quartiergrenze zu Stradom, sind alle Freunde des physischen Tonträgers in Schwarz dazu angehalten, *den* Plattenladen der Stadt aufzusuchen. Paul's Boutique Record Store ist nicht nur ein Ort, an dem man trotz überschaubarer Platzverhältnisse einer äußerst reichhaltigen Vinylauswahl begegnet, sondern auch ein beliebter Treffpunkt in der heimischen Musikszene. Verantwortlich dafür ist die gute Seele des Geschäfts, Mateusz Czajka, ein umtriebiger und überaus liebenswürdiger Kerl. Just

Immer gut aufgelegt: Mateusz Czajka

bei meinem ersten Besuch vor einigen Jahren schlossen wir Freundschaft, als wir uns bis nach Ladenschluss gemeinsam Platten vorspielten und dazu am Whisky nippten.

Bei meinem Auszug aus Krakau eine ganze Weile später stand mir Mateusz tatkräftig zur Seite. Es war ein bitterkalter Sonntagabend im Februar, an dem wir meine Kisten in dem Wagen verstauten, den er mir organisiert hatte. Als Zeichen meiner Dankbarkeit schenkte ich Mateusz eine gute Flasche Whisky – obwohl er damals beim Alkoholgenuss eigentlich etwas kürzertreten wollte. »Alter, du unterstützt mich damit aber nicht besonders«, lachte er. Mateusz hat ein großes Herz und einen Frohsinn, der ansteckend ist.

Die Geschichte des Ladens begann einst mit zwei Freunden, die aus der Provinz nach Krakau gezogen waren und im Lager eines großen Textilhändlers arbeiteten. Beide waren jung, beide hießen sie Paweł (*Paul*) und hatten von ihren Jobs die Nase gestrichen voll. Also beschlossen sie, ein eigenes Geschäft zu gründen, und eröffneten im Jahr 2016 Paul's Boutique Record Store in Kazimierz. Der Name bezieht sich dabei nicht auf die beiden Gründerfiguren, sondern geht auf das gleichnamige Album der New Yorker Hip-Hop-Band Beastie Boys zurück. *Paul's Boutique*, erschienen 1989, war seinerzeit eine revolutionäre Platte, welche die Formation zu anerkannten Künstlern in den Kreisen des Hip-Hop machte. Zu Beginn waren sie noch als »jüdische Punks« und »Party-Rapper« belächelt worden. Doch letztlich definierte ihr innovativer Einsatz von Sampling in der Musikproduktion das Genre neu. Diese Verbindung zwischen Alt und Neu spürt man in jedem Winkel von Kazimierz. Besser hätten Paweł und Paweł also einen Plattenladen in diesem Viertel nicht nennen können.

Anfangs wurde noch die private Vinylsammlung feilgeboten – man nahm eben, was da war. Die Kollegen von Records Dillaz, ein Plattenladen in relativer Nähe, rümpften wenig begeistert die Nase. Dann holten sich die beiden Pauls ihren gemeinsamen Freund Mateusz Czajka ins Boot und ließen ihn machen. Seitdem verbringt er gefühlt mehr Zeit im Geschäft als bei sich zu Hause – allerdings ist Mateusz mit Leidenschaft bei der Sache und verhalf auf diese Weise Paul's Boutique Record Store innerhalb weniger Jahre zu seinem guten Ruf.

Der Laden platzt zwar aus allen Nähten, versprüht aber dennoch gemütliches Flair. Besonders kostbare Ausgaben sind liebevoll an den Wänden platziert und extra beleuchtet. Mateusz zeigt mir ein besonderes Objekt. Gleich neben seiner Theke befindet sich eine eingerahmte Originalausgabe des *Time Magazine* vom 8. November 1954, vom Cover blickt Dave Brubeck. »Ich habe einmal eine Vinylsammlung übernommen, und da steckte dann das Heft in einem Plattencover. Später habe ich herausgefunden, dass Brubeck gar nicht so glücklich mit dieser Auszeichnung war«, erzählt er. Nach Louis Armstrong war Dave Brubeck erst der zweite Jazzmusiker überhaupt, der auf dem Cover des *Time Magazine* abgebildet wurde. Doch löste dies Unbehagen in ihm aus. Für das große Feature zur Jazzlandschaft in den USA hatte das Magazin neben Brubeck auch dessen Idol Duke Ellington interviewt, mit dem er sich gerade auf Tour befand. Brubeck schätzte Ellingtons Bedeutung für das Genre als wesentlich höher ein und konnte demnach nicht nachvollziehen, weshalb dem Bewunderer noch vor dem Bewunderten eine solche Ehre zuteil werde. Es brachte ihn in Verlegenheit, dass eine Institution wie das *Time Magazine* einen weißen Musiker, der sich auf schwarze Musiktraditionen beruft, auf diese Weise über die wahren Größen des Felds stellt. Brubeck durchschaute die dahinterliegenden Prozesse systemischer Privilegien, welche nicht nur im Bereich der Populärmusik zum Erfolg beitragen. Bei seinen musikalischen Mitstreitern auf der Bühne und im Studio war er stets um Diversität bemüht und kämpfte damit gegen die normative Form der Repräsentation an. Knapp zwei Jahre später, am 20. August 1956, war schließlich Duke Ellington auf dem Cover zu sehen. Die Ausgaben des *Time Magazine* sind also musikhistorisch wie auch gesellschaftspolitisch von Bedeutung.

Regelmäßig tauchen größere und kleinere Berühmtheiten bei Mateusz im Geschäft auf, wenn sie sich in Krakau aufhalten. »Ich erinnere mich«, erzählt er schmunzelnd, »als der Bassist einer recht bekannten Gruppe zu mir in den Laden kam. Er wollte vor dem Soundcheck noch schnell einen Joint rauchen und war auf der Suche nach einem geeigneten Ort dafür. Also bot ich ihm mein Klo an.« Dazu muss man wissen, dass die für Kunden an sich unzugängliche Toilettenkabine selbst für nicht klaustrophobisch veranlagte Personen eine gewisse Herausforderung darstellen kann. Bei dem Gedanken, dort einen Joint zu rauchen, erscheint einem das Bild vom Innenleben einer blubbernden Wasserpfeife vor Augen. »Später kam er dann raus, meinte, es sei super gewesen, und setzte mich als Dankeschön auf die Gästeliste zu seinem Konzert, das bereits ausverkauft war.«

Mateusz Czajka ist ebenfalls musikalisch tätig, er ist Teil der Gruppe SoFlow, für die er Samples produziert und damit

dem Sound der Band seinen eigenen Vibe verleiht. Seine Ausrüstung steht für diesen Zweck immer bereit. Der Plattenladen ist für Mateusz eine unerschöpfliche Inspirationsquelle. So wühlt er sich durch das Sortiment, entdeckt ungeahnte Tonwelten und sammelt Samples für seine Projekte. Ein Künstler bei der Arbeit, im wahrsten Sinne des Wortes.

Just vor Drucklegung dieses Buches erreichte mich eine Nachricht aus Krakau, die den geliebten Plattenladen betrifft: Das Geschäft stehe kurz vor dem Umzug an einen neuen, größeren Standort gleich ums Eck in der ulica Bożego Ciała. Der Paul'sche Traum von der Expansion des Business scheint also in Erfüllung zu gehen. Somit steht fest, auch zukünftig werden sich in Kazimierz die schwarzen Klangscheiben drehen und gute Stimmung verbreiten.

Bitte sich hinten anzustellen

Nach dem Genuss von heißen Beats in Paul's Boutique Record Store drängt sich förmlich das Bedürfnis nach etwas Abkühlung auf. Wie wär's denn mit einem Eis? In Polen ist es dafür niemals zu kalt. Die meisten Eisdielen haben das ganze Jahr über geöffnet und werden rege aufgesucht. Kaum bewegen sich die Temperaturen über den Gefrierpunkt, sieht man die Menschen im Freien schlecken. Sobald Sie Einheimische nach ihren favorisierten Beschaffungsplätzen für die kühle Köstlichkeit befragen, wird zumindest eine der folgenden Lokalitäten garantiert Erwähnung finden: *na placu Szczepańskim* sowie *na Starowiślnej*. Genau genommen handelt es sich hierbei um reine Ortsangaben, *am Szczepański-Platz* und *auf der ulica Starowiślna*, doch alle in Krakau wissen, was damit gemeint ist. Besonders Letztere genießt Kultstatus, dabei hat die Eisdiele nicht einmal einen richtigen Namen. Auf ihrem Schild steht schlicht *Lody – Tradycyjna receptura* (*Eis – Traditionelle*

Rezeptur) geschrieben. Wer braucht schon *corporate language*? Wichtig ist doch zu wissen, *wo* das Gute zu finden ist. Hier erhalten Sie die frischen Erzeugnisse eines Familienbetriebs, der trotz seines Erfolgs nie in die Verlegenheit gekommen ist, zu expandieren oder für den Einzelhandel zu produzieren.

Kult sind auch die langen Warteschlangen, die sich an wärmeren Tagen regelmäßig vor der Nummer 83 auf der ulica Starowiślna bilden. Im Internet kursieren wunderbare Aufnahmen davon. Zweifellos gehört das Ritual des langsamen Voranschreitens zum Gesamterlebnis dazu. Dabei schwingt sich der Gusto in ungeahnte Höhen, man kommt ins Gespräch mit den Leuten um einen herum und hört genau hin, wenn jemand weiter vorne die verfügbaren Sorten rezitiert. Manche fühlen sich durch die Erfahrung des Anstellens an die Zeit der Volksrepublik erinnert, nur dass sich die allgegenwärtige *kolejka* (*Reihe*) diesmal nicht vor einer staatlichen Gesundheitsanstalt bildet. Die Auswahl beschränkt sich in der Regel auf eine Handvoll Sorten und wechselt fast täglich – immer ein gutes Zeichen für Frische. Den Klassiker sollten Sie sich unter keinen Umständen entgehen lassen: die *śmietanka*, ein cremiges Milchsahneeis. Sollte es einmal nicht angeboten werden, kann man guten Gewissens auf diverse Beerensorten oder die empfehlenswerte, weil nicht zu süße Kakaomischung ausweichen.

Ein weiterer Ort in Kazimierz, der mit träge sich fortbewegenden Menschenketten in Verbindung gebracht wird, ist Butter Cut Barbershop. Der geschlagene Rahm im Namen mag vielleicht ein kulinarisches Versprechen abgeben, doch handelt es sich hierbei um ein Wortspiel mit dem Begriff *buttercup*. Im englischsprachigen Slang bezeichnet man damit einen jungen Typen, der nach außen hin zwar den großen Macker spielt, in Wahrheit aber ein gefühlsbetonter Softie ist. Die Titulierung dieses rein männlich geführten Figarosalons bereitet einem ein wahrlich ironisches Vergnügen und beschreibt das Kundenerlebnis auf treffliche Art und Weise.

Der schier unaufhaltsame Trend zur Eröffnung sogenannter *barber shops*, wie es das urbane Vokabular vorschreibt, erreichte Krakau im Jahr 2014, als mit Butter Cut der erste Betrieb dieser Zunft seine Pforten öffnete. Damit wurde ein kleines Männerparadies geschaffen, welches alle klischeehaften Stücke spielt. Hier können sich gestandene Kerle für ein Weilchen wie bubenhafte Knaben fühlen – oder umgekehrt, so genau lässt sich das nicht immer beurteilen.

Wo die Klingen nach alter Schule zum Einsatz kommen

Begonnen hat der Laden in der ulica Szlak im Stadtteil Kleparz, damals noch mit zwei Stühlen. Doch aufgrund des rasanten Erfolgs übersiedelte man wenig später an den heutigen Standort in der ulica Kupa, an dem seit 2015 ganze sechs Stühle auf behaarte Kundschaft warten. Mittlerweile betreiben die Burschen insgesamt drei Dependancen in Krakau und

Katowice. Zudem scheint die Nachfrage nach wie vor unzureichend gestillt zu sein, denn gefühlt macht alle paar Monate ein neuer Barbershop in der Stadt auf. Ob es den Männern – und auch den Frauen – dienlich ist?

Die Barbiere, wie sie sich dem Fachjargon gemäß zu nennen pflegen, beschreiben ihren Schaffensplatz auf der eigenen Webseite wie folgt: »Butter Cut ist ein Ort der alten Schule, geschaffen von Männern für Männer. Wir lieben maskuline Gespräche, gekrönt mit Bier und Rum. (…) Wir gewähren Frauen keinen Einlass, das ist wahr, aber nicht, weil wir sie nicht mögen, sondern nur, damit wir uns wohlfühlen können.« Da bläst einem der Föhn neben viel heißer Luft auch eine ganze Portion Testosteron entgegen. Was bleibt einem da noch anderes übrig, als sich über solch eine abzulehnende Form von misogynem Chauvinismus lustig zu machen?

Auch ich konnte der Versuchung nicht widerstehen, mich das ein oder andere Mal – selbstverständlich nur zu Recherchezwecken – dem Spektakel im Barbershop hinzugeben. Das Motto ist offenkundig: retro, retro, retro. Termin? Viel zu modern. »Frag, wer der Letzte in der Reihe ist, und stell dich hinten an«, so die freundliche Auskunft eines Barbiers nach Betreten des Etablissements. Bei Butter Cut gilt: Wer zuerst kommt, mahlt zuerst. Hier herrscht das Gesetz des Ersteren, nicht des Stärkeren. In der Warteschlange herrschen Ordnung und Disziplin. Die Wartezeit für den heiß ersehnten Service kann mitunter Stunden betragen – ja, Stunden. Zumindest wird einem dabei nicht langweilig, bei manch Anwesendem beschleicht einen ohnehin das Gefühl, er wäre nur hier, um die Zeit totzuschlagen.

Dies wiederum gestaltet sich bei Butter Cut in der Tat als nicht gerade unangenehm. Die Getränke sind gratis, es gibt frisch gebrühten Kaffee, des Weiteren stehen heimische Limonaden sowie Craftbier zur Disposition – alles einen Handgriff in den zentral gelegenen Kühlschrank entfernt. Manchmal, wenn der Chef in Spendierlaune ist, wird sogar Whisky ausgeschenkt. Angeblich hat er auch schon einmal Kunden bedient, bezeugen lässt sich dies allerdings nicht. Zudem stehen eine Spielkonsole sowie ein kleiner Billardtisch bereit, denen aber vergleichsweise wenig Aufmerksamkeit zuteil wird, da permanent leicht bekleidete Playmates von einem Bildschirm lachen, während sie einen Wasserball in die Luft werfen. Der Monitor ist zentral und dem Plafond nah platziert, seine Inszenierung gleicht der eines Altars. Es ist das maskulin erdachte Himmelreich. Dazu dröhnt für gewöhnlich Rockmusik aus den Lautsprechern.

In diesem Ambiente können Sie, sobald Sie an der Reihe sind, in einen bequemen Lederstuhl sinken und einen Haarschnitt oder eine Rasur, gerne auch in Kombination, erhalten. Um die sonst übliche, manchmal etwas erzwungene Konversation zwischen Kunde und König müssen Sie sich dabei keine Gedanken machen, denn die Barbiere bringen Sie am liebsten schweigend um Ihr Haar. Den größten Spaß haben die Klingenschwinger ohnehin mit sich selbst. Innerhalb der Mannschaft wird gern und viel geblödelt. Wer des Polnischen mächtig ist, wird als Zuhörer vor die Herausforderung gestellt, stillhalten und dabei gegen den Lachimpuls ankämpfen zu müssen.

Einmal erlebte ich vor Ort die Audienz eines wahren Barbiergurus aus Amsterdam, Don Daco. Er war extra angereist, um in Krakau ein Fotoshooting zu veranstalten und die Barbiere bei Butter Cut zu schulen. Dem Kunden bot sich die rare Gelegenheit, einen echten Meister seines Fachs an seine Haare zu lassen. Folglich, so die Annahme, mussten sich die Anwesenden um eine Sitzung mit dem Spezialisten förmlich gerissen haben – doch weit gefehlt! Erstaunlicherweise mieden die Wartenden jede Begegnung mit allen Mitteln. Die Furcht war ihnen buchstäblich ins Gesicht geschrieben, denn der niederländische Guru konnte kein Polnisch. Wie sollte man da verständlich seine Wünsche zum Ausdruck bringen? Nicht auszudenken, welche Folgen das für die stolze Löwenmähne haben könnte!

Doch es war gar nicht so einfach, dem Meister zu entkommen. Da bei Freiwerden eines Barbiers nachrücken ohne zu murren angesagt ist, standen die Chancen eins zu sechs, dass es einen erwischt. Angsterfüllt hofften die Kunden, nicht auf dem Amsterdamer Stuhl landen zu müssen. Manche überließen sogar freiwillig ihren hart ersessenen Platz in der Reihe, um nach hinten zu rücken. Einem, der sich ebenfalls nicht traute und deswegen zusätzliche Wartezeit in Kauf nahm, war die Erleichterung besonders anzusehen, als er sich auf den Stuhl eines heimischen Barbiers setzen durfte. Daraufhin fragte ihn der polnische Fachmann: »Was habt ihr alle nur? Warum wollt ihr euch nicht vom Besten herrichten lassen?« Woraufhin der Kneifende zu Protokoll gab, man könne sich mit dem werten Herrn aus Amsterdam nur schwer unterhalten. Der Barbier quittierte diesen Einwand mit der lapidaren Bemerkung: »Wenn du zum Reden gekommen bist, bist du hier falsch.«

Neuerdings wurde aus gesundheitspolitischen Gründen auf das avantgardistische Modell der Terminvereinbarung umgestellt. Man kann nur hoffen, dass es sich hierbei um eine temporäre Maßnahme handelt und dieses Stück Retropie bald wieder Einzug hält. Es vermag einem so manche Kabarettdarbietung zu ersetzen. Folgende Notiz möchte unsere Visite bei den Barbierburschen zu Ende bringen: Unlängst schlenderte ich bei Butter Cut vorbei und warf einen Blick durch das Schaufenster. Ich konnte meinen Augen nicht trauen – eine Barbierin! Vor lauter Ungläubigkeit musste ich kurz stehen bleiben und mir die Augen reiben. Wie gern hätte ich gewusst, was sie über den Laden so denkt.

Vom Gesang eines Arbeiters

Bewegt man sich offenen Ohres durch Kazimierz, wird man früher oder später sachte, zunächst nicht verortbare Klänge vernehmen. Der Weg führt uns durch die ulica Berka Joselewicza. Mit jedem Schritt näher an das Haus mit der Nummer fünf gewinnen die Schallwellen an Kraft und betagte Lieder geben sich zu erkennen. Plötzlich ist man auf die musikalische Quelle gestoßen – welch unverhoffte Entdeckung! Just wird die Flanur neugierig unterbrochen. Ein ebenerdiges Fenster steht offen, Blumen ragen hoffnungsvoll in die Sonne. Der Blick hinein reicht in die Vergangenheit. Wir sehen altes Mobiliar, Handschriften und eine großformatige Fotografie. Sie zeigt einen gütig lächelnden Mann.

Die Rede ist vom denkwürdigen Krakauer Dichter Mordechai Gebirtig, dem Vater des jiddischen Volkslieds. Seine Werke sind weltbekannt. *Unser Städtchen brennt* (*undzer shtetl brent*) zählt zu den berühmtesten seiner Lieder. Jedes Jahr wird es zum Marsch der Lebenden, einer der wichtigsten Gedenkveranstaltungen im ehemaligen Konzentrationslager Auschwitz-Birkenau, aufgeführt. Es verarbeitet die gewalttätigen Ereignisse in der polnischen Kleinstadt Przytyk, welche sich am 9. März 1936 zugetragen haben.

An jenem Tag kam es am zentralen Marktplatz zu pogromartigen Szenen. Anhänger der *Endecja*, einer nationalistisch und antisemitisch gesinnten Bewegung, welche nach dem Tod von Marschall Józef Piłsudski im Jahr 1935 einen Aufschwung erlebte, griffen willkürlich Menschen an, die bei Juden ihre Einkäufe tätigten. Mehr als drei Viertel der Przytyker Bevölkerung waren jüdisch. Die Störaktionen und Boykottaufrufe führten zu Rangeleien, die Gemengelage wurde unübersichtlich. Als sich dann eine Gruppe von Juden formierte und in Wehrabsicht schließlich zur Waffe griff, eskalierte die Situation. Ein aufgebrachter Mob begann auf Jüdinnen und Juden

einzuprügeln und zerschlug die Fensterscheiben ihrer Häuser und Geschäfte. Die Polizei musste einschreiten, konnte der Lage aber nicht Herr werden. Am Ende gab es Tote und Verletzte sowie später Verurteilungen auf beiden Seiten. Gebirtigs Lied aus der Mitte der 1930er-Jahre besitzt angesichts dieser Begebenheit eine schauderhaft prophetische Dimension.

s'brent! briderlekh, s'brent!
oy, undzer orem shtetl nebekh brent!
beyze vintn mit yirgozn
raysn, brekhn un tseblozn
shtarker nokh die vilde flamen,
alts arum shoyn brent!

un ir shteyt un kukt azoy zikh
mit farleygte hent
un ir shteyt un kukt azoy zikh –
undzer sthetl brent …

Es brennt! Brüder, ach, es brennt!
Oh, unser armes Städtchen, wehe, brennt!
Feuerstürme jagen, gieren,
reißen, brechen und entfachen
stärker noch die wilden Flammen,
schon alles ringsum brennt!

Und ihr steht und guckt und gafft nur
mit verschränkten Händ',
und ihr steht und guckt und gafft nur –
unser Städtchen brennt …

Fragment aus: *undzer shtetl brent* (*Unser Städtchen brennt*)

Mordechai Gebirtigs eigentlicher Name war Markus bzw. Mordche Bertig – die Angaben variieren. Von Beruf war er Tischler, der Überlieferung nach soll Gebirtig »tagsüber an Möbeln und nachts an Liedern gehobelt« haben. Der geschäftige Mann erblickte in der ulica Kupa 7, unweit seiner späteren Werkstätte und vis-à-vis vom heutigen Butter Cut, das Licht der Welt. Das Geburtshaus wurde abgerissen, an seiner Stelle befindet sich heute ein neumodernes Hotel. Aufgrund unterschiedlicher Angaben lässt sich das Geburtsdatum des Dichters nicht exakt festlegen. Das vermutlich letzte erhaltene offizielle Dokument zu seiner Person aus dem Jahr 1940, nach Einmarsch der Nationalsozialisten in Krakau, vermerkt hierzu den 5. März 1877. Möge es uns als Referenz dienen.

Die galizische Gesellschaft, in die Mordechai Gebirtig geboren wurde, war überwiegend arm, fromm und dem Kaiser gegenüber loyal. Es war eine Zeit, in der niemand mehr Polen als souveränen Staat erlebt hatte. Das Land war längst zwischen den österreichischen, preußischen und russischen Besatzungsmächten aufgeteilt. Unter Franz Joseph I. wurde der jüdischen Bevölkerung im Jahr 1867 erstmals die gesetzlich verankerte Gleichstellung zugesprochen. Auch wenn es zwischen Theorie und Praxis immer wieder Abweichungen gab, war dies ein historischer Schritt. Er sicherte dem Kaiserhaus vor allem die Treue unter der Mehrheit der Jüdinnen und Juden in den Ländern der Monarchie.

Unweit von Krakau verlief die Grenze zum russischen Reich. Dahinter verfügte die jüdische Bevölkerung nicht über vergleichbare Rechte und sah sich ständiger Verfolgung und Pogromen ausgesetzt. Viele Juden flüchteten aus dem russisch besetzten Gebiet nach Krakau und Galizien. Erst nach dem Ersten Weltkrieg und der Neuordnung Europas tauchte ein unabhängiges Polen, wenn auch nur für kurze Zeit, wieder auf der Landkarte auf, und die Verhältnisse begannen sich zu ändern.

ot drey ikh azoy zikh shoyn vokhn, khadoshim
arum in di gasn biz s'falt tsu di nakht,
un zukh alts a mitl, kh'zol kenen fargesen,
az ikh vel, vi nekhtn, haynt vider nisht esn,
nu, gey ikh azoy zikh un kler alts un trakht.

nu, falt mir ayn plitsling, kh'vel tseyln di hayzer,
di kromen, di koynim vos geyen arayn,
kedey nisht tsu filn dem veytik in mogn,
vi epes a vorem halt dort in eyn nogn –
a zeltn gut mitl vet dakht zikh dos zayn.

So treib ich mich schon seit Wochen, Monaten
herum in den Gassen bis zur Nacht
und such ein Mittel, wie ich kann vergessen,
dass ich heut wie gestern werd wieder nichts essen,
nu, so geh ich herum und grüble und trachte.

Nu, fällt mir plötzlich ein, ich will zählen die Häuser,
die Läden, die Kunden, die hineingehn,
damit ich den Schmerz im Magen nicht fühl,
den Wurm, der nicht aufhört zu nagen –
eine selten gute Idee, denk ich, wird das sein.

Fragment aus: *an arbetlozer* (*Ein Arbeitsloser*)

Die Mehrheit der Krakauer Jüdinnen und Juden im Kazimierz der Jahrhundertwende fristete ein Leben in bitterster Armut – ein perspektivloser Zustand, dessen Wurzel in massenhafter Arbeitslosigkeit lag. Mordechai Gebirtig sah sich in der Tradition der Arbeiterbewegung verortet und trat den jüdischen Bundisten bei. Diese Gruppierung fühlte sich der polnischen Nation verbunden und bemühte sich zudem um den Erhalt und die Pflege der jiddischen Sprache und Kultur.

In den 1910er-Jahren zog Gebirtig in das Haus Nummer fünf in der ulica Berka Joselewicza, wo er oben mit seiner Familie lebte und im Souterrain seinem Tischlerhandwerk nachging – bis ihn die Nationalsozialisten erst nach Łagiewniki, ein Dorf südlich von Krakau, und später ins Ghetto nach Podgórze verschleppten. Seine Lieder waren zu dieser Zeit bereits populär und wurden von einigen Widerständigen gesungen.

Mordechai Gebirtig wurde im Krakauer Ghetto am 4. Juni 1942 auf offener Straße erschossen. An jenem Tag war ein Nazitrupp in seine Unterkunft einmarschiert. Sie trieben ihn auf die Straße, dann drückten die Schergen vor den Augen der anderen Insassen ab. Es war der sogenannte »blutige Donnerstag« in Podgórze, an dem mindestens 3000 Menschen gewaltsam zu Tode ka-

Leicht zu übersehen: das Memorial im Souterrain

men. Die Stelle in der ulica Janowa Wola, an der Gebirtig ermordet wurde, ist heute mit einer Gedenktafel versehen. Erst 1992 wurde an der Fassade seines langjährigen Wohnsitzes eine Gedenktafel angebracht, 2014 folgte die Eröffnung des kleinen Mordechai-Gebirtig-Memorials am ehemaligen Arbeitsplatz des Schreiner-Dichters. Seitdem ertönen tagsüber Mordechai Gebirtigs unsterbliche Lieder aus dem Souterrain hinaus auf die Straße und in die Welt.

Anno 5781. Wie alt kann Gegenwart werden?

Nur wenige Schritte vom Memorial entfernt, an einem kleinen Platz etwas abseits der stark frequentierten Flecken in Kazimierz, befindet sich ein recht unscheinbar wirkender Antiquitätenladen. Das Portal, Eingang und Auslage zugleich, ist in einem kräftigen Blauton gestrichen, darüber verkündet ein Schild in goldenen Lettern *Stary Sklep – Old Shop*. Hier bietet die Inhaberin Joanna Nenko allerlei Judaika zum Verkauf an. Das Geschäft ist winzig, dunkel und zum Bersten vollgestellt mit raren Objekten. Für gewöhnlich sitzt Joanna untertags auf einem Stuhl in der Ecke und liest.

Früher arbeitete sie in einem Museum, doch dann kam die Wende. »Wie es damals üblich war, wurden die jungen Leute auf die Straße gesetzt. Also machte ich dieses Geschäft auf. Anfangs habe ich sogar im Laden gewohnt, da gab es diese Wand noch nicht«, erzählt sie und deutet hinter sich. Staunend studiere ich den Raum und frage mich, wo hier eine Tür versteckt sein könnte. Wie bei einem guten Gemälde muss man im Old Shop öfter und genauer hinsehen, um ihn in seiner Gesamtheit erfassen zu können. Joanna liegt viel daran, dass die Menschen, die hierherkommen, es respektieren, dass ihr Geschäft kein Museum ist. Aus diesem Grund ist das Fotografieren unerwünscht. »Die Leute sehen sich diese Bilder sowieso

Joanna Nenko und Arnold Samsonowicz vor dem Old Shop

nicht an, da sollen sie lieber gleich mit den Augen schauen und ihre Wahrnehmung schärfen«, meint sie dazu.

Während wir unsere Konversation fortsetzen, taucht ein alter Bekannter auf. Es ist Arnold Samsonowicz, Poet aus Krakau und enger Freund Joannas. In Künstlerkreisen gelten die beiden als kleine lokale Berühmtheiten. Regelmäßig veranstalten sie Lesungen sowie Zusammenkünfte im Zeichen der

Kunst, zumeist im Old Shop. Arnolds Name lautet eigentlich Antoni Prus, doch er zieht es vor, unter seinem Pseudonym vor die Haustür zu treten. Sein Wesen gleicht dem einer gemäßigten Naturgewalt. Arnold Samsonowicz ist zwar jenseits der siebzig, aber quicklebendig wie ein aufgedrehter Knirps. Zudem kennzeichnet ihn ein ausgeprägtes Mitteilungsbedürfnis. Für mich verkörpert dieser Mann eine wunderbare Formel des polnischen Literaten Bruno Schulz, der einmal schrieb, er wolle »zur Kindheit heranreifen«.

Als wir uns das erste Mal im Old Shop begegneten, führte mich Arnold in das Sortiment von Joannas Geschäft ein. Er sprach ein wenig so, als ob es sein eigener Laden wäre, dabei bezeichnet er ihn lediglich als sein »zweites Wohnzimmer«. Fast täglich besucht der aufgeweckte Dichter Joanna, um mit ihr einen Kaffee zu trinken. Als Arnold Samsonowicz veröffentlicht Antoni Prus hauptsächlich Gedichte. Zwölf Lyrikbände sind bislang erschienen. Seine Dichtkunst könnte man als experimentelle Poesie bezeichnen.

Während des ersten pandemischen Spätsommers in Krakau lud mich Arnold zum Rosch ha-Schana, dem jüdischen Neujahrsfest, ein. Er stellte ein künstlerisches Programm auf die Beine und hieß alle willkommen. An jenem Sonntagabend füllte sich das kleine Gassenlokal in der ulica Brzozowa bis auf den letzten Zentimeter. Einige mussten mit ihren Stühlen vor die Tür rücken, um dabei sein zu können. Drinnen verströmten Kerzen warmes, flackerndes Licht, dazu erklangen jüdische Lieder.

Arnold trat als Gastgeber auf, er trug eine senfgelbe Hose und ein eng anliegendes schwarzes Oberteil. Um seinen Hals baumelte ein Amulett. Das Handgelenk zierte neben einer Armbanduhr eine Vielzahl von Bändern aus Leder, versehen mit perlenartigem Schmuck. Inbrünstig begrußte Arnold jeden einzelnen Anwesenden, als wäre er oder sie ein Familienmitglied. Darunter fanden sich auch unbekannte Gesichter, die gleich in den Kreis integriert wurden. Es herrschte eine heimelige Atmosphäre.

Zwei Freunde des Dichters eröffneten den Abend mit einer musikalischen Darbietung. Borysław setzte mit dem Akkordeon auf seinem Schoß an, spielte gefühlvoll einen G-Akkord. Der markante Rhythmus verriet bereits das berühmte Chanson, das zum Besten gegeben wurde. Nach wenigen Takten hob Danuta langsam ihre Arme und begann zu singen. *Non, rien de rien … Non, je ne regrette rien …* Borysław deutete den Wechsel auf C an, Danuta holte Luft und hob kraftvoll ab … *Ni le bien qu'on m'a fait …* ballte die Faust … *Ni le mal …* blickte zur Decke und schwang sich vokalistisch in luftige Höhen … *Tout ça m'est bien égal …* Das Lied, geschrieben von Michel Vaucaire und komponiert von Charles Dumont, bescherte Édith Piaf nochmals einen späten Welterfolg. Tosender Applaus, als der letzte Ton verklungen war.

Arnold Samsonowicz ergriff das Wort. Er bedankte sich bei seinen Freunden für die musikalische Unterstützung und begrüßte alle zum diesjährigen Rosch ha-Schana. Stolz wies der Gastgeber darauf hin, dass die Sängerin Danuta extra aus London angereist kam, um das heutige Publikum mit ihrer Stimme zu verzaubern. Sie sei sogar einmal für Helmut Kohl aufgetreten, wurde verlautbart. Dann nahm Arnold Platz, setzte sich die Brille auf und griff zu einem seiner Bücher, die im Stapel vor ihm lagen.

Andächtig saßen die Gäste auf ihren Sitzen und hörten zu. Die Texte flossen durch den Raum, versetzten den kleinen Teich aus lauschenden Köpfen in Schwingung. Rotwein wurde gereicht. Später erschien Joannas Lebensgefährte, um den zeremoniellen Höhepunkt zu vollziehen. Er sprach ein kurzes Gebet auf Hebräisch und blies dann das Schofar, ein Widderhorn. Das neue Jahr wurde anschließend mit dem Lied *Shalom Aleichem* feierlich eingeläutet.

Eines der poetischen Werke, die Arnold Samsonowicz an jenem Abend vorgetragen hatte, ist mir im Gedächtnis geblieben. Später sprach ich ihn darauf an und teilte ihm mit, dass ich das Gedicht besonders schön fand. Arnold entgegnete erwartungsgemäß überschwänglich, seine Freude kannte keine Grenzen. »Niemand hat auch nur ein einziges Wort über meine Texte verloren an diesem Abend – außer dir. Ich möchte dir das Gedicht schenken«, sagte er.

Wenige Tage später sahen wir uns im Old Shop wieder. Das maschinengeschriebene Typoskript versah Arnold mit einer Widmung. Den Text hatte er in der Anfangszeit der Pandemie verfasst. Er stammt vom 20. April, Antoni Prus' Geburtstag.

masz mnie do nieba
potrząsasz moim ciałem
pobudzasz serce na rower
z motylem na kole
o słodka jaskółko
pandemiczna
delikatne dziecko
oszołomione gdy gniazdo postawiono
na nogi gliniane

zakryte całe usta moimi
szachrujemy maski

pokłony
ukrywającemu się królowi Panu

———

Du hast mich dem Himmel zugetan
Schüttelst meinen Körper
Treibst das Herz aufs Fahrrad
Mit 'nem Falter am Reifen
O süße Schwalbe
Pandemische
Zartes Kind
Bestürzt, wenn das Nest gestellt
Auf Beine aus Lehm

Mit meinen verdeckten Lippen
Betrügen wir die Masken

Verneigungen
Sich dem König verbergender Herr

Bon voyage

Eines frühen Nachmittags waren Joanna, Arnold und ich im Old Shop verabredet, nur wenige Stunden vor meiner Rückreise nach Wien. Ich wollte noch einmal mit den beiden plaudern und mich verabschieden. Arnold zog ein Fläschchen Wodka aus seinem Rucksack. Da wir drei nun beisammen säßen, sei das Wässerchen unweigerlich zu tilgen, so die Usancen.

»*Twoje zdrowie!*«, schallte es daraufhin in kurzen Abständen aus Arnolds Kehle, während er sein Gläschen energisch in die Luft riss. *Twoje zdrowie*, das bedeutet zwar wörtlich *deine Gesundheit*, meint aber in diesem Kontext, dass wir *auf* meine Gesundheit trinken sollten. Ein Trinkspruch, der mehr einer Aufforderung als einem Wunsch gleichkommt. Wer schon einmal einem Zeitgenossen ähnlichen Schlags begegnet ist, weiß genau, was es mit dem ominösen Begriff der erzwungenen Freiwilligkeit auf sich hat. Arnold schenkte munter nach.

Wir stießen an, tranken und sprachen über alles Mögliche. Vor allem polnische Literatur sowie Joannas und Arnolds Erinnerungen an das Krakau vergangener Tage interessierten mich. Es war erstaunlich wenig Nostalgie dabei. »So, wie Kazimierz in den vergangenen Jahrzehnten aufgeblüht ist, hat man es wahrscheinlich noch nie gesehen«, meinte Arnold, die Füllstände der Gläser stets im Blick. »Nur die jüdische Gemeinde ist, aus quantitativer Sicht, ein Schatten ihrer selbst. Aber auch das war schon einmal schlechter«, resümierte Joanna.

Plötzlich sprang Arnold von seinem Stuhl auf. »Fast hätte ich darauf vergessen! Ich habe dir etwas mitgebracht.« Er überreichte mir ein Buch, *Ludzie stamtąd* (*Die Menschen von dort*) von Maria Dąbrowska. »Das musst du lesen, das ist malerischste Prosa. Es wird dir gefallen. *Twoje zdrowie!*« Die Gläser erklangen in der Luft, und ich begann in dem schönen Buch zu blättern. Dabei fiel mir der polnisch-jüdische Schriftsteller Adolf Rudnicki ein. »Kennt ihr vielleicht Adolf Rudnicki? Er ist zwar erst 1990 verstorben, doch mir scheint, als wäre er in Polen schon längst in Vergessenheit geraten, und das trotz seines bedeutenden Werks.« Für einen Moment war Arnold ganz still geworden. Selbst die Gläschen vor uns erstarrten in ihrer Leere. Mit großen Augen blickte er zu Joanna. »Kannst du das glauben, der Junge kennt Rudnicki!«, sagte Arnold ganz aufgeregt und klopfte mir stolz wie eine Vaterfigur auf die Schulter, während er zum Wodka griff. »Wahrhaftiger. *Twoje zdrowie. Twoje zdrowie!*« Ich konnte gar nicht ahnen, welch Reaktion ich hervorrufen würde. Arnold schenkte die Gläser wieder randvoll ein – wie er das in seiner Euphorie, ohne zu verschütten, hingekriegt hat, ist mir bis heute ein Rätsel. »Rudnicki ist wirklich großartig«, nickte Joanna. Unterdessen hatte sich Arnold wieder beruhigt. »Junger Mann, wir sind tief beeindruckt«, sagte er und machte mich damit etwas verlegen. »*Twoje zdrowie!*«, kam es plötzlich von Joanna … In dieser Tonart verblieben wir noch ein Weilchen, bis wir uns anderen Themen widmeten. Am Ende verließ ich unsere Zusammenkunft frühzeitig, ich musste etwas *für* meine Gesundheit tun – und den Zug erwischen.

An Bord versuchte ich dann, das plötzlich in meinem Magen klaffende Loch mithilfe eines Snacks zu stopfen. Die Auswahl gestaltete sich jedoch eher bescheiden, und so wünschte ich mich sofort wieder nach Kazimierz zurück. Dort gibt es ein probates Mittel gegen den Appetit infolge erhöhten Destillatkonsums: die *zapiekanka*. Das ist ein der Länge nach geteiltes Weißbrotbaguette, welches fantasievoll belegt und danach überbacken wird und jedes Loch im Magen zu füllen vermag. Die traditionelle Krakauer *zapiekanka* ist mit Champignons und viel Käse belegt. So gut wie alle Anbieter versammeln sich am plac Nowy im berühmten Okrąglak, dem zentralen Rundbau des Viertels. Früher befand sich an dieser Stelle der größte Handelsplatz der jüdischen Gemeinde. Im Inneren des

Köstliche Retterin in jeder Lebenslage

Gebäudes wurde die rituelle Schächtung von Geflügel durchgeführt. Heute harrt dieser Bereich einem neuen Zweck.

Am besten ist es, den Okrąglak aufmerksam zu umrunden und dann, je nach Sympathie oder Warteschlange, zu einem der offenen Fenster vorzutreten. Mein persönlicher Favorit ist die Nummer acht namens Piecyk. Dort wählen Sie aus einer ganzen Palette von Variationen Ihre *zapiekanka*, entweder ganz oder eine halbe Portion. Nach ein paar Minuten im Ofen kommt sie dann frisch und knusprig zu Ihnen. Im Übrigen ist diese Art von Imbiss ein Relikt aus der Zeit der Volksrepublik, als in Polen die ersten Kleinöfen für den Hausgebrauch auftauchten. Da damals eine »richtige« Pizza nicht zu bekommen war, entstand auf diese Weise ein polnischer Ableger des westlichen Gerichts.

Alternativ bietet sich ein Besuch beim einzigen wahren Bagelladen der Stadt an. Östlich der alten Synagoge, in der ulica Dajwór, befindet sich das Lokal Bagelmama, wo Sie das Original an seinem Ursprungsort genießen können. Die *bejgls*, wie sie in jiddischer Sprache bezeichnet werden, sind in Krakau seit geraumer Zeit schriftlich bezeugt und traten ab dem späten 19. Jahrhundert einen Siegeszug an der Ostküste der USA an. Dank dieser reichhaltigen Zwischenmahlzeiten ist man schnell wieder auf festem Boden unterwegs.

Bonsoir

Dämmerung verkündet die Nacht. Das Farbenspiel am Himmel legt einem nahe, einzukehren und das abendliche Treiben auf der Straße zu beobachten. Hierfür kann ich die Kneipe Ulica Krokodyli sehr empfehlen, befindet sie sich gleich gegenüber dem Restaurant Ariel und bietet einen guten Ausblick auf die ulica Szeroka.

Der Name *Ulica Krokodyli*, auf Deutsch *Krokodilstraße*, bezieht sich auf die wohl bekannteste Erzählung von Bruno Schulz. Der Text ist in seinem Hauptwerk *Sklepy cynamonowe* (*Die Zimtläden*) aus dem Jahr 1933 zu finden. Es ist ein wunderschönes Stück Prosakunst und gleichzeitig eine poetische Kritik an den Mechanismen des Kapitalismus. *Die Krokodilstraße* handelt von einer fiktiven Gegend in Schulz' Heimatstadt Drohobycz, unweit von Lemberg. Die Entwicklungen, die in der geschäftigen Straße zu beobachten sind, missfallen dem Autor unmissverständlich. Immerzu sieht er sich dazu veranlasst, »auf den zweideutigen und dubiosen Charakter des Viertels« hinzuweisen, »der so stark von der grundsätzlichen Tonart der ganzen Stadt« abweiche.

In der Krokodilstraße tummeln sich Menschen, deren Aufmerksamkeit scheinbar nur mehr Materiellem gilt. Schulz zeichnet das Bild einer Geschäfts- und Warenwelt, die farblos ist und jegliche Form von Charakter vermissen lässt. Im Grunde findet er alles daran bedeutungslos: »Diese Wirklichkeit ist dünn wie Papier, und jeder Spalt verrät, daß sie bloß imitiert ist. Manchmal hat man den Eindruck, daß sich lediglich auf dem kleinen Flecken vor uns alles so beispielhaft zu diesem pointierten Bild eines Großstadtboulevards zusammenfügt, während sich an den Rändern die ganze improvisierte Maskerade bereits auflöst und aus dem Leim geht.«

Bruno Schulz hat Krakau nie gesehen. Wie Mordechai Gebirtig wurde auch dieser Dichter 1942 auf offener Straße erschossen – allerdings im Drohobyczer Ghetto. Seine Beobachtungen in der *Krokodilstraße* haben aber, wenn auch auf gänzlich andere Weise, ebenso einen prophetischen Charakter.

Und so finde ich mich im Schaufenster wieder, bei Kerzenlicht sitzend, und lasse den Blick schweifen – erst im Lokal, dann wieder raus auf die Straße. Ich seh mir all die alten Gegenstände an, die an den bemalten Wänden hängen. Die markanten Straßenlaternen, die im Raum stehen, weisen den Weg nach hinten, wo man im abseits gelegenen Gastgarten etwas Ruhe findet. Ihr gelbliches Licht verleiht den nackten Ziegeln an der Decke Wärme. Draußen tuckern bunte Golfwägen mit integrierten Lautsprechern vorbei, die Touristen durch Kazimierz kutschieren und ihnen Geschichten erzählen. Am oberen Ende der ulica Szeroka werden im Restaurant Dawno temu na Kazimierzu köstliche jüdisch-polnische Gerichte mit Klezmer-Begleitung serviert. Die Buchhandlung Austeria schließt, nachdem die letzte Kundin gegangen ist. Das Viertel wird immer unvollkommen sein, doch sämtliche Bemühungen um den Erhalt des jüdischen Erbes bleiben von nicht auszudrückender Dringlichkeit.

PROSIMY
BOLS

Cukiernia MICHAŁEK
Rok założenia 1958
Cukiernia
MICHAŁEK
Rok założenia 1958
Ciastka Ciasta
Pączki z róża
Lody Tradycyjne
Torty
ZAPRASZAMY
Pn - Pt 8-20
Sobota 8-16

Der Zuckergürtel

Nowy Świat, Piasek

Es ist ein Leichtes, in Krakau etwas zuzulegen. Die Auswahl an köstlichen Süßspeisen ist einfach zu verlockend, um davon die Finger zu lassen. Rund um die Altstadt erstreckt sich so etwas wie ein Zuckergürtel, der für jeden Besuch die richtige Gaumenbegleitung parat hält. Begeben wir uns nun auf einen Streifzug durch besonders empfehlenswerte Etablissements für die kleineren und größeren Genüsse.

Unser erster Halt bringt mich zurück in meine Studienzeit. Als ich dem germanistischen Institut das erste Mal einen Besuch abstattete, war ich viel zu früh dran. Also sah ich mich in der näheren Umgebung um. Wie von einer höheren Instanz geleitet, führte mich meine Entdeckungswanderung direkt ins Massolit. Das Massolit ist nicht nur ein höchst stimmungsvolles Café, es ist auch eine Buchhandlung mit Schwerpunkt auf englischsprachiger Literatur. Man fühlt sich darin wie in einer großen Altbauwohnung – knarrende Holzböden, randvolle Bücherregale, alte Möbel und dieses gelblich-warme Licht, das einem das wohlige Gefühl vermittelt, angekommen zu sein. Zudem schmeckt der Kaffee hervorragend, und auch die Süßspeisen wissen zu überzeugen. Sofern verfügbar, sollten Sie entweder ein Stück Bananenbrot oder einen Karottenkuchen probieren. Am besten natürlich beides, denn im Massolit lässt es sich auch für länger gut aushalten.

Das Lokal ist übrigens größer, als man denkt. Im Eingangsbereich warten zunächst Bücher auf ihr Publikum sowie das Personal auf die Bestellung am Tresen. Links davon

Zuhause ist, wo der Kaffee schmeckt und die Bücher warten.

verläuft der Weg nach hinten in wohnzimmerartige Verweilräume. Doch das ist bei Weitem nicht alles, denn rechts vom Tresen, wo die meisten nur den Gang zur Toilette im Sinn haben, befindet sich eine Tür, durch die man erst ins Treppenhaus und dann zu den weiteren Räumlichkeiten des Lokals gelangt. Dort geht es etwas ruhiger zu. Hier kann man sich zur Gänze dem mitgebrachten Buch hingeben oder in der reichhaltigen Bibliothek des Hauses stöbern. Vor allem Leute aus dem universitären Umfeld treffen einander an diesem Ort und halten Lerneinheiten ab. Eine Anschlagtafel informiert über aktuelle Initiativen, Kultur- und Bildungsangebote.

Apropos Bildung: Ich musste ja zum Institut für Germanistik! Mit der voranschreitenden Zeit steht das Massolit in einem immerwährenden Konflikt, das erfuhr ich mit jedem folgenden Besuch. Schon war aus der streberhaften Pünktlichkeit wieder das übliche Spät-dran-Sein des Studenten geworden, und ich musste das Café fluchtartig verlassen.

Von der »Berlinka« zu den Berlinern

Neben einigen Kaffeehäusern war die Universitätsbibliothek ein zentraler Ankerpunkt in meiner Krakauer Zeit. Ich hatte das Privileg, gleich gegenüber dem Institutsgebäude in einer der bedeutendsten wissenschaftlichen Institutionen des Landes meine Forschungen betreiben zu können. Die Jagiellonen-Bibliothek zählt zu den größten Büchereien in Polen und genießt den Status einer Nationalbibliothek. Neben jahrhundertealten Handschriften, darunter auch das erste Druckwerk in polnischer Sprache, hütet sie – mittlerweile ganz offiziell – quasi nebenbei einen Bestand, der gemeinhin als »Berlinka«, die Berliner Sammlung, bezeichnet wird. Bis in die 1990er-Jahre hinein wurde sie beharrlich verschwiegen, ihre Existenz war jedoch ein offenes Geheimnis. Heute steht man zwar zu dem Bestand, dieser ist aber nach wie vor ein Politikum zwischen Deutschland und Polen. Was hat es also damit auf sich?

In der Endphase des Zweiten Weltkriegs lagerten die Nationalsozialisten sämtliche Sammlungen der Preußischen Staatsbibliothek zu Berlin systematisch aus, um diese vor eventueller Beschädigung durch Gefechte zu schützen. Ein Teil davon wurde in polnische Gebiete gebracht. Über Umwege landeten so mehrere Hundert Kisten in einem Kloster in Niederschlesien, wo sie bis nach Kriegsende von Zisterzi-

ensermönchen verwahrt wurden. Schließlich wurden die Klosterbewohner samt der deutschen Bevölkerung im Mai 1946 aus dem Ort vertrieben. Die verbliebenen Kisten wurden daraufhin nach Krakau transportiert.

In ihnen befand sich nicht weniger als das »geistige Tagebuch der Deutschen«, wie es in der Presse einmal formuliert wurde. Es handelt sich um Tausende Autografen von klingenden Namen wie Bach, Beethoven, Dürer, Goethe, Grimm, Haydn, Humboldt, Kant, Kleist, Leibniz, Luther, Hegel, Rilke, Schiller oder Zweig. Hinzu kommt rund ein Viertel des handschriftlichen Nachlasses von Mozart. In Zahlen lässt sich der Wert der Sammlung unmöglich ausdrücken.

In Westdeutschland wusste man bis in die 1970er-Jahre so gut wie nichts über den Verbleib dieses bedeutenden Bestands. Wäre da nicht der Parteichef der polnischen Kommunisten Edward Gierek gewesen, der im Jahr 1977 mit einer großzügigen Geste an Erich Honecker für Aufsehen sorgte. Anlässlich der Unterzeichnung eines Freundschaftsvertrags zwischen der DDR und Polen überreichte Gierek mehrere herausragende Autographen, darunter Beethovens 9. Sinfonie. Fortan entspann sich ein ewiges Hin und Her aus Forderungen zwischen den beiden Ländern, auch nach der deutschen Wiedervereinigung und infolge der Wende in Polen.

Bis heute hält die Jagiellonen-Bibliothek in Krakau an der »Berlinka« fest. Nur in vereinzelten Fällen kam es zu Übergaben. Mittlerweile konnte sich aber eine gemeinsame Praxis etablieren. Es besteht ein Kooperationsvertrag zwischen Museen und Bibliotheken, und es konnte auf diese Weise ein reger Leihverkehr von Artefakten aufgebaut werden. Die Berliner Sammlung ist für wissenschaftliche Belange grundsätzlich zugänglich, allerdings gestalten sich die Bedingungen dafür als ziemlich restriktiv. Zudem ist der Bestand weder katalogisiert noch digital erfasst. Dieses Großprojekt möchten Deutschland und Polen gemäß einer Absichtserklärung in Kooperation rea-

Die Jagiellonen-Bibliothek von der ulica Oleandry aus gesehen

lisieren. Die Frage der Restitution bleibt unterdessen ein Streitfall, der wohl noch Jahre andauern wird.

Von der »Berlinka« kommen wir zu den Berlinern, wie Krapfen in Teilen des deutschsprachigen Raums bezeichnet werden. In Polen sind diese sehr beliebt, es gibt sie in unterschiedlichsten Variationen. Eine besonders typische und für den westlichen Gaumen vielleicht etwas ungewöhnliche Art sind Krapfen gefüllt mit Rosenmarmelade. Die mit Abstand besten *pączki*, wie sie auf Polnisch heißen, bekommen Sie bei der kleinen Konditorei Michałek, welche in der ulica Krupnicza zu finden ist. Die stadtbekannten Krapfen sind häufig um die Mittagszeit bereits ausverkauft. Dafür sind aber auch die hauseigenen Cremeschnitten jeden Beschaffungsversuch wert. An dem kleinen Laden läuft man gern einmal vorbei, ohne ihn richtig wahrzunehmen. Meist bilden sich jedoch Warteschlangen vor

Krapfen mit Rosenmarmelade und Suchtpotenzial

der Tür, die das Verfehlen praktisch verunmöglichen. Hat man es dann ins Geschäft geschafft und den herrlichen Duft von Ofenwarmem in der Nase vernommen, wandelt sich das ungeduldige Ausharren schlagartig in angenehmen Wartegenuss.

Das Schlangestehen hält in Krakau wieder Einzug, hat man mancherorts das Gefühl. War es früher, zu Zeiten der Volksrepublik, noch *die* Alltagserfahrung schlechthin, so ist es heute ein Zeichen von Begehrlichkeit und Qualität. Immer wieder denke ich beim Anstehen an den lakonisch-humorvollen Satz meiner Großmutter: »Früher gab es bei uns überhaupt nichts zu kaufen, und trotzdem mussten wir für alles anstehen.« Als Kind der Wende, das in der westlichen Überflussgesellschaft groß geworden ist, werde ich diese Erfahrung wohl niemals in angemessener Form begreifen können. Umso größer gestaltet sich meine Freude jedes Mal aufs Neue, wenn ich noch ein Stück der süßen Köstlichkeit ergattert habe und ich mich mit dem feinen, dezent blumigen Geschmack im Mund auf eine Parkbank in den Planty setzen und mich der Beobachtung der Menschen auf der Straße hingeben kann. Die längsten Warteschlangen erleben Sie am *tłusty czwartek*, dem *fetten Donnerstag*. Dies ist der letzte Donnerstag vor Beginn der vierzigtägigen Fastenzeit bis zum Osterfest, ein wahres Happening in Sachen Schlemmerei. An jenem Tag wird der bevorstehende Verzicht auf eine Weise eingeläutet, als ob es kein Morgen mehr gäbe – oder geben sollte. Noch ein letztes Mal die Zuckervorräte ordentlich auffüllen und Hüftgold anlegen, so lautet die Devise. Dem Aufruf folgend, deckt sich die Bevölkerung traditionell mit Krapfen ein sowie mit *faworki*, in Krakau auch *chrust* genannt, einem polnischen Schmalzgebäck. Letzteres schmeckt frisch ausgebacken am besten, es lohnt sich also besonders, eine Einladung von Großmutter in petto zu haben.

Kaffeepause

Es ist Zeit für Kaffee, und an diesem mangelt es in einer Universitätsgegend nie. Ein besonders leicht zu übersehendes Lokal finden wir gegenüber der Universität für Agrarwesen: das Pojnarówka. Dieses ist – zum Glück! – durch eine Mauer von der stark befahrenen aleja Adama Mickiewicza abgesondert, so-

Vom Gewächshaus zum Kaffeehaus

dass es aber meist auch einer Empfehlung Dritter bedarf, um darauf aufmerksam zu werden. Dabei ist das Café schon aufgrund seiner Architektur ein besonderer Ort, befindet es sich in einem Jugendstilglashaus aus dem Jahr 1912. Damals verfügte die Hochschule an dieser Stelle über eine großzügige Gartenanlage samt Treibhaus mit teils exotischen Pflanzenarten. In der Nachkriegszeit wurde es für den Anbau von Gemüse verwendet.

Mittlerweile wurde das Gelände komplett versiegelt, und die Flora musste einem Parkplatz weichen. Allerdings konnte das Glaushaus überdauern, und es wurde revitalisiert. Aufgrund des Schutzwalls für die stehenden Fahrzeuge ist es von außen nicht sichtbar. Der Name Pojnarówka erinnert an Edward Pojnar, einen ehemaligen Professor am Institut für Botanik an der Krakauer Universität für Agrarwesen. Er gilt als Begründer der Protoplastenisolierung in der polnischen Forschung, womit Pojnar zu wegweisenden Erkenntnissen im Bereich der Zellkunde beitrug. Im Café konzentriert sich jedoch wenig auf Biotechnologie, dafür gibt es inmitten von viel Tageslicht und Topfpflanzen neben allerlei Süßspeisen kräftigen Kaffee und hervorragenden Tee.

Wer dem gerösteten Rohstoff des heißen Siedetranks nachspüren möchte, sollte unbedingt die Kaffeerösterei Ja-Wa in der ulica Karmelicka aufsuchen. Diese besteht seit den 1990er-Jahren und ist ein klassischer Familienbetrieb. Wie viele Unternehmen in der Zeit unmittelbar nach der Wende startete Ja-Wa die Produktion mit einfachsten Mitteln. In der Anfangsphase waren weder Rohstoffe noch die Maschinen annähernd so verfügbar wie heute. In den privaten Haushalten dominierte billiger Löskaffee – »echter« Kaffee aus gemahlenen Bohnen galt als Luxusprodukt. Nicht selten brachten Grenzgänger kiloweise Kaffee aus dem Westen mit, um damit unter der Hand zu handeln.

Mittlerweile operiert die Rösterei mit ausgefeilten Verfahren und kann auf eine jahrzehntelange Erfahrung verweisen. Bei Ja-Wa werden die unterschiedlichsten Mischungen mit Bohnen aus der ganzen Welt hergestellt. Als Kaffeeliebhaber kann man hier die Erde geografisch wie auch aromatisch erkunden. Der hinreißende Duft im Geschäftsraum, wo wie in einem Showroom geröstet wird, macht es einem schwer, den Gang nach draußen anzutreten.

Einzig die Tatsache, dass man den hervorragenden Kaffee nicht auf angemessene Weise an Ort und Stelle verkosten kann, ist etwas ärgerlich – um nicht zu sagen, peinlich. Man muss kein Barista sein, um zu erkennen, dass die Inhaber mit dem Einsatz eines für den Hausgebrauch konzipierten Vollautomaten in ihrem Lokal sich und der Kundschaft keinen Gefal-

Bibliothek der gerösteten Bohnen

len tun. Aber gut, sie haben sich ja auf die Kunst des Röstens spezialisiert. Dem folgend überlässt man die Zubereitung besser den Spezialisten, nicht wahr? Wenn schon Nische, dann richtig. Das macht die Sache irgendwie wieder sympathisch.

Immer der Nase nach

Mit einer Packung frisch gemahlenem Kaffee unter dem Arm verlassen wir die Rösterei. Die kräftigen Aromen im Innenraum haben unsere Nase auf Reset gestellt. Jetzt aber wirklich einen Kaffee trinken! Mit der nun neutralisierten olfaktorischen Wahrnehmungsfähigkeit schlendern wir zwischen Gründerzeithäusern die ulica Garbarska entlang. Die warme Luft befördert an diesem Tag Gerüche besonders gut. Nahe der Abzweigung zur ulica Łobzowska meldet der Geruchssinn eine feine Note aus nördlicher Richtung. Es riecht nach Gebackenem, im Duft vermutet man noch die Hitze des Ofens, dazu gesellt sich der Geruch von Zimt. Wir biegen in die Straße

ein und folgen der unsichtbaren Spur. Zunächst verdächtigen wir die Küche eines Haushalts in der Umgebung, doch mit jedem Schritt intensiviert sich unsere Wahrnehmung. Vor uns erscheint eine Reihe aus wartenden Menschen.

Als wir den olfaktorischen Ursprung erreichen, übernimmt der Sehsinn wieder das Kommando. Ein ziegelrotes Knusperhäuschen wie aus einem Märchen tut sich auf. Vor dem Eingang, der ins Souterrain führt, versammelt sich eine Gruppe von Duftgeleiteten. Fast trotzig gibt das Gebäude seinen angestammten Platz in der Straße nicht mehr her, ist es buchstäblich zwischen zwei deutlich größeren Zinshäusern eingepfercht. Der Anblick vermittelt in etwa das Gefühl, als würde man in einen Kinderwagen schauen, herzerwärmend. Aus dem Kabäuschen strömt ein süßer Duft, der die Menschen wie mit unsichtbaren Armen ins Innere zieht.

Als ich das markante Haus zum ersten Mal gesehen habe, wollte ich ein Foto davon machen. Ich musste dafür einige Zeit aufwenden, denn durch das ständige Kommen und Gehen war es gar nicht so einfach, das Gebäude unverdeckt vor die Linse zu bekommen. Schließlich erwischte ich eine kurze Ruhephase und betätigte den Auslöser. Anschließend setzte ich mich auf ein Plätzchen vor dem kräftigen Rot und begutachtete meine

Fast wie bei Hänsel und Gretel

fotografische Ausbeute. Ein junger Mann mit azurblauen Augen, langen Haaren und einer Baseballkappe auf dem Kopf kam lächelnd auf mich zu und sprach mich an. »Hej, ich hab bemerkt, dass du Fotos von unserem Café machst. Ich bin Adam, darf ich dir einen Kaffee und eine Kanelbulle bringen?«

Verlegen packte ich meine Kamera weg und blickte Adam verdutzt an. »Eine was?«

»Eine Kanelbulle, das ist ein traditionelles Zimtgebäck aus Schweden. Kennst du nicht? Das werden wir ändern, bleib ruhig sitzen und mach's dir gemütlich bei uns.«

Schon war er die Treppe nach unten verschwunden. Ich

fragte mich, warum mir das Haus nicht früher aufgefallen war. Dann kehrte Adam mit einem Grinser und einem Tablett zurück, auf dem die Duftströme von Kaffee und einer frischen Kanelbulle miteinander konkurrierten.

»Hat dich die Nase hergeführt?«, fragte er.

»In der Tat. Scheint gut zu funktionieren, denn das Haus ist mir trotz seiner satten Farbe nie aufgefallen. Was ist das hier?«

Vor einigen Jahren waren Adam und seine Frau Zuzanna nach Schweden ausgewandert. Im Ausland erhofften sie sich bessere Arbeitsplätze, zudem wollten sie Skandinavien bereisen. Beides ist ihnen geglückt. Später kam die gemeinsame Tochter zur Welt, und die Situation änderte sich grundlegend. Also beschloss das Paar, wieder nach Polen zurückzukehren, um näher an den Familien zu sein. Die ins Herz geschlossenen Kanelbullar brachten sie in ihre alte Heimat mit und eröffneten das Kaffé Bageri Stockholm.

»Schmeckt vorzüglich«, sagte ich.

»Freut mich! Das ist die klassische Variante mit Zimt. Wir haben auch welche mit Kardamom, warte kurz!«, antwortete Adam und verschwand schon wieder.

Mit dem Häuschen hatte das Paar einen echten Glücksgriff gemacht. Der hintere Teil des Gebäudes, welcher von der Straße aus nicht einsehbar ist, war vor Jahren niedergebrannt. Allerdings durfte die Ruine wegen des Denkmalschutzes nicht abgetragen werden. Aus diesem Grund verharrte das Haus über lange Zeit in einer Art Zwischenzustand: unbenutzbar und unverrückbar. Dies änderte sich mit Zuzanna und Adam, als die beiden in liebevoller Do-it-yourself-Manier und mühseliger Handarbeit das Gebäude schrittweise wieder instand setzten.

»Es war eine Tragödie, aber dennoch eine richtig coole Erfahrung. Komm mit, ich zeig dir etwas Besonderes!«

Wir ließen alles stehen und liegen und begaben uns durch das Nachbarhaus in den Hinterhof. Er hatte nicht zu viel versprochen – ein riesiger Trümmerhaufen, als hätte der Brand gerade erst stattgefunden. Davon ist heute nichts mehr zu sehen. Mittlerweile hat das Paar den Schutt weggebracht und einen äußerst gemütlichen Gastgarten geschaffen. Adam deutete nach oben auf ein eisernes Objekt an der Hausmauer. Es sah aus wie eine Art Geweih, ähnlich einer Jagdtrophäe, allerdings in etwas blumigerer Ausführung.

»Die Eigentümerin hat mir erzählt, dass hier früher ein Schmiedebetrieb war. Als die Firma schließlich vor die Hunde ging, haben die Arbeiter beschlossen, als Andenken an die gemeinsame Zeit eine Spur zu hinterlassen. Dieser Akt hat mich fasziniert. Ein sichtbares Zeichen, das man eigenhändig setzt und ins Stadtbild einfügt. Also habe ich das auch gemacht, um die Tradition fortzuführen.«

»Tatsächlich?«, sagte ich verblüfft und sah mich um. Dann führte mich Adam wieder hinaus auf die Straße. Er deutete auf die schneeweiße Regenrinne im linken oberen Eck.

Zeugnis einer Zunft aus vergangenen Tagen

»Das ist meine Spur in Krakau«, sagte Adam stolz. Jetzt konnte ich den stuckartigen Dekor am Rohr erkennen. »Ich bin zwar kein Schmied, aber so viel hab ich hingekriegt.«

Wir setzten uns wieder zu den Köstlichkeiten und plauderten weiter. Adam erzählte von seinen Erfahrungen in Schweden. An Krakau möge er den merklich entschleunigten Rhythmus, zudem sei die Stadt unheimlich kompakt, was er als angenehm empfinde.

»Hier fühle ich mich den Menschen näher«, sagte er und sprang plötzlich auf, um jemanden auf der anderen Straßenseite zu grüßen. »Eine Nachbarin. Du merkst, ich bin bereits amtsbekannt. Und ich spreche einfach gern mit Leuten.«

Adam musste los, die Tochter aus dem Kindergarten abholen. Wie so oft sei er spät dran, weil er sich verquatscht habe, er entschuldigte sich für das vorzeitige Ende unseres Gesprächs. Auf Kaffee und Kanelbullar sei ich eingeladen, meinte er und verabschiedete sich. Dann war Adam schon wieder verschwunden – fast so schnell, wie er zuvor aufgetaucht war. Eine Begegnung mit märchenhaften Zügen.

In der kurzen Zeit seit seiner Eröffnung konnte sich das Kaffé Bageri Stockholm zu einem beliebten Treffpunkt mausern. Sogar eine zweite Filiale wurde eröffnet, und zwar in Kazimierz hinter der Tempel-Synagoge. Dies ist für Krakau ein typisches Phänomen – sobald etwas funktioniert, wird expandiert. Die erfolgreichen gastronomischen Betriebe bauen auf diese Weise ihre Dominanz in der Stadt aus, und es entstehen so etwas wie urbane Ketten.

Zum Abschluss noch ein Tipp für die persönliche körperliche Expansion: Kanelbullar, die bis kurz vor Ladenschluss nicht verkauft wurden, werden an die letzten Gäste im Lokal verschenkt.

Verbindungen von Dauer

Kleparz

Würde man die topografischen Bewegungsmuster von Krakaureisenden analysieren, so zeigte sich mit großer Wahrscheinlichkeit folgendes Bild: Die Besucherströme bewegen sich vom Bahnhof ausgehend grundsätzlich in südliche Richtung. Auf dem Weg verteilen sich parkourartig die Altstadt, das Viertel Kazimierz sowie die beiden Weichselufer und warten nur darauf, betreten zu werden. Dies sind auch die aus touristischer Sicht »interessanteren« Gegenden. Wir werden aber gegen den Strom schwimmen und eine früh eingemeindete Krakauer Vorstadt nördlich der ehemaligen Stadtmauer erkunden, das Viertel Kleparz. Hier finden wir reihenweise Häuser aus der Gründerzeit, welche mit zunehmender Distanz zum Zentrum im Revitalisierungsgrad abnehmen und dem Flaneur auf diese Weise zu verstehen geben, dass er sich stadtauswärts bewegt. Wir folgen diesem nonverbalen Signal und lassen all die stillen Zeugen sprechen, spüren ihren Geschichten nach.

Unser Streifzug beginnt vor der barocken Florianskirche, welche den Ausgangspunkt des sogenannten Königswegs markiert. Die Erbauung dieser Kirche geht auf die Wende vom 12. zum 13. Jahrhundert zurück. An dieser Stelle wurden einst die Herrschenden bei ihrer Ankunft in Krakau begrüßt, bevor sie sich auf den Weg zur Residenz auf dem Wawel machten. Der ehemalige Vorort Kleparz entstand direkt vor den Toren Krakaus und breitete sich gen Norden aus. Zwischen zwei großen Handelsplätzen – dem alten (*stary*) und dem neuen (*nowy*) Markt – verläuft die Hauptverkehrsader ulica Długa. Der Stary Kleparz befindet sich unmittelbar vor der Altstadt und ist dementsprechend etwas teurer als die anderen städtischen Märkte. An diesem Platz verkehren hin und wieder auch Touristen, wenn sie sich mit polnischen Spezialitäten eindecken wollen.

Zunächst bewegen wir uns ein paar Schritte auf dem Königsweg, bevor wir uns von ihm abwenden und auf dem Jan-Matejko-Platz das mächtige Grunwald-Denkmal erreichen. Dieses Monument verweist auf einen Schlüsselmoment deutsch-polnischer Geschichte im Spätmittelalter. Nach der Übernahme der Stadt Danzig durch den Deutschen Orden im Jahr 1308 baute sich zwischen Deutschen und Polen ein latenter Konflikt auf. Im Verlauf des Jahrhunderts verstärkten sich diese Spannungen, denn während der Deutsche Orden seit Beginn des 14. Jahrhunderts zahlreiche kriegerische Auseinandersetzungen gegen Litauen führte, vereinbarte 1385 das polnische Königreich eine Personalunion mit dem litauischen Großfürstentum. Die Union von Krewo entstand und mit ihr ein schlagkräftiges Gegengewicht zu den Deutschen.

Schließlich eskalierte die Situation, als der deutsche Hochmeister Ulrich von Jungingen dem polnischen König Władysław II. Jagiełło und dem litauischen Großfürsten Vytautas den Krieg erklärte. Im Jahr 1410 trafen die beiden Mächte im Zuge der Schlacht bei Tannenberg (auf Polnisch *Bitwa pod Grunwaldem*) aufeinander. Das Gefecht zählt zu den größten kriegerischen Auseinandersetzungen der europäischen Geschichte und endete mit einer schweren Niederlage für den Deutschen Orden, welche gleichzeitig den Niedergang der Ordensherrschaft im preußischen Gebiet einleitete. Vor allem bedeutete diese Niederschlagung einen enormen Ansehensverlust, waren die deutschen Ordensritter für ihren Kampf gegen das Heidentum auf dem ganzen Kontinent berühmt geworden.

Indessen stieg die Union zwischen Polen und Litauen zu einer europäischen Großmacht auf. Fortan bestimmte die Opposition zum Osmanischen Reich ihr außenpolitisches Engagement, wodurch das polnische Königreich erstmals als »Vormauer der Christenheit« in Europa in Erscheinung trat.

Infolge der verlorenen Schlacht spitzte sich die Lage in Danzig ebenfalls zu. Die Stadt schlug sich auf die Seite der Polen, woraufhin einige Danziger Ratsherren von Rittern des Deutschen Ordens ermordet wurden. Wenig später entsagte sich Danzig der Ordensherrschaft endgültig und unterstellte sich als autonome preußische Region der Regentschaft Władysławs. Ende des 18. Jahrhunderts verlor die Stadt ihren autonomen Status und wurde im Zuge der Teilungen Polens von Preußen (wieder) annektiert. Symbolhaft steht Danzig für einen Jahrhunderte währenden Zwist zwischen Deutschen und Polen, welcher nicht zuletzt im Ausbruch des Zweiten Weltkriegs auf der Westerplatte Ausdruck findet. Bis in diese Zeit hinein war der bittere Rückschlag des Ordensheeres ein wunder Punkt der deutschen Geschichtsschreibung.

Deshalb überrascht es keineswegs, dass die Nationalsozialisten das Grunwald-Denkmal in Krakau, welches im Jahr 1910 zum 500. Jubiläum der Schlacht feierlich eingeweiht worden war, sofort nach ihrem Einmarsch zerstörten. Ab November 1939 wurden die Figuren gestürzt, der Sockel gesprengt und die Steine nach und nach abgetragen. Was wir heute sehen, ist eine Replik von Marian Konieczny, eingeweiht im Oktober 1976. Die Montage war ein Medienereignis, denn ein eigens präparierter Militärhubschrauber war notwendig, um die Reiterfigur auf den Sockel zu platzieren.

Werfen wir einen genaueren Blick auf das Monument: Vereinzelt sind Steine des ursprünglichen Fundaments in das neue eingegliedert worden. Sie unterscheiden sich etwas in ihrem Farbton und sind auf diese Weise erkennbar. Zudem sind einige Stücke des originalen Sockels auf dem Jan-Matejko-Platz

Das Fundament mit recycelten Elementen

verteilt worden. Weitere Fragmente wurden auf das einstige Schlachtfeld gebracht, wo sie zu einem Denkmal aufgestapelt wurden.

Das Grunwald-Denkmal zeigt den berittenen polnischen König Władysław II. Jagiełło, welcher in seiner Rechten ein Schwert hält. Davor steht der litauische Großfürst Vytautas, ebenfalls mit einem Schwert bewaffnet. Unter seinen Füßen liegt der besiegte Hochmeister des Deutschen Ordens Ulrich von Jungingen. An den Seiten sind polnische und litauische Kämpfer bei der Plünderung von Bezwungenen zu sehen. Dazu zählt etwa das rituelle Erbeuten feindlicher Flaggen und anderer Erkennungszeichen, welche dann in den eigenen Gemächern stolz präsentiert wurden. Dieser »Brauch« hält sich im Übrigen bis in die Gegenwart – man muss nur einen Blick auf die Tribünen europäischer Fußballstadien werfen, wenn Anhänger des einen Vereins die geraubten Transparente, Schals und Fahnen des Gegners auf den Rängen zeigen und diese dabei auf den Kopf stellen. Darüber hinaus stellt das Denkmal im Rücken des Königs einen Bauern dar, der symbolträchtig von Ketten befreit wurde.

In Deutschland rückte die Geschichte rund um die Schlacht bei Tannenberg spätestens nach dem Verlust der östlichen Gebiete an Polen tendenziell in den Hintergrund des öffentlichen Interesses. Im Gegensatz dazu ist diese in den nationalen Mythen von Polen und Litauen fest verankert und nach wie vor präsent.

Made in Poland

Vom Denkmal aus begeben wir uns auf die ulica Ignacego Paderewskiego, welche uns auf direktem Wege zum alten Markt am Rynek Kleparski führt. Entlang der Häuserzeile zu unserer Linken gelangen wir zum »lebendigen« Museum eines kulinarischen Wahrzeichens der Stadt Krakau. *Obwarzanki*, auch *prezle* genannt, sind gebackene Ringe aus gedrehtem Hefeteig, welche man an jeder Ecke kaufen kann. Krakau gilt als Geburtsstätte dieses Gebäcks, wo es bereits seit dem 14. Jahrhundert bezeugt ist. Eine der zahlreichen Weiterentwicklungen des *obwarzanek* ist der Bagel, welcher in den letzten Dekaden eine Weltkarriere hingelegt hat. Die ältesten Quellen belegen seinen Ursprung im jüdischen Krakau. Einwanderer aus Ost- und Mitteleuropa, welche im 19. und 20. Jahrhundert vorwiegend nach New York migrierten, brachten mit ihren Kochtraditionen die *bejgls*, wie sie auf Jiddisch genannt werden, in die neue Heimat mit, von wo aus sie einen Siegeszug in den USA und darüber hinaus angetreten haben. Die besten Bagels der Stadt gibt es übrigens bei Bagelmama in Kazimierz, wo diese als »echte New Yorker Bagels« beworben werden – eine etwas skurrile Umkehrung, aber vermutlich der besseren Vermarktbarkeit geschuldet.

Mindestens genauso berühmt wie die Ringe selbst sind die Menschen, die an zahllosen blauen Verkaufsständen bei Wind und Wetter ihre Ware feilbieten und auf diese Weise das Straßenbild entscheidend mitprägen. Zu meinen Ankunftsritualen in Krakau gehört ein obligatorisch mit Sesam bestreuter *obwarzanek*, den ich am Marktplatz vor der Marienkirche genieße, wo ich auf den *hejnał* warte und dabei das städtische Treiben beobachte. Es dauert nicht lang, schon habe ich eine ganze Schar von Tauben um mich herum versammelt.

Vor wenigen Jahren wurde zu Ehren dieses kulinarischen Aushängeschilds ein eigenes Museum geschaffen. Zum Glück bemühen die Verantwortlichen dabei nicht so sehr das Museale, sondern stellen das »Lebendige« in den Vordergrund. Das Museum ist interaktiv gestaltet und gleicht somit eher einer Werkstatt, um nicht zu sagen einer Backstube. In Gruppen werden gemeinsam *obwarzanki* hergestellt und im Zuge dessen historische Hintergründe erläutert. So kann man im wahrsten Sinn an der Geschichte teilhaben und am Ende die eigenen Erzeugnisse mitnehmen und genießen, *learning by doing*. Polnischkenntnisse sind dabei definitiv von Vorteil, da aktuell noch keine geführten Workshops in anderen Sprachen angeboten werden.

Nur ein paar Häuser daneben erweitern wir unseren kulinarischen Horizont gleich um das andere Ende der nördlichen Halbkugel. Das kleine koreanische Lokal Mandu ist ein heißer Tipp für all diejenigen, die etwas speziellere Ansprüche an asiatische Kochtraditionen stellen. Ein kleines Gespann aus überaus freundlichen Koreanerinnen erzeugt fantastische Mandu (dampfgegarte Teigtaschen) sowie köstliches Guksu (koreanische Nudeln), die man in Krakau sonst nirgendwo findet. Mittlerweile hat sich der hippe Laden herumgesprochen, denn es ist gar nicht so einfach, einen der wenigen Tische zu ergattern. Zum Mitnehmen geht's allerdings immer, ansonsten helfen nur eine Portion Glück oder Tageszeiten abseits der Hunger-Rushhour. Allem voran überzeugt das Essen, das sich äußerst positiv von anderen »asiatischen« Restaurants abhebt. Das Mandu ist ein Musterbeispiel für die gelebte kulinarische Vielfalt in der Stadt.

Am Markt vermischen sich Geschmäcker und Gerüche.

Vis-à-vis betreten wir über das große Tor den Stary Kleparz und sehen uns um. Die zahlreichen Stände sind allesamt überdacht und erinnern in ihrer Summe an eine große Markthalle. Der Handelsplatz ist gut sortiert, die Ware von hoher Qualität. Es gibt Lebensmittel und Güter des täglichen Bedarfs sowie einige Stände mit ausgewählten Delikatessen, die man unbedingt versuchen sollte. Beispielsweise bekommen Sie hier feinste Wurstvariationen, welche in keinem Supermarkt angeboten werden. Denn das, was in den deutschsprachigen Ländern häufig als »Polnische« oder »Krakauer« in den Feinkosttheken firmiert, ist in keinster Weise mit der hiesigen Ware zu vergleichen. Meine Empfehlung für zwischendurch ist eine zart geräucherte Wurst, dazu eine Scheibe Brot mit etwas Schmalz und im besten Fall auch noch eine eingelegte Gurke (*ogórek kiszony*) dazu. Wenn dann die Aromen schwarzer Pfefferkörner aus der Wurst mit der erfrischenden Säure und dem Geschmack von Dill und Knoblauch des Gurkenwassers am Gaumen zu tanzen beginnen, wird es Ihnen an nichts mehr fehlen. In der Regel nennen sich solche fleischernen Köstlichkeiten *kiełbasa wiejska*, was nichts anderes wie *Wurst vom Land* bedeutet. Als Städter fasst man da gleich Vertrauen, nicht wahr?

Wir bummeln weiter durch das Marktgeschehen, nehmen Farben und Gerüche wahr und lassen die Eindrücke wirken. Über den Köpfen und zwischen den Produkten erblicken wir Schilder zur Orientierung. Wir passieren regionales Obst und Gemüse, ziehen weiter zu französischen Käsen, streifen vorbei an italienischen Ölen und gelangen schließlich zu: deutscher Haushaltschemie. Sie lesen richtig, *chemia niemiecka* (*deutsche Chemie*) oder auch *chemia z Niemiec* (*Chemie aus Deutschland*), gerne als »Original« deklariert. Hierzu muss ich ein wenig ausholen.

Seit geraumer Zeit hält sich in Polen ein hartnäckiger Mythos rund um die Qualität von Reinigungsmitteln deutscher Hersteller. Private und Geschäftsleute karren jährlich Zigtausende Tonnen der begehrten Pulverchen und Liquide für den Eigenbedarf wie Weiterverkauf über die deutsch-polnische Grenze – und das, obwohl in den Regalen heimischer Supermärkte die exakt gleichen Produkte, häufig sogar in deutschsprachigen Verpackungen, zu finden sind. Was hat es also mit der kostbaren Importware auf sich?

Diesbezüglich spalten sich die Gemüter. Auf der einen Seite steht die Fraktion der Überzeugten, welche auf die angeblich bessere Rezeptur deutscher Haushaltschemie schwört. So werde etwa die Wäsche mit dem echt-deutschen Pulver reiner, rieche anhaltend besser und es werde weniger davon pro Waschgang benötigt als beim in Polen verkauften Äquivalent desselben Herstellers. Die Verpackungen mögen zwar wie in Deutschland aussehen und auch auf Deutsch beschriftet sein, doch die Inhalte seien unterschiedlich. Laut gängiger These würden Unternehmen aus dem Westen absichtlich minderwertigere Produkte für den Ostmarkt herstellen, um auf diese Weise ihre Gewinnspanne zu erhöhen. Denn im konventionellen Handel macht es preislich so gut wie keinen Unterschied, ob man das Persil-Waschmittel in Krakau, Wien oder Berlin erwirbt. Im Gegensatz dazu verrechnen die Weiterverkäufer am Markt einen spürbaren Aufpreis für ihre Importware, den viele in Kauf nehmen, um dafür ein »deutsches Original« zu erstehen.

Hier gibt es den heiß begehrten Stoff.

Auf der anderen Seite stehen deutsche Unternehmen, die jegliche Vorwürfe von Produkten zweiter Klasse, geordnet nach West und Ost, zurückweisen. Der Henkel-Konzern etwa, welcher hinter dem Gros der gängigen Haushaltschemie in ganz Europa steht, verweist sogar auf die Tatsache, dass das Waschmittel der hauseigenen Marke Persil im polnischen Henkel-Werk in Racibórz produziert wird. Insofern gliche es einem herrlich-ironischen Treppenwitz der Geschichte, würde sich herausstellen, dass das ersehnte »deutsche« Pulver eigentlich *made in Poland* sei. Es steht Aussage gegen Aussage.

Das durchaus emotional besetzte Thema wusste auch die Regierungspartei *Prawo i Sprawiedliwość* (*PiS*) rund um Jarosław Kaczyński medial auszunutzen, indem sie diese »allseits bekannte Tatsache« als Beleg für die Ungerechtigkeiten innerhalb der Europäischen Union präsentierte und einmal mehr antideutsche Stimmung machte. Gleichzeitig ist es aber auch Ausdruck einer alten, nach oben gerichteten Skepsis, welche weiterhin in der polnischen Gesellschaft tief verankert ist. Demnach würden heimische Firmen gewissermaßen als Stellvertreter von Establishment und Kapital häufiger gaunern und minderwertiger produzieren, weshalb man in bestimmten Bereichen per se mit Importen besser beraten sei. Auf diese Weise macht man es der Innovationskraft im Land nicht gerade leicht.

Wo sich Wege und Umwege kreuzen

Nach unserem kleinen Marktbummel begeben wir uns auf einen Straßenzug, der ebenfalls für Besorgungen steht, allerdings der etwas anderen Art. Der Weg dorthin verläuft zunächst auf witzig-umständliche Weise, quasi buchstäblich. Zuerst geht es über die ulica Krzywa (*Schräge Straße*), vorbei an der ulica Krótka (*Kurze Straße*) und dann auf die Hauptverkehrsader von Kleparz, ulica Długa (*Lange Straße*). Und auch diese Trasse gestaltet sich alles andere als linear. Ist es wie der viel zitierte Weg zur wahren Liebe?

Hat man die Lange erst einmal erreicht, fällt eine Sache sofort auf: überdurchschnittlich viele Geschäfte, die sich auf Hochzeitsbedarf spezialisieren. Aus diesem Grund nenne ich die Straße auch den Brautmoden-Boulevard. Es kann wahrlich kein Zufall sein, dass sich in dieser Gegend die Auslagen mit Brautkleidern, Anzügen und Fotografien aneinanderreihen wie auf einer Hochzeitsmesse. Daneben noch die Juweliere, Frisör- und Nagelstudios – es gibt kein Entkommen. Ganz unverhofft schreitet man als Passant an den idealisierten Darstellungen einer Zukunft vorbei, die in der Regel von Schaufensterpuppen inszeniert wird. Der Anblick so mancher Outfits bietet für einen kurzen Moment träumerische Ausflüchte in einer sonst eher unspektakulären Umgebung.

Wir bewegen uns weiter stadtauswärts in Richtung Norden. Auf halber Strecke machen wir Halt vor einem auf den ersten

Blick recht typischen Haus der Jahrhundertwende. Es handelt sich um ein kürzlich revitalisiertes Gebäude, spätes 19. Jahrhundert. Davor, auf einem kleinen grünen Vorplatz, steht eine Marienfigur – so weit, so gewöhnlich. Dann wandert unser Blick nach oben, klettert über die Heilige hinweg die Fassade hinauf zum Himmel, und wir erkennen: ein Minarett. Gleich drei Minarette. Zwei kleine und ein großes mit Halbmond. Minarette in Krakau? Das lässt doch kein katholisches Klischee zu! In etwa so erging es mir, als ich die Türmchen das erste Mal zu Gesicht bekam. Tatsächlich sind eben nicht nur das Juden- und das Christentum in der Stadt präsent, sondern auch der Islam. Und für die muslimische Anwesenheit gilt noch mehr als für die jüdische, dass sie sich praktisch zur Gänze auf die Vergangenheit bezieht. Die Verbindungen reichen bis ins frühe Mittelalter – etwa zum tatarischen Reitervolk.

Das Gebäude, vor dem wir uns befinden, wird gemeinhin »türkisches Haus« (Dom Turecki) genannt, wobei an dem Haus selbst gar nichts »Türkisches« zu finden ist. Die Bezeichnung verweist auf den einstigen Eigentümer Artur Teodor Rayski und seine Biografie. Als junger, mittelloser Mann nahm er am Jänneraufstand 1863 gegen die russische Besatzungsmacht in Warschau teil. Wie schon zahlreiche Revolten davor, wurde auch dieser Auflehnungsversuch von den Herrschenden blutig niedergeschlagen. Das nationale Trauma von der immerzu scheiternden Unabhängigkeitsbewegung erhielt einen neuerlichen Schub, und viele ergriffen die Flucht.

Rayski ging in die heutige Türkei, konvertierte zum Islam und trat der Osmanischen Armee bei. Er gehört zu einer ganzen Reihe von Polen, die als Konvertiten Schutz im Exil fanden und in der neuen Heimat Karriere machten. Beim Militär brachte er es zum Offizier. Später kehrte Rayski als vermögender Rentner nach Galizien zurück und ließ sich in Krakau nieder. Er kaufte das Haus in der ulica Długa, welches er ausbauen und nach orientalischem Vorbild dekorieren ließ. 1910

Ein kultureller Knotenpunkt, in Architektur festgehalten

erreichte das heute denkmalgeschützte Gebäude seine aktuelle Form und ist seither praktisch unverändert erhalten geblieben.

Um die zierenden Minarette am Dach ranken sich in der Überlieferung einige Mythen, die von einem missliebigen Muezzin bis zu einer ägyptischen Geliebten des Hausherrn reichen. Doch nichts dergleichen entspricht den Tatsachen. Inwieweit der Glaube im Leben des ehemaligen Offiziers eine Rolle spielte, lässt sich nicht mehr rekonstruieren. Doch das äußere Erscheinungsbild des »türkischen Hauses« knüpft an eine Tradition aus der Zeit des Sarmatismus in Polen an.

Sarmatismus bezeichnet eine Art performative Selbstorientalisierung in der polnischen Adelsgesellschaft ab dem 17. Jahrhundert. Diese Praxis wurde hauptsächlich von Männern betrieben und äußerte sich in der materiellen Kultur. So wurde etwa mit orientalischen Luxusgütern, aufwendig verzierten Waffen und kostbaren Gewändern ein überzeichnet-repräsentativer Standesdünkel inszeniert. Diese extravaganten Herren ließen sich mitunter Schnurrbärte wachsen, welche sie zum einen vom westeuropäischen Adel distinguierten, sie zum anderen aber ihrem osmanischen Vorbild zum Verwech-

seln ähnlich machten. Das Skurrile an dieser Attitüde war die Tatsache, dass die christlich-identitäre Idee des Sarmatismus nach außen hin als Abgrenzung zu den Osmanen gedacht war, während man – sich großzügig einer anderen Kultur bedienend – nach innen hin den Katholizismus intensivierte.

Generell entwickelte sich Polen-Litauen zu einem frühen Transferpunkt zwischen Orient und Okzident. Die Verbindungen zwischen der polnischen Krone und dem Osmanischen Reich reichen mehrere Jahrhunderte zurück. Je nach Zeitabschnitt waren die Beziehungen von Kooperation und Konkurrenz geprägt, und auch auf kultureller Basis beeinflussten sich die Völker gegenseitig. Ein markantes Zeugnis davon sind die zahllosen Turzismen im Polnischen, welche nach wie vor in der Alltagssprache gebräuchlich sind. So

Der Halbmond auf der Spitze des Dachs

stammt etwa das bereits erwähnte Wort *kiełbasa* (*Wurst*) von *kolbasa* aus der Familie der Turksprachen ab, genauso Begriffe wie *bohater* (*Held*), *kiosk* (*Kiosk*), *dywan* (*Teppich*), *kawa* (*Kaffee*), *poniedziałek* (*Montag*), *towar* (*Ware*) und viele andere mehr. Zeitweise wurden die edelsten Umhänge polnischer Adelsmänner sogar *burka* genannt.

Erstaunlich, wie unscheinbar das »türkische Haus« in Krakau die zahllosen Berührungspunkte zwischen den Kulturen verkörpert. An seinen einstigen Eigentümer Artur Teodor Rayski erinnert heute nichts mehr, wohl aber an dessen Sohn Ludomił, der in der Zwischenkriegszeit zu einer schillernden Figur des polnischen Militärs avancierte. Wie auch sein Vater war Ludomił Rayski zunächst beim Osmanischen Heer engagiert. Während des Ersten Weltkriegs kämpfte er als Pilot neben zahlreichen Polen mit ähnlicher Biografie aufseiten der Türken. Dies brachte ihm später den Kosenamen *Turek* (polnisch für *Türke*) sowie mehrere Auszeichnungen ein, etwa die Würdigung als »Held zweier Nationen« in der Türkei.

1919 kehrte der junge Rayski nach Polen zurück und kämpfte in unterschiedlichen Kriegen für die soeben unabhängig gewordene Heimat. Dort machte er Karriere in der Armee und stieg zum Kommandanten der Luftstreitkräfte auf. Unter seiner Führung wurden die Kapazitäten ausgeweitet und die technische Ausstattung der Flotte modernisiert. Als technischer Einkäufer besorgte Rayski Maschinen aus ganz Europa, welche er zum Teil persönlich ins Land flog. Zudem richtete er eine unabhängige, heimische Produktion von Flugzeugen ein.

Unter Historikern ist Ludomił Rayski in seiner Rolle als Pionier der Luftfahrt jedoch umstritten. Im Nachhinein wurde ihm von manchen Seiten die im Vergleich zum Dritten Reich teils mangelhafte Ausrüstung des Heeres zu Lasten gelegt. Rayski sei damit mitverantwortlich für die technische Unterlegenheit der Polen gewesen. Gleichzeitig aber zählte die polnische Flotte in den 1920er- und 1930er-Jahren noch zu den fortschrittlichsten in Europa. Wie dem auch sei, die rasanten Entwicklungen jener Zeit dürften sich vielerorts mitunter auch selbst überholt haben. Zu den Vorwürfen gibt es allerdings eine hochspannende Anekdote zu erzählen: 1930 richtete ein gewisser Kazimierz Kubala, ein Pilot, der uns in Azory begegnet, ein anonymes Schreiben an das Verteidigungsministerium mit einer Beschwerde über den schlechten Zustand der Flugzeuge, für die der Kommandant Ludomił Rayski verantwortlich zeichnete. Kubala warf ihm zudem Veruntreuung öffentlicher Gelder und Korruption vor. Nachdem sich der Pilot infolge einer Festnahme zu seinem Schreiben bekannt hatte, wurde ihm der Prozess gemacht. Das Ergebnis ist – gelinde gesagt – überraschend. Kubala wurde wegen Beleidigung zu sieben Monaten Freiheitsstrafe verurteilt und anschließend des Militärs verwiesen. Ob die Vorwürfe gänzlich unbegründet waren, erfahren Sie im Kapitel *An der Côte d'Azory*. Kazimierz Kubala jedenfalls ist nach dieser Episode nach Brasilien ausgewandert und kehrte nie wieder zurück.

Wir kehren indessen wieder ins Krakau der Gegenwart zurück und erreichen am Ende des Brautmoden-Boulevards den zweiten großen Markt des Viertels, Nowy Kleparz. Er befindet sich an einem wichtigen Verkehrsknotenpunkt. Täglich verlässt hier eine Schar von Pendlern die Stadt in Kleinbussen. Der Marktplatz ist eine ganze Ecke kleiner und vielleicht nicht ganz so hübsch wie sein innerstädtisches Pendant, doch die Lebensmittel sind genauso von bester Güte. Als Auswärtiger gelten Sie an diesem Ort mit ziemlicher Sicherheit schon als Ausnahmeerscheinung.

Hat man das Marktgelände durch den nordöstlichen Ausgang einmal verlassen, erhebt sich schräg gegenüber eines der größten und zentralsten Forts der Habsburger. Die Bauten führen einem immer wieder vor Augen, dass unter der österreichischen Besatzung aus dem beschaulichen Krakau eine beispiellose Militärbastion gegen die Russen gemacht wurde.

Ein unübersehbares militärisches Relikt

Insgesamt 32 solcher Befestigungsanlagen ließen die Fremdherrschenden rund um die Stadt errichten und schufen auf diese Weise eine Pufferzone. Die meisten dieser Forts sind schon aufgrund ihrer massiven Gestalt in unterschiedlicher Beschaffenheit erhalten geblieben, ähnlich der Flaktürme aus dem Zweiten Weltkrieg in Wien.

Das Fort Kleparz ist in einem durchwegs guten Zustand und wird heute vielfältig genutzt. Ein prominenter Musikklub bespielt einen großen Teil des Geländes. Außen hat über die Jahre die Natur das Gebäude in Beschlag genommen. Das überwucherte Ziegelgemäuer ist buchstäblich aus der Zeit gefallen, und auf dem alten Hauptportal sind sogar noch die Kennfarben der kaiserlich-königlichen Armee zu sehen. Wir umrunden die Anlage und streifen dabei durch den angeschlossenen Park Kleparski.

Der Dichter und sein Dienst an der Waffe

Der kleine Fußmarsch führt uns entlang einer langen Steinmauer auf die ulica Wrocławska, die wir westwärts beschreiten. Dahinter erblicken wir ein großzügig bemessenes Spital, welches im 19. Jahrhundert unter den Habsburgern errichtet wurde und seinerzeit als Garnisonsspital der Armee diente. Bis heute wird die Anlage als Militärkrankenhaus geführt. Nach wenigen Schritten erreichen wir eine Gedenktafel, welche vor einem Tor zum Krankenhausgelände angebracht ist. Sie erinnert an einen bedeutsamen deutschsprachigen Dichter.

Georg Trakl kam 1887 in Salzburg zur Welt, er entstammte einem wohlhabenden Hause. Zeit seines Lebens bewegte er sich in der Rolle des Außenseiters, hatte Probleme in der Schule und rebellierte gegen das ihn umgebende Spießbürgertum. Früh machte Trakl einschlägige Erfahrungen mit berauschenden Substanzen. Er galt als psychisch labil, hatte mit manisch-depressiven Phasen zu kämpfen. Seine Tätigkeit als Apothekergehilfe erleichterte dem jungen Mann den Zugang zu Betäubungsmitteln. Nach dem Tod des vermögenden Vaters wurden die Bedingungen im Leben des Dichters zusehends prekär.

In den 1910er-Jahren verlegte Georg Trakl seinen Wohnort nach Innsbruck. Seine Versuche, dort beruflich endlich Fuß zu fassen, scheiterten. Stattdessen machte er im Café Maximilian eine wichtige Bekanntschaft: Im Kreis um das etablierte Literaturblatt *Der Brenner* lernte er den Herausgeber Ludwig von Ficker kennen. Dieser wurde sein Förderer, er publizierte Trakls Gedichte und unterstützte ihn finanziell. Von Ficker war zuvor mit einem Teil des Vermögens von Ludwig Wittgenstein betraut worden, mit dem er einige namhafte Künstler seiner Zeit, etwa Oskar Kokoschka oder Else Lasker-Schüler, unterstützte.

Doch auch dieses positive Umfeld konnte Georg Trakl nicht davon abhalten, sich im Jahr 1914, unmittelbar nach dem Ausbruch des Ersten Weltkriegs, freiwillig in die Armee zu begeben. Er gelangte an die Ostfront nach Galizien, wo er im Zuge der berüchtigten Schlacht bei Gródek, unweit von Lemberg, als gänzlich überforderter Pharmazeut Hunderte schwerverletzte Soldaten versorgen musste, ohne dafür über die notwendige Ausrüstung zu verfügen. Das Lazarett musste nach zeitgenössischen Überlieferungen einer einzigen Todesgrube geglichen haben. Die Erfahrungen aus jenen Tagen traumatisierten den sensiblen Dichter schwer. Ein Versuch, sich selbst zu erschießen, konnte von seinen Soldatenkollegen gerade noch vereitelt werden. Trakl wurde daraufhin ins Garnisonsspital nach Krakau gebracht, wo sein Geisteszustand in der psychiatrischen Anstalt beobachtet werden sollte. Dort entstand im September 1914 das Gedicht *Grodek*, in dem Georg Trakl seine Eindrücke in Versen ästhetisch verarbeitete.

Am Abend tönen die herbstlichen Wälder
Von tödlichen Waffen, die goldnen Ebenen
Und blauen Seen, darüber die Sonne
Düster hinrollt; umfängt die Nacht
Sterbende Krieger, die wilde Klage
Ihrer zerbrochenen Münder.
Doch stille sammelt im Weidengrund
Rotes Gewölk, darin ein zürnender Gott wohnt,
Das vergossne Blut sich, mondne Kühle;
Alle Straßen münden in schwarze Verwesung.
Unter goldnem Gezweig der Nacht und Sternen
Es schwankt der Schwester Schatten durch den
schweigenden Hain,
Zu grüßen die Geister der Helden, die blutenden Häupter;
Und leise tönen im Rohr die dunkeln Flöten des Herbstes.
O stolzere Trauer! ihr ehernen Altäre,
Die heiße Flamme des Geistes nährt heute ein
gewaltiger Schmerz,
Die ungebornen Enkel.

Der Dichter starb nur kurze Zeit später, in der Nacht auf den 4. November 1914, an einer Kokainvergiftung. Unklar bleibt, ob die Überdosis einem Suizidversuch entsprungen ist. Sein Leichnam wurde zunächst auf dem Krakauer Friedhof Rakowicki begraben. Der Beisetzung Trakls, bei der neben ihm noch weitere Gefallene zeremonielos der Erde übergeben wurden, wohnte einzig und allein sein Offiziersdiener Mathias Roth bei.

Auf Trakls Bitten hin reiste sein Finanzier Ludwig Wittgenstein eigens nach Krakau, um ihn auf der Station zu besuchen. Seinen Günstling erreichte er aber erst am Tag nach dessen Tod. Verärgert verließ Wittgenstein die Stadt noch am selben Tag. 1925 wurden die Gebeine auf Wunsch des Verlegers Ludwig von Ficker nach Tirol überführt. Seitdem befindet sich die letzte Ruhestätte des Dichters auf dem Mühlauer Friedhof vor Innsbruck.

Abseits der allein Georg Trakl gewidmeten Gedenktafel erinnert auf dem Krankenhausgelände praktisch nichts an die folgenschweren Ereignisse des Ersten Weltkriegs. Betritt man das Areal, sind lediglich noch die alten Eisenbahngleise zu sehen, welche unbeachtet vor sich hin rosten und an mehreren Stellen von Gewächs überwuchert sind. Sie vermit-

Das Herbewo-Haus vom Nowy Kleparz aus gesehen

teln zumindest einen leisen Eindruck davon, wie hier in Zeiten des Gefechts übervolle Waggons mit Versehrten ins Garnisonsspital einfuhren.

Unser Rundgang durch Kleparz endet beim Herbewo-Haus, dessen Dach einen echten Geheimtipp in Sachen abgelegene Restaurants parat hält. Zunächst aber noch ein paar Worte zum Gebäude selbst, welches seit den 1920er-Jahren einen markanten Punkt im Straßenbild abgibt. In der Zwischenkriegszeit gründeten drei Tabakfabrikanten in Krakau den Firmenkonzern Herbewo. Die Bezeichnung setzt sich aus den Namen der Produzenten zusammen. Herbewo wirkte zwischen 1924 und 1948 und entwickelte sich zu einem der bedeutendsten Zigarettenhersteller seiner Zeit.

Die Marke Morwitan war legendär, vor allem wegen der Werbungen und des Brandings im visuellen Bereich. Alte Zigarettendöschen jener Tage sind begehrte Sammlerstücke geworden. Im Herbewo-Haus war der Firmensitz beheimatet, produziert wurde unter anderem im alten Fabriksgelände der Habsburger entlang der ulica Dolnych Młynów. Auch dieses Unternehmen wurde nach der kommunistischen Machtübernahme auf die bewährte Art verstaatlicht. Im Jahr 1992, nach

der Wende, wurde einem Nachfahren der Fabrikanten, Andrzej Barański, das Vermögen zugesprochen. Dieser führt die Firma bis heute weiter, widmet sich aber nicht mehr der Erzeugung von Tabakwaren, sondern der kommerziellen Verwaltung von Gewerbeimmobilien.

Wir betreten den einstigen Sitz des Zigarettengiganten, der ein recht schnödes Bürogebäude geworden ist wie viele andere in der Stadt. Überraschend ist die klitzekleine Einkaufspassage im Foyer. Vorbei an den wenigen Geschäften gelangen wir zum Lift, vor dem für gewöhnlich ein Aufstellschild des Restaurants Zielone Tarasy positioniert ist. Es kommuniziert den aktuellen Tagesteller und lädt in den obersten Stock. Mit dem Aufzug fahren wir nach ganz oben und steigen in einem Glaskubus aus. Jetzt wird erst klar, wie unscheinbar das Lokal von außen wirkt – im Grunde ist es so gut wie nicht zu sehen. Die Terrasse verfügt über einen herrlichen Rundumblick

Der Aussicht ist nichts hinzuzufügen.

über Krakau. Eine Etage höher, die über eine extra Treppe erreichbar ist, sieht man noch besser. Hier kann man ungestört den Blick und die Gedanken schweifen lassen und sich der Schönheit der Stadt hingeben. An klaren Tagen blickt man gen Süden über den Wawel bis zu den Karpaten, wo sich die Gebirgskette majestätisch präsentiert. Ach ja, und Essen gibt es hier auch. Das braucht sich im Übrigen nicht so zu verstecken wie das Lokal.

Apollos
Angesicht
Wesoła, Stradom

Ich möchte ehrlich sein: Die Abbildung am Umschlag des Buches, das soeben den Gegenstand Ihrer Lektüre darstellt, ist ein Spiel mit Erwartungen und vorgefassten Imaginationen. Wenn Sie das Bild zum ersten Mal betrachten, erkennen Sie darin mit großer Wahrscheinlichkeit ein Kirchenfenster, und mit ebenso großer Wahrscheinlichkeit halten Sie es für ein passendes Sujet. Was wäre denn auch typischer für Krakau als eine Kirche, nicht wahr? Doch ich muss Sie enttäuschen, im wahrsten Sinne des Wortes. Denn was wir hier sehen, ist weder eine religiöse Darstellung, noch steht sie in einem kirchlichen Kontext. Das Rätsel lösen wir in Kürze auf.

Ich möchte Sie auf eine kleine Werkschau des großen polnischen Malers und Dichters Stanisław Wyspiański mitnehmen. Nahezu beispiellos erscheint uns die Verbindung zwischen seinem Werk und der Stadt Krakau. Wyspiański gilt als einer der einflussreichsten Vertreter der artistischen Strömung Młoda Polska (Junges Polen). Neben einigen Bühnenstücken, darunter der kanonische Text *Wesele* (*Die Hochzeit*), dem wir im Kapitel *Es gibt ihn wirklich* nachspüren, entwarf er atemberaubende Buntglasfenster und Glasmalereien, die dem Künstler überregionale Anerkennung brachten. Eine Auswahl seiner schönsten Arbeiten in Krakau werden wir im Folgenden besichtigen.

Jugend mit Stil

Studierende der Jagiellonen-Universität kommen in ihrem Alltag in einen Genuss, welcher der breiten Bevölkerung – zumindest offiziell – verwehrt bleibt. Ein paar wenige Fakultäten halten ihre Lehrveranstaltungen in den historischen Räumlichkeiten der Medizinischen Gesellschaft, im Dom Lekarski, ab. Dieses Haus wurde zwischen 1903 und 1905 erbaut, für die gesamte Innengestaltung zeichnete Stanisław Wyspiański verantwortlich. Es war der ausdrückliche Wunsch des damaligen Präsidenten der Gesellschaft Julian Nowak, dass der Künstler mit freier Hand über das Erscheinungsbild des neuen Sitzes entscheiden konnte – ein seltener Glücksfall, denn mangels entsprechender Gönner im Leben von Wyspiański landeten unzählige Entwürfe aus seiner Feder in der Schublade. Also ließ der artistisch Beauftragte die Räumlichkeiten in satten Farbtönen streichen und verzierte die Decken mit aufwendigen Blumenmustern. Der himbeerfarbene Saal ist mit Pelargonienblüten umgeben, am Geländer im Treppenhaus ranken metallene Rosskastanien. Selbst das Mobiliar sowie die Kronleuchter wurden vom Multitalent Stanisław Wyspiański gestaltet.

Den ästhetischen Höhepunkt bildet aber die außergewöhnliche Darstellung des Apollo in Form eines großflächigen Buntglasfensters im Zentrum des Gebäudes. An dieser Stelle gelangen wir auch zur Rätsels Lösung, denn ein Ausschnitt davon ziert den Umschlag des vorliegenden Buches. Es ist das einzige gläserne Werk des Künstlers, das in einem weltlichen Gebäude zu finden ist. Themengebend wirkte Nikolaus Kopernikus, »der berühmteste Student Krakaus«, welcher zu jener Zeit als historische Gelehrtenfigur besonders populär war. Um dieses Meisterwerk mit dem vollen Titel *Apollo – System Kopernika* (*Apollo – Das Sonnensystem des Kopernikus*) zu bewundern, begeben wir uns in die ulica Radziwiłłowska,

Eine Spielwiese für Stanisław Wyspiański

wo an der Ecke zur ulica Mikołaja Kopernika das Haus der Medizinischen Gesellschaft zu finden ist.

Ich erinnere mich an meinen ersten Besuch: Die Tür wirkte verschlossen, ein Schild informierte, dass der Eintritt für Besucher nicht gestattet sei. Ich blickte durch das Glas und kniff die Augen zusammen. Nur das Treppenhaus gab sich zu erkennen, ohne Licht, aber mit einem hell leuchtenden Farbfleck in Blautönen an der hinteren Wand. Apollo war zum Greifen nah. Eine alte Klinke aus Messing, ein prüfender Druck nach unten, und die Tür sprang wider Erwarten auf. Ehrfürchtig trat ich ein, vor mir stapelten sich die Stufen zum ersten Halbstock. Es war ziemlich dunkel – ich war mir nicht sicher, ob sich jemand im Haus aufhielt. Jeder noch so bedächtige Schritt zog ein sekundenlanges Echo nach sich. Plötzlich erschien die Portierin. Das war's jetzt, dachte ich.

»Kann ich Ihnen helfen?«, fragte sie, nahezu flüsternd.

Ob denn geöffnet sei, lautete meine gehauchte Gegenfrage.

»Kommen Sie wegen des Seminars?«

»Nein, eigentlich nicht. Um ehrlich zu sein, ich bin nur wegen des Fensters hier«, sagte ich etwas verlegen, in der Hoffnung, Aufrichtigkeit würde mich schon zum Ziel führen.

Die Portierin musste schmunzeln.

»Ich weiß, an der Tür steht geschrieben …«, war ich noch im Begriff auszuführen, als sie mit dem Kopf unmissverständlich nach rechts deutete und wortlos in ihrem Kämmerchen verschwand. Die Luft war rein.

Ausgedehnte Trittlaute glitten durch das Haus. Ich fasste ans historische Geländer und erklomm die Treppen. Vor mir erhob sich Apollo, der strahlende Sonnengott, mit der ewigen Lichtquelle im Rücken. Ein ergreifender Anblick. Oben angekommen, bemerkte ich die von Wyspiański gestalteten Räume trotz seiner fehlenden Zurückhaltung erst einmal nicht. Alles war überschattet von der farbüppigen Darstellung zentral über dem Aufgang. Wie auf einem Balkon stand ich oben am Geländer, unter mir führten die Treppen nach draußen, rings um mich befanden sich Flügeltüren und altes Mobiliar. Ich vernahm die Stimme eines Vortragenden im Saal hinter mir, ansonsten Stille. Meine volle Aufmerksamkeit galt Wyspiańskis Apollo.

Der Sonnengott in voller Pracht

Das Thema des Bildes ist die Apotheose der Sonne. Der Kosmos wird als eine Ansammlung von elliptischen Bahnen in unterschiedlichen Blautönen dargestellt. Aus dem sich öffnenden Orbit tritt Apollo hervor, umgeben von den personifizierten Planeten des heliozentrischen Weltbilds. Links oben kauern Saturn und Jupiter etwas müde in ihrer Umlaufbahn. Ob ihnen friert, weil sie am entferntesten der Sonne sind? Darunter befinden sich Mars und Merkur, deutlich agiler, fast schon angriffslustig. Letzterer gibt sich durch seinen charakteristischen Helm zu erkennen. Rechts von Apollo sind den vieren die weiblich konnotierten Planeten gegenübergestellt – einer Tradition der griechischen Mythologie folgend als nackte Körper in Szene gesetzt. Mond und Venus posieren aufrecht, nur die Erde liegt am Boden und verdeckt ihr Antlitz. Mit dem rechten Fuß steigt Apollo auf den beschämt wirkenden Planeten und besiegelt damit symbolisch seine Unterwerfung. Hier zeigt sich, wie Nikolaus Kopernikus mit seiner Vorstellung die Erde aus dem Zentrum des Universums verstieß und damit eine astronomische Wende einleitete. Mit der Sonne als ruhende Mitte wurde die geozentrisch gedachte Ära für beendet erklärt.

Doch Apollos Triumph ist nicht einfach »vom Himmel gefallen«, er selbst wirkt gefesselt, die Hände im Rücken sind offensichtlich verbunden. Seine angedeuteten Flügel können sich nicht ausbreiten. Eine gängige Interpretation besagt, Kopernikus hätte mit seiner Weltsicht den Lauf der Sonne angehalten und sie danach im Zentrum fixiert. Zudem nimmt der Sonnengott eine gekrümmte Haltung ein, er wirkt etwas eingefallen. Lässt man sich auf das angedeutete Leiden ein und betrachtet dazu die markante Neigung des Kopfes etwas näher, vielleicht noch die Stellung der Füße, so erkennt man recht deutlich bestimmte Ähnlichkeiten zur Figur des gekreuzigten Jesus von Nazareth. Abermals wird die Vielschichtigkeit dieses Werks deutlich, in gewisser Hinsicht auch das Spiel Stanisław

Wyspiańskis mit den Sehgewohnheiten seiner Zeitgenossen. In der Überlappung der Symbolebenen kommt es zur Synthese von Apollo und Christus, den Söhnen Gottes. Diese bewusste Verschmelzung thematisierte Wyspiański bereits zuvor in seinem Drama *Akropolis* aus dem Jahr 1904.

Das Buntglasfenster ist zwischen zwei kleineren Beiwerken positioniert, welche den Kosmos auf subtile Weise fortführen und einen willkommenen Kontrast bilden. Apollo repräsentiert als Gottfigur nicht nur die Sonne, sondern er ist in den europäischen Kulturen auch als Patron für die Wissenschaften und Künste präsent. Wyspiański beschäftigte sich ausführlich mit den Mythen der griechischen Antike, illustrierte unter anderem auch eine Ausgabe der *Ilias*. Sein Apollo ist ein originelles und für seine Zeit ungeheuer modernes Werk. Die Rezeptionsgeschichte gestaltet sich wie eine immerwährende Suche nach der Lösung eines Rätsels. Zu Lebzeiten wusste das Bild zu polarisieren – nicht alle konnten mit der Symbolik etwas anfangen, im Feuilleton gab es mitunter sogar Verrisse. Doch am Ende ist Stanisław Wyspiańskis letztes Buntglasfenster zu einem epochalen Aushängeschild für ihn als Künstler sowie das gesamte Feld der Glasmalerei geworden.

Abschließend seien noch ein paar Worte zur jüngeren Geschichte dieses Meisterwerks verloren. Denn der Apollo, den wir heute sehen, ist ein Replikat aus dem Jahr 1972, welches vom polnischen Künstler Jan Bukowski besorgt wurde. Das Original wurde im Jänner 1945, am Tag vor dem Abzug deutscher Truppen aus Krakau, von den Nationalsozialisten zerstört. Diese hatten in der Nähe des Gebäudes eine Brücke gesprengt, die Druckwelle infolge der Detonation ließ Wyspiańskis Buntglasfenster zerbersten. Eine Inschrift im rechten unteren Eck der Nachbildung erinnert an diesen Vorgang. Zum Glück blieben die beiden kleineren Fenster links und rechts von Apollo unversehrt, sie sind nach wie vor an ihrem Platz.

Posthumes Sterben

Die nächste Station kommt angesichts des Abseitstenors dieses Buches etwas überraschend daher. Wir bewegen uns ins Stadtzentrum, wo wir am plac Wszystkich Świętych den Wyspiański-Pavillon aufsuchen. An sich ist dieses Gebäude die Hauptauskunftsstelle des Krakauer Tourismusbüros – also nicht gerade die erste Adresse, die fortgeschrittene Reisende aufsuchen. Doch im Inneren dieses vom hierzulande berühmten Architekten Krzysztof Ingarden entworfenen Hauses befinden sich gleich drei sehenswerte Buntglasfenster, welche seinerzeit von Stanisław Wyspiański entworfen wurden. Dass diese Einrichtung weit mehr als nur eine Touristeninformation geworden ist, verdanken wir unter anderem dem Engagement Andrzej Wajdas in den späten 1990er-Jahren, der die Idee vom Wyspiański-Pavillon als Kulturstätte maßgeblich propagierte. Der Regisseur zählte zu den einflussreichen Stimmen aus der Kunstszene, die darauf pochten, ein neu geschaffenes Bauwerk im Herzen der Stadt nicht einzig und allein den Interessen des Fremdenverkehrs zu überlassen, sondern dort auch kulturvermittelnden Aktivitäten in Form von Ausstellungen und Veranstaltungen Raum zu geben. Die Debatte um den Pavillon gestaltete sich als ausgesprochen langwierig, und so sollte es noch mehrere Jahre dauern, bis das Projekt realisiert wurde.

Schließlich konnte das Haus im Jahr 2007 zum 100. Todestag seines Namensgebers feierlich eröffnet werden. Ingarden versah die Fassade mit einer Konstruktion aus beweglichen ziegelfarbenen Keramikplatten. Diese ermöglichen einen variablen Lichteinfall im Innenraum, zudem ist die gesamte Südflanke des Gebäudes opak gehalten. Nach Norden hin konzentriert sich alles auf die Präsentation dreier großflächiger Buntglasfenster, die ebenfalls im Rahmen der Übergabe an die Allgemeinheit enthüllt wurden. Diese sind eine posthume Umsetzung von Entwürfen Stanisław Wyspiańskis,

Die drei Buntglasfenster, welche auch außen prominent zu sehen sind

welche ursprünglich für die Kathedrale am Wawel vorgesehen waren, jedoch nie produziert wurden. Unter der Federführung von Piotr Ostrowski, dem künstlerischen Leiter der Krakauer Werkstätte für Buntglaserzeugung S. G. Żeleński, konnten des Malers Pläne gut ein Jahrhundert danach verwirklicht werden.

Die Bilder zeigen den heiligen Stanislaus von Krakau, König Kasimir den Großen sowie Herzog Heinrich den Frommen, allesamt prägende Figuren in den nationalen Mythen Polens. Jedoch empfanden die damaligen Machthaber die Art der Darstellung als äußerst kontrovers: Stanislaus und Heinrich liegen im Sterben, während vom ehemaligen König nur die knöchernen Überreste zu sehen sind. Besonders eindrucksvoll erscheint das Abbild Kasimirs, ein von Blautönen umgebenes Skelett trägt den königlichen Umhang, den eingefallenen Totenkopf ziert die mit Edelsteinen besetzte Krone. Entlang des Gerippes hält der Tote ein Schwert, die Klinge liegt fest zwischen Daumen und Zeigefinger. Es ist ein düsterer Anblick des Monarchen – als würde er ausbluten, so fließt das tiefe Blau aus seinem hohlen Brustkorb heraus und lässt das Bild verschwimmen. Kein Wunder, dass Wyspiańskis Entwürfe auf Ablehnung stießen, zeigen sie zentrale Protagonisten der polnischen Historie in ihrer verwundetsten Form. Man darf dabei nicht vergessen, dass diese Bilder in einer Zeit entstanden sind, in der Polen schon seit mehr als einem Jahrhundert nicht mehr als souveräner Staat existierte. Als politische Einheit gestorben, als kulturelle Identität im Sterben? Über das gesamte 19. Jahrhundert hindurch wurden in den Künsten vorrangig Fragestellungen um den Erhalt des Polentums intensiv bearbeitet. Heutzutage werden diese Gedanken unter gänzlich veränderten Gegebenheiten neu aufgegriffen.

Es sei der Schwiegervater gewesen

Der größte Teil des Bestands an Buntglasfenstern und Glasmalereien ist naturgemäß in Kirchen zu finden, das gilt auch für die meisten anderen Plätze in Europa. Dementsprechend dominieren christlich geprägte Motive in den Darstellungen. Maler wie Stanisław Wyspiański wurden in der Regel damit beauftragt, sich der Innengestaltung sakraler Räumlichkeiten anzunehmen. Also beschäftigten sie sich in ihren Künsten intensiv mit religiösen Traditionen und wagten an der ein oder anderen Stelle eine Neuinterpretation.

Nur wenige Schritte vom Wyspiański-Pavillon entfernt, vorbei am Wielopolski-Palast, erreichen wir die Franziskanerkirche, welche wir im Auftrag der Kunst aufsuchen. Über dem Eingang an der Westseite findet sich ein herausragendes Werk aus der Reihe sakraler Buntglasfenster Wyspiańskis. Es ist seine Vision von der Schöpfungserzählung und zeigt Gott im Augenblick der Erschaffung der Welt. Das Bild trägt den

Titel *Bóg Ojciec – Stań się*, übersetzt wird diese Bezeichnung meist als *Gottvater – Es werde!*. Der zweite Teil könnte aber genauso gut *Geschehe!* lauten, in jedem Fall drückt es die Aufforderung zur Entstehung aus. Wyspiańskis Vorstellung vom sogenannten Gottvater (ein weißhaariger Mann mit üppigem Bart) mag zwar keine Innovation zugrunde liegen – dies wäre auch dem Auftraggeber schwer zu vermitteln gewesen –, doch die Art seiner Darstellung ist ohne Zweifel speziell und zugleich von höchstem ästhetischen Wert. Für mindestens genauso gelungen halte ich die Beschreibung des Schriftstellers Adam Zagajewski, welche ich, den Hut ziehend, im Folgenden wiedergebe.

»Das riesige, gebieterische Kirchenfenster Wyspiańskis, in der Westwand der Franziskanerkirche, hat mir die Augen geöffnet, was die Kunst der Glasmalerei sein kann. Dieses Fenster, 1904 installiert, ist keine schwarze, patinabedeckte, unleserliche Briefmarkenabbildung, es ist ungeheuer mutig, pastellfarben, hell, herausfordernd.

Zuerst – aus der Ferne betrachtet – kommt es einem vor wie ein blühender Baum; ein schöner, gekrümmter afrikanischer Baum, der den höchsten berauschenden Schönheitsgrad erreicht hat und von starkem Wind überrascht wird, der zu der verheißenden Ruhe des Frühlingstages nicht passen will. Er biegt sich beunruhigt, er hat nicht das Prachtgewand angelegt, um dem gewaltigen Sturm zu begegnen.

Dann, nachdem wir uns ein wenig genähert haben, sieht Gottvater aus wie ein exotischer Riesenvogel mit üppigen struppigen Federn. Wie ein Vogel, der als Sieger aus dem Kampf mit einer niederträchtigen Schlange hervorgegangen ist; seine violetten, grünen, orangefarbenen und roten Federn sind in Unordnung, doch sie haben nichts von ihrer märchenhaften, tropischen Intensität eingebüßt.

Noch ein paar Schritte näher, und der Vogel wird zur Karnevalsgestalt: Vielleicht ist es ein Student mit junger, glatter

Haut, der sich als Greis verkleidet, einen langen weißen Bart angeklebt und eine üppige graue Perücke aufgesetzt hat; sein Gewand ist phantastisch bunt, aus farbigsten Stoffen genäht. Dann sehen wir, wie der als Greis verkleidete Student eine flammende Rede hält; seine linke Hand versucht die andrängende Menge entrüsteter Zuhörer zurückzuhalten, die rechte beruhigt jemanden. In seiner Geste ist auch Verdammung – Verdammung der Sünde und der Niedertracht, vielleicht auch schlechter Kunst, die Stanisław Wyspiański verachtete.

Wenn wir dann wieder etwas zurücktreten, erblicken wir vor allem die machtvolle Geste von Gottvater (dem Künstler soll sein Schwiegervater Modell gestanden haben), der ein ebenso ungewöhnlicher Prediger ist wie Piotr Skarga, lenken unser Augenmerk auf die Bewegung der Figuren (Sprache der Touristenführer) und abermals auf die à la Jugendstil gespaltenen lebhaften Farben.

Aber wir wissen ja sowieso nicht, wie Gottvater aussieht (sicher ähnelt er nicht dem Schwiegervater des Künstlers!), die Wandelbarkeit des Kirchenfensters macht uns das bewusst, führt aber nicht zwingend zum Agnostizismus.«

Piotr Skarga war eine führende Persönlichkeit während der Gegenreformation in Polen-Litauen im späten 16. Jahrhundert. Er war herrschaftskritisch eingestellt und engagierte sich tatkräftig in diversen katholischen Wohltätigkeitsorganisationen. Besonders im 19. Jahrhundert entwickelte sich ein gewisser Kult um seine Person. Das eindrucksvolle Buntglasfenster wurde im Übrigen noch nicht in Krakau hergestellt, sondern in der Tiroler Glasmalerei und Mosaik Anstalt in Innsbruck, welche bis heute tätig ist.

Zurück an den Start

Zum Abschluss unserer kleinen Wyspiański-Werkschau möchte ich Ihnen den Besuch zweier Museen zum Thema ans Herz legen. Beide fügen sich nahtlos in die Route ein und befinden sich in Gehweite zur Franziskanerkirche. Die erste Adresse ist das erst im Dezember 2021 eröffnete Wyspiański-Museum. An sich besteht diese Einrichtung schon seit den 1980er-Jahren, doch mehrere Standortverlegungen führten in der Vergangenheit immer wieder zu längeren Unterbrechungen des Museumsbetriebs. Nun dürfte aber mit dem historischen

Das neue Wyspiański-Museum

Speichergebäude am plac Generała Władysława Sikorskiego, welches für diesen Zweck von Grund auf revitalisiert wurde, eine permanente Heimat für die Sammlung gefunden worden sein. Der Ableger des Krakauer Nationalmuseums verfügt über den umfangreichsten Bestand zu Stanisław Wyspiański mit mehr als 1100 Objekten. Allerdings wird davon nur ein verhältnismäßig kleiner Teil ausgestellt, deswegen lohnt sich ein Besuch vor allem dienstags, wo in vielen Museen in Krakau der Eintritt frei ist. Denn der Vollpreis erscheint dann doch etwas hoch angesetzt, betrachtet man die Größe der Ausstellung. In jedem Fall bietet sie aber einen Einblick in die Entwürfe des Malers zu seinen bekanntesten Buntglasfenstern, darunter die Vorlage zum Gottvater-Bild in der Franziskanerkirche in Originalgröße, welche als überdimensionale Stoffrolle besteht und aufgrund der Raumhöhe nur teilweise aufgerollt werden kann. Der Anblick dieses kolossalen Exponats vermittelt jedoch eindrücklich die gigantischen Ausmaße sowie den Detailreichtum dieses Werks. Auch Apollo ist in Form einer meisterhaften Pastellzeichnung zugegen. Zudem zeigt das Museum eine sehenswerte Auswahl von Selbstporträts Wyspiańskis, welche ihn nicht selten mit seiner Frau Teodora Teofila Pytko zeigen.

Vom Entwurf gelangen wir wenige Straßen weiter zur Ausführung. Zwar streifen Künstler wie Józef Mehoffer oder eben Stanisław Wyspiański die ganzen Lorbeeren für die Kon-

Stanisław Wyspiańskis Vorlage für das Gottvater-Buntglasfenster

Die Verfahren der Buntglasfenstererzeugung sind weitgehend unverändert geblieben.

zeption wunderschöner Buntglasfenster ein – mit deren Fertigung haben sie in der Regel jedoch wenig bis gar nichts zu tun. Umso erhellender gestaltet sich der Besuch des Muzeum Witrażu. Dabei handelt es sich um die bereits erwähnte Werkstätte S. G. Żeleński in der aleja Zygmunta Krasińskiego. Der Gründer Stanisław Gabriel Żeleński war der Bruder des Schriftstellers Tadeusz Boy-Żeleński und von Beruf Architekt. Für die Buntglaswerkstatt ließ er eigens das Gebäude errichten. Es ist damit zur Gänze auf die Bedürfnisse dieses Produktionszweigs ausgerichtet.

Eigentlich passt der Begriff Museum nicht zu diesem Ort, denn er beheimatet weder eine Ausstellung im herkömmlichen Sinn noch ist das Dargestellte etwas Ruhendes aus vergangener Zeit. Stattdessen wird man durch die verschiedenen Phasen der Buntglasfenstererzeugung sowie der Glasmalerei geführt. Das Besondere dabei ist, dass diese Werkstätte seit 1902 durchgehend in Betrieb ist, somit werden die Besucher zu Zeugen des Alltagsgeschäfts, welches sich seit Jahrhunderten praktisch kaum gewandelt hat. Selbst die »alten« Werkzeuge kommen nach wie vor zum Einsatz.

Das »lebendige« Museum kann ausschließlich im Rahmen von Führungen besucht werden. Diese finden an Öffnungstagen zu geregelten Zeiten in polnischer und englischer Sprache statt. Eine Voranmeldung ist grundsätzlich nicht notwendig, allerdings findet ein geführter Rundgang erst statt, wenn mindestens zwei Personen daran teilnehmen. Dieser führt am Ende in die hauseigene Galerie, wo bedeutende Werke nach Entwürfen von Künstlern des Jungen Polen gezeigt werden. Die Ausstellung ist in ihrer Form einzigartig und bietet die rare Gelegenheit, ein Buntglasfenster aus nächster Nähe zu betrachten oder gar zu berühren – denn auch die Beschaffenheit des Materials spielt bei der beleuchteten »Wiedergabe« des Bildes eine tragende Rolle. Ein Highlight der Sammlung ist eine zur Perfektion getriebene wie preisgekrönte Neuauflage des Apollo aus dem Jahr 2017. Damals startete die Werkstätte die Serie *W budowie – In the making*, in deren Rahmen herausragende Buntglasfenster und Glasmalereien aus der Geschichte repliziert und auf diese Weise ihr Entstehungsprozess rekonstruiert werden. Bislang wurde neben *Apollo* auch Wyspiańskis Bild *Polonia* fertiggestellt.

Aktuell befindet sich eine deutsch-polnische Kooperation mit niemand Geringerem als Johannes Schreiter im Gange. Dabei setzen er und Piotr Ostrowski einen historischen Entwurf um, der seinerzeit für den Kaiserdom St. Bartholomäus in Frankfurt am Main vorgesehen war, jedoch nie realisiert wurde.

Umkämpftes Feld

Zwierzyniec

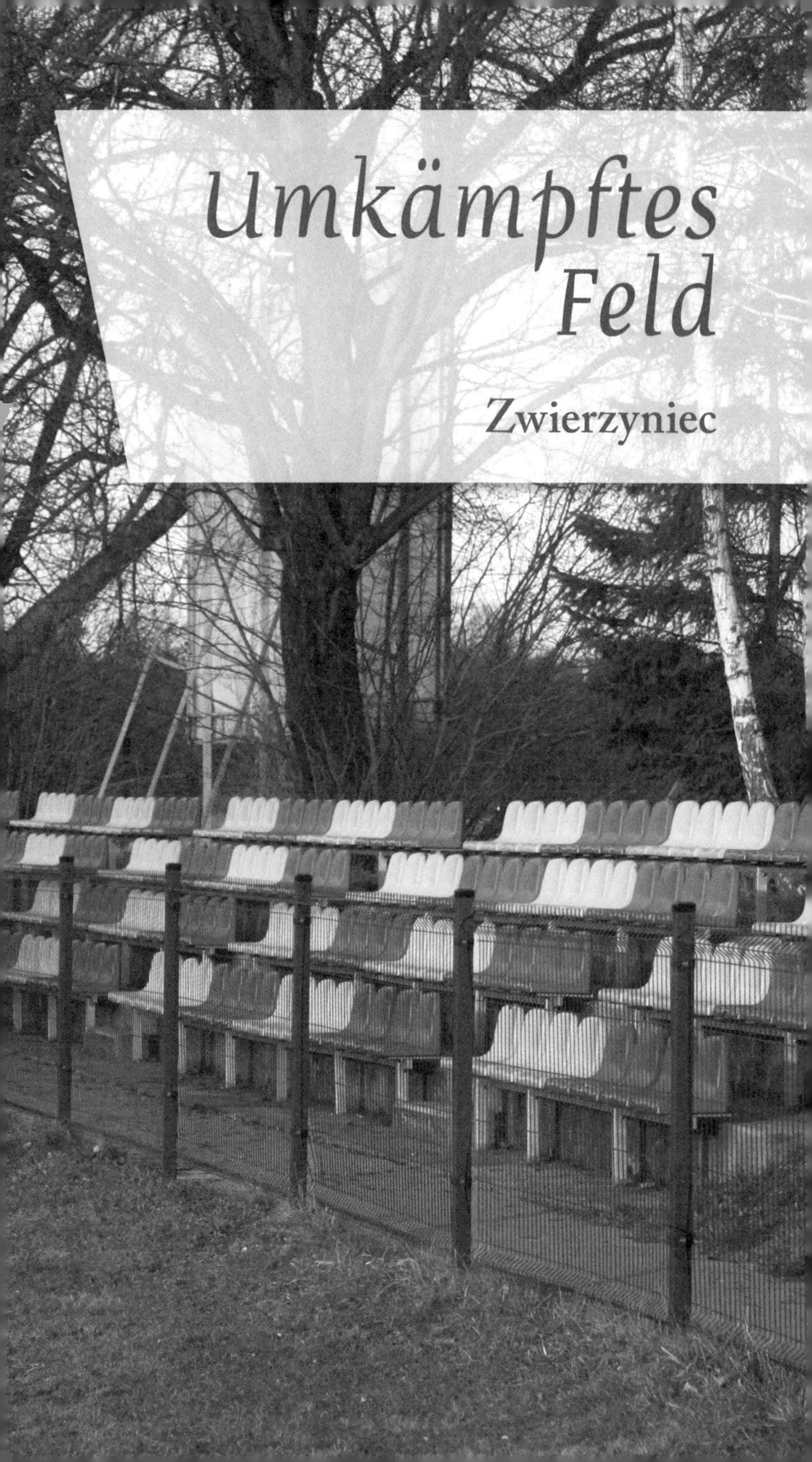

Der folgende Streifzug führt uns in den Krakauer Stadtteil Zwierzyniec, was im Deutschen mit *Tiergarten* übersetzt werden kann. Tatsächlich befindet sich der städtische Zoo in ebenjenem Bezirk auf einer Anhöhe im erholsamen Las Wolski (*Wolski-Wald*), doch diesen werden wir im Zuge unseres Rundgangs nicht besuchen. Das Tierische in Zwierzyniec nimmt vielmehr Bezug auf das große Feld mit dem klingenden Namen *Błonia* (vom polnischen *błonie*, was so viel wie *große Wiese* bedeutet), das sich unweit der Flussgabelung von Rudawa und Weichsel erstreckt. In den Weiten dieses Stücks Landschaft stecken zahlreiche Geschichten, die uns Aufschlüsse über ungeahnte Charakterzüge Krakaus geben.

Stehen wir auf dem Vorplatz des Nationalmuseums und blicken in Richtung Westen, breitet sich zu unseren Füßen die Błonia wie eine überdimensionierte Schultüte aus. An ihrem Ende mündet die Ebene in bewaldetes Hügelland, auf dem der Kopiec Kościuszki in den Himmel ragt. Von hier unten sieht er ein wenig aus wie ein Maulwurfshügel. Auf den ersten Blick mag das besagte Feld recht unspektakulär, gar etwas brach auf den Betrachter wirken – man antizipiert geradezu die nächste Baustelle, wie es seit einigen Jahren in der Stadt üblich geworden ist. Doch weit gefehlt, der üppige Flecken Gras steht unter Denkmalschutz. Hier würden sich die *deweloperzy*, wie hierzulande ungeliebte Immobilienentwickler bezeichnet werden, sämtliche Finger nicht nur einmal abschlecken.

Die Protektion dieser für Krakau so wichtigen Grünfläche geht auf die Regentschaften des Königs Kasimir der Große und der Königin Jadwiga im 14. Jahrhundert zurück. Über lange Zeit herrschte ein Konflikt zwischen den Bürgern Krakaus und den Bäuerinnen aus der nahe gelegenen Siedlung Zwierzyniec, die das Areal als Weidefläche für ihre Kühe nutzten. Manche Städter wollten sich nicht mit der Tatsache arrangieren, dass das Vieh gelegentlich Ausscheidungen in Fladenform hinterlässt. Den bourgeoisen Albtraum stellten die Machthaber am Wawel klugerweise unter den Wert der Landwirtschaft und räumten den Bauern per Dekret ein zeitlich unbefristetes Privileg für die Nutzung des Felds ein. Somit war die friedliche Koexistenz von Mensch und Tier, Land und Stadt auf ewig gewährleistet.

Zu jener Zeit bestand bereits eine bedeutende Handelsroute zwischen Krakau und Zwierzyniec. Über die ulica Krowia (*Kuhstraße*) gelangten die Bauern in die Stadt, wo sie ihre Erzeugnisse am Rynek verkaufen konnten. Diese Straße ist sogar erhalten geblieben, nur heißt sie heute ulica Senatorska (*Senatorenstraße*). Gut möglich, dass die städtischen Amtsträger das Vieh auf diese Weise würdigen wollten – oder wollte man damit vielleicht etwas anderes zum Ausdruck bringen?

Man mag es kaum für möglich halten, doch sämtliche Folgeregierungen, selbst die der österreichischen Besatzer, beriefen sich stets auf die jahrhundertealten königlichen Verordnungen, wenn es um die Krakauer Błonia ging. Mehrmals hätte das Areal verbaut werden sollen. Die Entscheidungen aus dem Mittelalter wirken aber unumstößlich bis in die Gegenwart fort und garantieren der lokalen Bevölkerung eine der größten Grünflächen innerhalb einer europäischen Großstadt. Als Weideland ist diese zwar nicht mehr in Verwendung, doch dauerte es bis weit in die 1970er-Jahre, bis das

Ein markanter grüner Einschnitt

letzte Vieh vom Feld gezogen ist. Es gibt wunderbare Fotografien, auf denen zu sehen ist, wie rund um picknickende Grüppchen einzelne Kühe grasend ihre Runden ziehen und dabei mit dem Schwanz wedeln.

Einzug der Ballesterer

Seit jeher ist die Błonia eng mit der Sportgeschichte der Stadt verbunden. Rund um das Areal haben sich zahlreiche Vereine angesiedelt, welche einst das weite Gras als ihre Sportstätte nutzten. Auch der Fußball nahm in Krakau auf besagter Wiese seinen Anlauf – und hat sich seither praktisch nicht vom Fleck gerührt. Vor gut hundert Jahren, am Beginn des 20. Jahrhunderts, wurden auf diesem Areal erstmals kleine Fußballfelder errichtet. Die ersten Kicker markierten mittels ihrer Kappen kurzerhand zwei Tore und traten drauflos. Meist war das Gerät eher ein ballähnlicher Gegenstand aus miteinander verknoteten Lumpen. Regeln gab es genauso wenig wie einen Schiedsrichter, dementsprechend nahm das Spiel in seinen Anfängen anarchische Züge an. Um das wilde Treiben scharten sich Menschengruppen, die die Spieler lautstark anfeuerten. Häufig waren die Umstehenden auch die eigentliche Begrenzung des Spielfelds.

Kaum zu glauben, waren es doch tatsächlich die Österreicher, die den Fußball nach Polen weitertrugen! Dies könnte gar eine plausible Erklärung dafür sein, warum *futbol* in diesen Ländern – betrachtet man die heimischen Ligen – eher eine Misserfolgsgeschichte darstellt. Die ältesten polnischen Fußballklubs formierten sich im ehemaligen Galizien. In Krakau wurden im Jahr 1906 die Vereine Cracovia, Juvenia und Wisła gegründet, 1909 folgten mit Jutrzenka und Makkabi zwei jüdische Klubs. Neben den Vereinigungen aus der galizischen Hauptstadt Lemberg spielten vor allem diese Mannschaften um die Vorherrschaft unter den altösterreichischen Ballesterern mit. Dabei entwickelte sich Krakau zu einer frühen Hochburg der polnischen Fußballlandschaft. Nach Wiedererlangung der Unabhängigkeit und der Gründung eines Fußballverbands bestand die Nationalmannschaft zu Beginn fast ausschließlich aus Spielern der Krakauer Vereine.

Einer davon war Ludwik Gintel, der in seiner Jugend bei Jutrzenka spielte und danach bei Cracovia in der Kampfmannschaft auflief. Ihm soll an dieser Stelle etwas Ehre zuteil werden, denn Gintel war der erste Fußballer, der im Trikot der polnischen Nationalmannschaft ein Tor erzielte. Nun wird der kundige Fußballhistoriker schnappatmig einwenden: Falsch, der erste Torschütze der Polen war Józef Klotz von Jutrzenka, der am 28. Mai 1922 in Stockholm beim 2:1 gegen Schweden per Elfmeter den Premierentreffer landete! Sagen wir so, Klotz' Tor war definitiv vorteilhafter – auch für die ballestrische Legendenerzählung. Denn nur zwei Wochen vor diesem historischen Ereignis war die polnische Auswahl in Krakau auf Ungarn getroffen, und das erste Tor dieser Begegnung erzielte nach nur fünf Minuten Ludwik Gintel – ein Eigentor. Die Partie ging schlussendlich mit 0:3 verloren.

Geschadet hat das seiner Karriere nicht, im Gegenteil: Gintel erlangte bei Cracovia Kultstatus, wurde mitunter für seinen scharfsinnigen Humor verehrt. Selbst das besagte Eigentor könnte man ihm als schelmischen Streich auslegen. Überliefert ist auch die folgende Geschichte, als im Sommer des Jahres 1919 der Wiener Sport-Club, damals ein Verein im Spitzenfeld, für eine Woche nach Krakau kam, um insgesamt drei Gastspiele gegen Cracovia haushoch zu verlieren. Bei einem gemeinsamen Abendessen im Restaurant des Hotels Pollera wusste ein Wiener Ballesterer beim Anblick des ihm servierten Barszcz plötzlich nicht mehr weiter. »Was ist denn das?«, entglitt es dem Gast in skeptisch-abschätziger Manier. Sein Tafelnachbar, Ludwik Gintel, wandte sich seinem Zunftkollegen zu und erklärte ihm, dies sei ein Barszcz, eine kräftige klare Suppe aus Roten Rüben. Woraufhin der Fußballer aus Wien entsetzt von sich gab: »Was? Rüben? In Wien essen das nur die Kühe.« Gintel quittierte dies mit der Erkenntnis, dass in Wien wohl die Kühe besser Bescheid wüssten, was gut sei.

Stars and Stripes

Von dieser glanzvollen Ära der Zwischenkriegszeit ist nicht viel übrig geblieben. Nach dem Einmarsch der Nationalsozialisten 1939 wurden die jüdischen Vereine sofort aufgelöst. Juvenia, bis zum Zweiten Weltkrieg noch ein überaus erfolgreicher Fußballklub, konzentrierte sich nach dem Krieg auf andere Sportarten und ist heute ausschließlich ein Rugbyklub. Somit blieben von den großen Vereinigungen nur mehr Cracovia und Wisła, welche heute mehr oder weniger nennenswert im polnischen *futbol* (oder auch *piłka nożna*) mitmischen. Zwar sind beide erstklassig, doch liegen ihre glorreichen Zeiten Jahrzehnte zurück. Sowohl die *pasy* (*Streifen*, Cracovia) als auch die *biała gwiazda* (*Weißer Stern*, Wisła), wie sie im Volksmund genannt werden, gurken im Mittelfeld der Liga herum oder kämpfen abwechselnd gegen den Abstieg. Als Ausnahmejahr ging für Cracovia 2020 in die Annalen ein, als man mit dem Premierengewinn des polnischen Pokals sowie des Superpokals die ersten Titel seit 1948 holen konnte. Weder bewegen sich die großen Fußballvereine in Bezug auf ihr ballestrisches Können vom Fleck noch von ihrem Ursprungsort. Die Heimstätten befinden sich an den gegenüberliegenden Rändern der Błonia – nur das friedliche Grün liegt wie eine Sperrzone zwischen den Stadien der beiden Stadtrivalen.

Zu Zeiten der Volksrepublik war Wisła der geliebte Klub der Kommunisten. Prompt gliederten sie ihn ins Innenministerium ein und erklärten den Verein zur Garde – dies trug er dann auch im Namen. Spieler wie Funktionäre wurden mit großzügigen Gehältern von fiktiven Posten in der Miliz sowie der Bergbaugesellschaft bei Laune gehalten. Aus sportlicher Sicht erlebte Wisła zwischen den 1960er- und 1980er-Jahren eine Achterbahnfahrt – von Titelgewinnen bis zum Abstieg war alles dabei. Mit dem Zerfall des kommunistischen Systems versiegten schließlich die finanziellen Quellen, und eine langjährige Misere in der Vereinsgeschichte nahm ihren Lauf. Erhalten geblieben ist die ständige Schmähung seitens der gegnerischen Anhängerschaft auf den Rängen. In der polnischen Fußballwelt zählt Wisła Kraków zu den prominentesten Projektionsflächen für antikommunistische Abneigungen. So sprechen die Fans vieler anderer Klubs davon, dass ihre Mannschaft nicht gegen Wisła antritt, sondern gegen die *milicja* (*Miliz*).

Die Fans von Cracovia und Wisła pflegen eine besonders ausgeprägte Feindschaft zueinander. Zu diesem mehr als speziellen Verhältnis gesellt sich auch noch der Frust über die bescheidenen Leistungen ihrer Mannschaften der vergangenen Jahre. Das Krakauer Derby (*Derby Krakowa*) gehört seit seinen frühesten Tagen zu den – gelinde gesagt – emotionalsten Aufeinandertreffen seiner Gattung. Es wird unter Fußballfans auch *Święta Wojna* genannt, *Heiliger Krieg*. Diese Bezeichnung ist auf mehreren Ebenen höchst problematisch. Einerseits soll, so der Historiker Zbigniew Leśnicki, das Match zwischen den jüdischen Klubs Makkabi und Jutrzenka so genannt worden sein, da Ersterer dem Zionismus und Letzterer der Orthodoxie zugeneigt gewesen sei. Andererseits wird der Cracovia-Legende Ludwik Gintel nachgesagt, er habe just vor einem Spiel gegen Wisła zu seinen Mitstreitern gemeint, sie würden nun in den »heiligen Krieg« ziehen, um sie entsprechend zu motivieren.

Die starke Rivalität zwischen den Gestreiften und dem Weißen Stern wurzelt nicht nur in der weit verbreiteten Auffassung mancher Fußballanhänger, es könne nur einen – den »wahren« – Klub geben, sondern auch in den unterschiedlichen Vereinsgeschichten. Cracovia etwa wurde in einem tendenziell kosmopolitischen, intellektuell geprägten Umfeld gegründet. In dieser Mannschaft spielten überdurchschnittlich viele Studenten und unter ihnen ein beträchtlicher Anteil von Juden und Zugewanderten. Im Gegensatz dazu formierte sich Wisła in einem eher national-patriotisch angehauchten Milieu, wo ausschließlich Polen aus den proletarischen Schichten antreten durften. Natürlich greift eine solche durchaus binär gefasste Beschreibung zu kurz, vor allem in Bezug auf heutige Verhältnisse, doch im Kern lässt sich dieser Darstellung ein gewisser Wahrheitsgehalt nicht absprechen. Für einige Fangruppierungen nimmt insbesondere die Berufung auf solche Traditionen einen zentralen Stellenwert in ihrem Selbstverständnis ein.

Das vermeintlich »Heilige« an der immerwährenden Opposition zwischen Wisła und Cracovia verweist zudem auf eine dem Anschein nach religiös motivierte Komponente. Es ist ein Krieg unter Gleichgesinnten, für den aber unterschiedliche Glaubensrichtungen missbraucht werden, um eine unauflösbare dichotome Situation zu provozieren. Keine Auseinandersetzung ist ohne ein Gegenüber zu führen, deswegen bedient man sich aufseiten Wisłas mitunter einer drastisch antisemitisch-hetzerischen Rhetorik. Beim »heiligen Krieg«, den bestimmte Fans aus beiden Lagern gegeneinander führen, dienen Juden als ultimatives Feindbild, als Synonym für das Böse, das es zu beseitigen gelte. Höchst paradox erscheint dabei die Tatsache, dass die Protagonisten bei Cracovia die Rolle des Paria nicht nur annehmen, sondern auch für ihre Zwecke nutzen und aktiv nach außen tragen. Deren führende Gruppierung nennt sich Jude Gang und hinterlässt auf den Mauern der Stadt fallweise Davidsterne als Graffiti-Tag, eine ausgesprochen problematische Synthese aus kulturellen Symbolen und fußballbezogenen Codes. Ihre Botschaften stehen in Sachen Gewaltsamkeit denen des Kontrahenten in nichts nach.

Abseits von Spieltagen wird der mit Bedeutungen aufgeladene Krieg auf Hauswänden geführt. Auf diese Weise geraten sie zu Leinwänden im öffentlichen Raum, wo die rivalisierenden Gruppen ihre Identität und den Hass aufeinander offen zur Schau stellen. Jahrelang hat der Krakauer Fotograf Wojciech Wilczyk solche »Störungen im Stadtbild«, wie er diese beschreibt, dokumentiert und in einer Serie unter dem Titel *Święta Wojna – Holy War* zusammengefasst. Ohne auch nur ansatzweise zu relativieren, vergleicht Wilczyk das Phänomen der Hooligan-Graffitis mit Werbung auf einem Billboard. Die Wahl des Standorts ist völlig willkürlich, ihre Wahrnehmung fällt mal stärker, mal schwächer aus, und im seltensten Fall überdauern sie eine längere Zeit. In diesen Gemeinsamkeiten sieht der Fotograf zugleich ein tiefergehendes Dilemma, denn aufgrund der Fluktuation, die bei Werbung nochmals stärker ausfällt, entsteht keine Interaktion mit den Bewohnern oder Passanten. Die meisten Tags werden gleichgültig angesehen, übersehen oder schlichtweg ignoriert – selbst wenn es sich um gewaltvolle Botschaften oder gar durchgestrichene Davidsterne handelt. Im Hass auf Juden findet hier der Hass bestimmter Gruppen aufeinander seinen Ausdruck. Wilczyks Arbeiten sowie ein aufmerksamer Gang durch die Straßen von Krakau zeigen eindrücklich, dass Hassrede und Antisemitismus unverdeckt in der Mitte der Gesellschaft stattfinden.

Solche Zustände resultieren mitunter aus dem veritablen Problem mit Hooligans und Pseudofans, das der Fußballverband samt den Behörden in Polen seit Jahrzehnten nur spärlich

Erklärungen über die Vorherrschaft

in den Griff bekommt. Dies ist zwar per se nichts Außergewöhnliches, doch unterscheiden sich die Gruppierungen rund um Wisła und Cracovia von anderen im In- und Ausland in ihrer Aggressivität und kriminellen Energie deutlich. Der Aufstieg der polnischen Hooliganszene setzte nach der Wende ein, als staatliche und gemeinnützige Strukturen geschwächt oder zur Gänze aufgelöst wurden. Arbeits- und Perspektivlosigkeit infolge von Wirtschaftskrisen, aber auch prekäre soziale Verhältnisse raubten vielen jungen Männern die Zukunft und trieben sie in die Arme windiger Typen. Bis heute rekrutiert Armut zuverlässig Hooligans und Konsorten.

Zu zweifelhafter Prominenz gelangten die Krakauer Banden insbesondere dadurch, dass sie nicht davor zurückschrecken, bei ihren Straßenkämpfen zu Stichwaffen wie Messern oder gar Macheten zu greifen – in diesem Zusammenhang erlangte der Begriff *maczeta* eine ganz spezielle Bedeutung. Zudem kontrollieren sie quasi flächendeckend den illegalen Drogenhandel in der Stadt, drehen dubiose Immobiliengeschäfte usw. Die Liste der Vergehen ließe sich endlos fortführen. Für einen »Fußballfan« von dieser Sorte kann es in Krakau ziemlich ungemütlich werden. Niemals werden Sie auf der Straße eine Person sehen, welche offen ihr Bekenntnis zu einem der beiden Vereine, etwa durch entsprechende Gadgets, nach außen trägt. Nur an Spieltagen ist der Schal des favorisierten Klubs einigermaßen sicher um den Hals zu legen. Als ich mir einmal in einem Fanshop ein solches Utensil zulegte, stellte ich beim Bezahlen scherzhaft die Frage, ob ich die Ware für den Heimweg verstecken solle. Der verlegene Lacher, den ich als Antwort erhielt, war mir dann deutlich genug. Gewiss sollen an dieser Stelle keine Ängste geschürt werden, jedoch spricht die traurige Bilanz von mehreren bewaffneten Überfällen und Morden auf offener Straße zwischen Bandenmitgliedern eine klare Sprache. Nicht wenige vermuten darin auch den Grund, warum bei der Europameisterschaft 2012 in Polen und der Ukraine Krakau als Austragungsort übergangen wurde. Angesichts der Bedeutung der Stadt, der vorhandenen Infrastruktur etc. erscheint dies in der Tat bemerkenswert.

Der Journalist Szymon Jadczak schildert in seinem Buch *Wisła w ogniu* (*Wisła in Flammen*) minutiös die Aktivitäten der organisierten Hooligans rund um den Verein Wisła, aber auch um Cracovia. Das verstärkte Interesse an der ersteren Bande speist sich aus einem einzigartigen Umstand: Der Gruppe Sharks, wie sich Wisła-Hooligans nannten, war es gelungen, sich wie Parasiten in den Strukturen des Fußballklubs festzusetzen. Nach und nach bauten sie ihre Macht aus und nahmen den Verein schließlich nach Strich und Faden aus. Sosehr dies nach einem Skript zu einer Netflix-Serie klingen mag, handelt es sich hierbei um einen der größten Skandale in der Geschichte des polnischen Fußballs, der nach Bekanntwerden große Wellen geschlagen hat. Bis ins Jahr 2018 stellten die Sharks sogar den Vizepräsidenten von Wisła Kraków und verfügten über die Hoheit bei finanziellen und personellen Angelegenheiten. In dieser Zeit fand eine beispiellose Misswirtschaft innerhalb des Klubs statt: Gelder wurden veruntreut, Spieler konnten weder bezahlt noch gehalten werden, Wisła geriet in eine nie dagewesene ökonomische wie sportliche Schieflage. Mit Müh und Not schaffte man den Klassenerhalt. Kurz vor Beginn der Saison 2018/19 spitzte sich die Situation für den hochverschuldeten Verein noch weiter zu, als sowohl der polnische Fußballverband mit dem Entzug der Lizenz für die höchste Spielklasse als auch die Stadt Krakau mit dem Entzug des Nutzungsrechts für das Stadion drohten. Der Klub stand schlichtweg vor dem Aus. Zudem begann sich die Vereinsführung buchstäblich aufzulösen, nachdem immer mehr klubinterne Hooligans vor dem Haftrichter landeten.

Was danach folgte, gleicht einem kaum zu glaubenden Fußballmärchen. Niemand Geringerer als Jakub Błaszczykowski, polnischer Nationalspieler und bekannt für sein langjähriges Engagement beim deutschen Bundesligisten Borussia Dortmund, half seinem Exklub, bei dem ihm einst der Durchbruch gelang, in Robin-Hood-Manier aus der Patsche. Mehrmals lieh er dem Verein sechsstellige Eurobeträge, damit Spielergehälter bezahlt werden konnten. Schließlich wechselte Błaszczykowski im Jahr 2019, nachdem sein Vertrag beim VfL Wolfsburg ausgelaufen war, im Alter von 33 Jahren nach Krakau zu seinem Herzensklub, dem er von da an nicht mehr nur finanziell, sondern auch sportlich unter die Arme greift. »Kuba«, wie der Sympathieträger in Polen genannt wird, steht seither als Kapitän der Mannschaft auf dem Platz und verzichtet dabei sogar auf sein Salär. Doch damit nicht genug: Zusammen mit zwei weiteren Investoren kaufte Błaszczykowski wenig später »seine« Wisła gänzlich auf. Seitdem ist der Kapitän mit der

Nummer 16 Miteigentümer des Vereins, und die Spieler kicken nun gemeinsam mit dem Chef.

Mit einer neuen Klubführung arbeitet Jakub Błaszczykowski an der Rehabilitation des Traditionsvereins Wisła Kraków. Zu den Sharks bleibt nur mehr zu sagen, dass die Organisation nach jahrelanger Aktivität plötzlich wie ein Kartenhaus in sich zusammenfiel, als ihr flüchtiger Rädelsführer in Italien gefasst wurde und sich kurz darauf dazu entschloss, als Kronzeuge mit den polnischen Behörden zu kooperieren – in solch mafiösen Kreisen ein rotes Tuch. Die Mitgliedschaft geriet damit schlagartig zum schambesetzten Symbol, der Name Sharks verschwand. Szymon Jadczak meinte hierzu verschmitzt, die Tätowiererzunft Krakaus würde sich für einige Zeit über volle Auftragsbücher freuen können. Vereinzelt zeugen übrig gebliebene Graffitis an entlegenen Orten von dieser Ära.

Unterdessen tobt innerhalb der Fanszene rund um Wisła Kraków ein beispielloser Kampf um das Sagen. Mit der Gruppe Młoda Ferajna, was so viel wie *junge Clique* bedeutet, ist der Nachwuchs intensiv damit beschäftigt, die alten Haie von den Rängen zu prügeln und die Verhältnisse zwischen den organisierten Anhängern neu zu ordnen. Der gesamte Prozess steht dabei unter dem Motto der Säuberung von den sogenannten »Sechzigern« (*sześćdziesiątki*), wie die missliebigen Kollaborateure mit der Polizei genannt werden. Die Bezeichnung verweist auf

Von gefürchtet zu gejagt

den Paragrafen 60 des polnischen Strafgesetzbuchs, den »Kronzeugenparagrafen«, welcher für die Kooperation mit den Behörden entsprechende Strafmilderung in Aussicht stellt.

Zwar konnte es die Jude Gang bei der Unterwanderung des Klubs ihren Rivalen nicht gleichtun, doch heißt dies keineswegs, dass deren Akteure minder engagiert sind. Nach wie vor wird im großen Stil mit Drogen und Immobilien gehandelt, vor allem seit mit dem Niedergang des Hauptkonkurrenten die Karten neu gemischt wurden. Doch auch der Cracovia nahestehenden Gruppierung sind die Behörden dicht auf den Fersen. Nachdem im Jahr 2017 deren Rädelsführer bei einem Polizeieinsatz tödlich verletzt wurde, steht mit der Partnerin des Verstorbenen eine Frau an der Spitze der Organisation. Sie setzte sich ins Ausland ab und galt bis 2020, als die Flüchtige in der Slowakei gefasst werden konnte, als die meistgesuchte Person in Polen. Für die kommenden Jahre werden aufsehenerregende Prozesse gegen mehrere Hundert Personen aus den Dunstkreisen von Sharks und Jude Gang erwartet.

Die Reservisten und das Reitervolk

Am oberen Ende, in unmittelbarer Nähe zur Rudawa, erreichen wir mit dem Zwierzyniecki KS den dritten Fußballverein in den Gefilden der Błonia. Hier geht es gemächlicher zu als bei den Krakauer Großklubs. Gegründet wurde dieser Verein im Jahr 1921 von ehemaligen Reservisten Cracovias, nachdem sie aufgrund nächtlicher Eskapaden aus der Mannschaft geschmissen worden waren. Es scheint, als wäre der Zwierzyniecki KS von Beginn an nicht primär dafür gestiftet worden, um Trophäen zu gewinnen. Nie kam der Klub langfristig über die unterklassige Stadtliga hinaus. Entsprechend leger ist die Stimmung am Fußballplatz, welcher längsseitig über eine Tribüne mit gut 500 Plätzen verfügt – nach all den aufregenden Geschichten eine willkommene Abwechslung.

Besonders das Vereinswappen ist von Interesse: Vor einem rot-gelb gestreiften Hintergrund steht eine zentrale Figur der Krakauer Folklore, der *Lajkonik*. Der Lajkonik, oder auch *ko-*

Beschauliche Atmosphäre auf den Rängen

Der Lajkonik im Vereinswappen des Zwierzyniecki KS

nik zwierzyniecki (*Zwierzyniecer Pferdchen*), ist eine Person, die in einer Art Pferdekostüm steckt. In der Hand hält sie eine kleine Lanze, und auf dem Kopf trägt sie einen großen trichterförmigen Hut samt Halbmond auf der Spitze. Auch die Pferdeattrappe trägt Ornamente am Kopf sowie einen üppigen Umhang. Die Darstellung symbolisiert einen Tataren, einen mongolischen Reiter aus dem Mittelalter, und erinnert an eine zur Legende gewordene Begebenheit aus dem Jahr 1287. Zu jener Zeit sah sich Krakau besonders häufig Angriffen seitens des ostasiatischen Reitervolks ausgesetzt. Sowohl die Expansion der polnisch-litauischen Krone als auch die Eroberungszüge der Mongolen bewirkten diese frühe Begegnung kultureller Räume.

Eines Abends tauchte eine Gruppe von Tataren in der Flussgabelung von Zwierzyniec auf. Vor ihrem geplanten Überfall auf die nahe gelegene Stadt legten sie noch eine Nachtruhe ein.

Aufmerksame Flößer aus der Umgebung lauerten den Angreifern auf und drehten den Spieß um. Ihnen gelang es, den Khan zu töten und einige weitere Tataren in die Flucht zu schlagen. Für die Reitergruppe war es ein herber Schlag, mussten sie ihre Pferde sowie sämtliche Habseligkeiten zurücklassen. Daraufhin begaben sich die siegreichen Zwierzyniecer samt ihrer Beute nach Krakau, um die erfolgreiche Abwehr zu feiern. Ein junger Fischer namens Stacho soll dabei das geraubte Gewand eines Tataren übergezogen haben und auf einem Pferd in Richtung Stadt geritten sein. Diese Machtdemonstration stieß in der Bevölkerung auf Begeisterung, die Menschen dankten ihren Beschützern mit Gaben und Wein, so die Überlieferung. In Erinnerung an dieses Ereignis findet in Krakau jedes Jahr zu Fronleichnam der Lajkonik-Umzug statt. Ein als Tatar verkleideter Mann im Pferdekostüm schreitet, begleitet von einer Musikkapelle, von Zwierzyniec in die Stadt, wo er feierlich empfangen wird. Wie ein wandelndes Schaukelpferd bewegt sich der Lajkonik durch die Straßen und stupst mit seiner hölzernen Lanze die Menschen an. Fürs Glück ein kleiner Stoß, verspricht der Aberglaube, und die Getroffenen danken es mit einem Obolus.

Das Kostüm, das bei diesen Festivitäten zum Einsatz kommt, ist einer Kreation des omnipräsenten Stanisław Wyspiański aus dem Jahr 1904 nachempfunden. Seine stark orientalisierte Modeschöpfung hat die Vorstellung von den Tataren in Polen nachhaltig geprägt. Es lässt sich nicht genau sagen, ob die zahlreichen Halbmonde am Saum des Umhangs sowie der auf der Spitze des Hutes von Anfang an Teil der Erscheinung des Lajkoniks waren. Hinzu kommt, dass die mongolische Volksgruppe keine in sich geschlossene Glaubensgemeinschaft war. Muslimische Strömungen waren zwar überall stark präsent, doch genauso schamanische und heidnische Einflüsse. Als Symbol für die islamische Welt etablierte sich der Halbmond erst in den vergangenen Jahrhunderten, nicht zuletzt im Zuge der Auseinandersetzungen zwischen dem Osmanischen Reich und europäischen Mächten. Im Mittelalter konnte das Emblem durchaus weiter gefasst werden, als quasi universelles Zeichen für Andersgläubige. Im Zuge der Christianisierung osteuropäischer Regionen wurden mongolische Invasionen gerne als Vorwand benutzt, um glaubensbezogene Ressentiments gegenüber Osmanen zu schüren. So wurde der *konik zwierzyniecki* zeitweilig als Symbol des Sieges über den Islam gedeutet.

Der Lajkonik erscheint als lehrreiches Beispiel für die interkulturellen Kontakte in der mittelalterlichen Welt und darüber hinaus. Während die westeuropäischen Länder jener Zeit eher mit anderen Regionen der Welt verbunden waren, bestanden in Krakau mitunter enge Verbindungen zur islamischen Welt. Im Verlauf der Zeit wurden Lajkonik-Darstellungen modifiziert, deren Deutungen veränderten sich parallel dazu. Selbst das heute tradierte Bild erlebt immer wieder kreative Abwandlungen – mal verschwindet der Halbmond einfach, mal wird er mit einer (meist polnischen) Flagge ersetzt. Zum »offiziellen« Lajkonik gehört der Halbmond jedoch dazu. Es erscheint fast schon ironisch, dass in einer doch recht katholisch geprägten Stadt wie Krakau ein dem Islam zugeschriebener Reiter eine solche prominente Rolle einnimmt. Denn es ist nicht nur das Vereinswappen des Zwierzyniecki KS, der Lajkonik ziert auch die neuesten Straßenbahnen, eine Bäckereikette und vieles mehr.

Im Nordosten des Landes besteht nach wie vor eine tatarische Minderheit, die sich auf mittelalterliche Expansionsbewegungen der Mongolen zurückführen lässt. Es handelt sich um eine jahrhundertealte Gruppe polnischer Muslime, die gegenwärtig aus nur wenigen Tausend Personen besteht. Sie versammeln sich hauptsächlich in der Region um Białystok, der »Hauptstadt der Tataren« in Polen. Zu Zeiten der Adelsrepublik fanden sich in den östlichen Landstrichen zahlreiche Moscheen. Von den überwiegend aus Holz gebauten Gotteshäusern sind nur wenige erhalten geblieben, etwa eine wunderschöne grüne Moschee in Kruszyniany. In den westlichen Ländern Europas gibt es praktisch kein Bewusstsein dafür, dass Polen zu einem frühen Transferpunkt zwischen Orient und Okzident gehört. Seit 1925 besteht sogar eine eigene muslimische Kultusgemeinde, welche zu den ältesten Verbänden dieser Art in Europa zählt. Was ein Spaziergang über die Błonia hin zur Rudawa alles an die Oberfläche bringen kann …

An der Côte d'Azory

Azory

Im Norden Krakaus, unweit der Stadtgrenze, liegt das Viertel Azory. Auf Touristen trifft man hier in der Regel nur dann, wenn sie eine billige Unterkunft fernab des Zentrums gebucht haben. Für gewöhnlich ist der eindrucksvolle Anblick von üppigen Plattenbauten, welche auf ihre Weise einladend zu wirken versuchen, der einzige Berührungspunkt Krakaureisender mit Azory. Dieser schreibt sich während der Fahrt in die Stadt besonders nachhaltig ins Gedächtnis ein, da man auf der nach Joseph Conrad benannten Schnellstraße staubedingt mehr als nur eine Gelegenheit erhält, sich umzusehen. Die Architektur ist, gelinde gesagt, pragmatischer Natur. Für viele mag dies eine öde, gar trostlose Aussicht sein. Für mich war dieses bunte Mosaik aus Zweckbauten der Volksrepublik in der Zeit, die ich in Krakau verbracht habe, mein Zuhause.

Ich habe meinem Viertel einen liebevollen Kosenamen gegeben: *Côte d'Azory*. Es handelt sich dabei um einen humorvollen Akt des Euphemismus, denn die Schönheit und Eleganz einer französischen Küstenregion sucht man vergeblich – selbst der Erwerb von Camembert im örtlichen Supermarkt kann schon mal zu einer echten Herausforderung werden.

Tatsächlich ist Azory nach einer portugiesischen Inselgruppe im Atlantik, den Azoren, benannt. Allerdings nicht wegen der atemberaubenden Landschaft, sondern aufgrund eines polnischen Majorpiloten namens Ludwik Idzikowski. Dieser und sein Kopilot Kazimierz Kubala versuchten im Jahr 1929, mittels einer kleinen Propellermaschine den atlantischen Ozean zu überqueren. Auf dem Weg von Paris nach New York traten allerdings Probleme mit dem Antrieb des Flugzeugs auf, woraufhin sich die beiden zu einer Notlandung auf der Azoreninsel Faial entschlossen. Das angepeilte Ziel konnte die Maschine jedoch nicht mehr erreichen, und so kam es zur Bruchlandung auf der steinigen Insel Graciosa. Idzikowski kam bei diesem Manöver ums Leben, Kubala überlebte wie durch ein Wunder nur leicht verletzt. Dem verstorbenen Kapitän zu Ehren verlieh man schließlich dem Krakauer Stadtteil Azory seinen paradiesischen Namen. Ob das all den Piloten heute bewusst sein mag, die in kurzen Intervallen über unsere Köpfe gleiten, während sie im Sinkflug den Flughafen Balice ansteuern? Bestimmt wäre es der Konzentration im Cockpit dienlich.

Ich bleibe lieber am Boden und streife durch meine Krakauer Riviera. Stets war sie mir ein lebenswerter Ort, ein guter Hafen zum Anlegen. Früh lernte ich ihre Lage zu schätzen, denn Azory mag zwar zu den Randgegenden Krakaus zählen, befindet sich aber im Vergleich recht nah am Zentrum, da sich die Stadt überwiegend gen Süden hin ausbreitet. In stillen Nächten, wenn die Windrichtung günstig ist, kann man sogar dem *hejnał* lauschen. Trotzdem, die Schönheit Krakaus muss man hier länger suchen als ein Stück Camembert.

An dieser Stelle sei an den 2021 verstorbenen Schriftsteller Adam Zagajewski erinnert, der in seinem wunderbaren Essay *Ich schwebe über Krakau* auf sehr treffende Art beschreibt, welchen Eindruck das Stadtbild auf ihn machte. Seinen Worten nach sei Krakau »leicht wie die Renaissance und schwer wie Blei«, habe eine »doppelte Natur, hässlich und schön« zugleich. Diese Ambivalenz, das Balancieren zwischen allem Gegensätzlichen, zeichnet Krakau aus. Es zählt zu den grundlegenden Charaktereigenschaften der Stadt. Am meisten vermag

Meine Côte d'Azory

Zagajewskis resignierende Feststellung zu amüsieren, wenn er sagt, Krakau sei einem »Boden treu, auf dem es die Architektur schwer hat«. Die Menschen in Azory werden ihrer Zustimmung nickend Ausdruck verleihen.

Ein Beispiel: Zeit meines Lebens begleitet mich die Frage, warum die Fassaden so gut wie aller Plattenbauten stets in den immergleichen, jeglicher sinnlicher Erfahrung trotzenden, nicht einmal den Hauch ästhetischen Feingefühls heuchelnden und letztlich schrecklich uniformistisch daherkommenden Pastelltönen gestrichen sein müssen. Kein Wunder, dass dem polnischen Wort *blokowisko*, auf Deutsch *Plattenbausiedlung*, im Sprachgebrauch eine durchaus abschätzige Note anhaftet. Bislang konnte mir in Polen niemand eine schlüssige Antwort auf diese Lebensfrage geben. Die originellste aber war folgende: Die Zeit der Volksrepublik soll dermaßen trist und grau gewesen sein, dass es den Anschein gehabt habe, draußen in der Welt würden die Farben verschwinden. Als Reaktion darauf sollen die Kommunisten zur genannten baupolitischen Maßnahme gegriffen haben – einheitlich bunt für alle! Ob die Stimmung auf diese Weise gehoben werden konnte, entzieht sich meiner Kenntnis. Schenkt man den Worten Zagajewskis Glauben, so regen sich in dieser Hinsicht eher Zweifel. Er schrieb: »Das beste war, die

Wohnung gar nicht zu verlassen. Draußen waren der Kommunismus und der Frost, und war kein Frost da, dann ging einem der unablässige Nieselregen auf die Nerven.« Eines muss ich dem Wohnbau jener Zeit aber lassen: Die Siedlungen sind bei Weitem nicht so dicht verbaut wie heutzutage und verfügen über deutlich mehr Grünflächen und öffentlichen Raum. Nach wie vor habe ich das Gefühl, dass man zwischen diesen Häusern Menschen eher begegnet als in den neumodernen *gated communities*, welche in Krakau zusehends Einzug halten.

Ein Hauch von Zeitreise

Die historische Phase der polnischen Volksrepublik habe ich selbst nicht miterlebt, ich kann sie nur erahnen anhand der zahllosen Erzählungen aus Familien-, Freundes- und Bekanntenkreisen, zudem aus der Literatur. Nichtsdestotrotz spüre ich eine besondere Verbindung zu den Realien vergangener Tage. Etwa aus meiner Kindheit: Lange und vor allem rumpelnde Autofahrten in den Osten sind mir im Gedächtnis geblieben. In den riesigen Plattenbauten, die sich ab der österreichisch-tschechischen Grenze am Horizont bis heute erheben, sah ich ein buntes Korallenriff, eine Art kantiges Farbenspiel, welches wir in unserem alten Nissan passierten. Im Winter gesellte sich der Geruch verbrannter Kohle dazu. Spätestens wenn dieser meiner Erinnerung nach etwas süßliche Duft meine Atemwege zu reizen begann, wusste ich, dass es nicht mehr weit bis zur Großmutter war.

Als Kind folgte ich dem naiven Glauben, im östlichen Teil Europas würde der Winter nun einmal so riechen. Irgendwie musste ich den schwefelhaltigen Dunst aus den Schornsteinen anders wahrgenommen haben, denn ich empfand den Geruch von dunklen, immer wieder ins Gelbe kippenden Rauchschwaden als durchaus heimelig. Heute ist mir klar, welch gravierendes Problem die Luftverschmutzung hierzulande immer noch darstellt. Sie hängt mit Polens massiver Abhängigkeit von Kohle zusammen und zeigt sich besonders in der kalten Jahreszeit, wenn sich ein dichter Grauschleier über das Land legt. Dann kann man etwas erleben, wovon man als Kind noch glaubte, es würde nur in China existieren: Smog. Es ist eine buchstäblich bewusstseinserweiternde Erfahrung, insbesondere wenn der Stickstoffdioxidgehalt in der Luft über dem Grenzwert liegt.

Ich habe so manchen Wintertag erlebt, an dem ich aus dem Fenster blickte und nicht einmal das Gebäude auf der anderen Straßenseite erkennen konnte. Kein Fassadenanstrich der Welt käme gegen dieses Grau an, man müsste den Häusern Warnwesten überstülpen. Natürlich verhält es sich nicht jeden Tag so extrem, je nach Wetterlage und Gegend variiert die Luftqualität. Die Menschen sind mittlerweile darauf sensibilisiert. Im öffentlichen Nahverkehr und an hochfrequentierten Orten in der Stadt informieren Bildschirme über die stundenaktuellen Messwerte, Smartphone-Apps warnen vor hoher Feinstaub- und Gasbelastung in der Umgebung. Die Kampagnen für saubere Luft und den Ausstieg aus Kohleheizöfen sind im Advent inzwischen genauso zum alljährlichen Fixpunkt geworden wie der Hollywoodstreifen *Kevin – Allein zu Haus*.

In Krakau wird gegen die alten Öfen in Privathaushalten entschlossen vorgegangen. Auf den erwähnten Anzeigen ist zu lesen, wie viele Tage den Menschen noch bleiben, um ihr Heizsystem zu erneuern. Bis Ende des Jahres 2022 sollen alle »alten Stinker« ersetzt sein, die Stadt gewährt hierzu finanzielle Zuschüsse. Gleichzeitig bestrafen die Behörden gnadenlos diejenigen, die mit verbotenem Material, meist dem Hausmüll, heizen (müssen). Es zeigt ein strukturelles Problem von Armut, denn auf die Frage, wie Betroffene eine neue Heizung anschaffen sollen, wird nicht eingegangen. Zudem entwickelte sich in den vergangenen Jahren das Verpfeifen von sogenannten »Qualmern« zu einem neuen Volkssport. Dies führte sogar so weit, dass von der Stadt eine eigene Hotline eingerichtet wurde, welche einzig und allein Meldungen über illegal rauchende Schornsteine entgegennimmt. Folglich nehmen manche Menschen aus Angst vor hohen Geldbußen das Frieren zu Hause in Kauf, denn vielerorts lassen Bausubstanz und Infrastruktur nichts anderes zu.

Bilder einer Gegend

Wir lassen die Finger vom Telefon und nehmen lieber die Herausforderung an, die Schönheit der Côte d'Azory zu suchen. »Du solltest deine Stadt nicht unterschätzen«, singt der deutsche Sänger Thomas Hübner, besser bekannt als Clueso, in seinem Lied *Bleib hier*. Und ja, der erste Eindruck mag einen manchmal dazu verleiten. Als ich während meiner Studienzeit nach Krakau übersiedelte, bezog ich eine winzig kleine Wohnung in der ulica Stachiewicza. Sie befand sich im siebten Stock und war nach Westen ausgerichtet. Von dort hatte ich eine beeindruckende Aussicht auf das azorische Korallenriff und die Ausläufer der Stadt. Alle paar Minuten konnte ich den Landeanflug eines Flugzeugs verfolgen, nach wenigen Wochen kannte ich den Flugplan auswendig.

Nun nehme ich Sie mit auf einen Rundgang durch meine Côte d'Azory. Nur einen Steinwurf von meinem alten Block entfernt befinden sich gleich zwei Parks: Park Stanisława Wyspiańskiego und Park Krowoderski. Den ersten konnte ich zunächst gar nicht ausfindig machen – trotz Google Maps. Ich fühlte mich vom Internetkonzern betrogen, wanderte mehrmals im Kreis. Doch dann stellte sich heraus, dass der nach dem berühmten Künstler benannte Park von außen gar nicht einsehbar ist. Eine hohe Hecke säumt das birnenförmige Areal und schirmt es von der verkehrsbelasteten Umgebung ab. Nur über insgesamt drei recht unscheinbare Eingänge lässt sich diese Anlage betreten.

Auf der Sonnenseite des Lebens

Wir nehmen das Hauptportal von der ulica Tadeusza Makowskiego ausgehend und gelangen zuerst in eine Kleingartensiedlung. Hier offenbart sich die doppelte Abschirmung von der Außenwelt, denn wir sehen, wie ein Gürtel aus liebevoll begärtnerten Parzellen den Kern des Areals umfasst. Im Park finden wir zahlreiche moderne Sitzgelegenheiten zwischen großen Bäumen, welche zum Verweilen laden. Entschleunigt schlendern wir in Form einer Acht durch das Gelände, werfen hie und da einen Blick in die Kleingärten und entziehen uns der Versuchung, von fremdem Obst zu kosten. Gib Acht, denn am südöstlichen Rand des Parks wacht die Kirche der Heiligen Königin Jadwiga.

Dann erreichen wir im Zentrum ein markantes Mauerfragment. Es erinnert an das ehemalige Fort 9 mit dem Namen »Krowodrza«, das einst an dieser Stelle stand. Dies war eine der zahllosen Befestigungsanlagen der Habsburger im 19. Jahrhundert, als diese die Stadt Krakau bis an die Zähne bewaffneten – die Russen waren von hier nicht mehr weit und die Angst war groß. Zur Zeit seiner Entstehung in den 1860er-Jahren befand sich rund um das Fort genau nichts, nur weite Felder waren im Flachland zu sehen, vereinzelt frei stehende Häuser, eine lose Dorfstruktur. Ganz wenige von ihnen sind erhalten geblieben und verschwinden heute geradezu in den Häuserschluchten der Plattenbauten. Das Fortfragment im

Die beeindruckenden Überreste von Fort 9

Park Wyspiańskiego erscheint daher fast wie ein Grundstein von Azory. Die Distanz zum Stadtzentrum wurde quasi flächendeckend mit Wohnbau überbrückt, die Befestigungsanlage in den 1950er-Jahren schließlich abgetragen. Fragt man Ansässige, was dort vorher zu finden war, so lautet die Antwort meist: *ziemniaki*, also *Kartoffeln*. Aufgrund der Nähe zu einer der größten Kasernen der Stadt ließen sich in der Nachkriegszeit besonders viele Angehörige des Militärs in der Gegend nieder.

Auf unserem Streifzug stoßen wir aus diesem Grund immer wieder auf Street Art der etwas anderen Art. Patriotische Wandmalereien sind durchaus typisch für solche Siedlungen und stellen Bezüge zur Geschichte Polens her. Die Rhetorik ist definitiv der Zeit geschuldet, die Motive zeigen meist den heroischen Einsatz für die Unabhängigkeit des Landes – ein uralter Topos des polnischen Nationalbewusstseins. So sehen wir etwa szenische Darstellungen mit Soldaten, die *Kotwica* (auf Deutsch *Anker*, das Symbol der polnischen Widerstandsbewegung im Zweiten Weltkrieg), und begegnen mitunter Józef Wybicki, dem Autor des *Mazurek Dąbrowskiego*, der polnischen Nationalhymne. Dazwischen lässt sich das ewige Katz-und-Maus-Spiel verfeindeter Fußballfans beobachten, die mit ihren zweifelhaften Schmierereien an Hauswänden Gebietsansprüche stellen und »Grußbotschaften« aussenden. Der dritte Spieler im

Eine Huldigung an den Hymnenschöpfer

Bunde sind die Hausverwaltungen, die diese Graffitis regelmäßig übermalen lassen. Wohin man auch sieht, Azory ist eine einzige Leinwand.

Vis-à-vis dem Hauptportal des Parks Wyspiańskiego befindet sich die zweite, größere Grünanlage von Azory, der Park Krowoderski. Dieser ist nach dem östlich angrenzenden Stadtteil Krowodrza benannt, der bereits 1257 urkundlich erwähnt wurde und dessen Name so viel wie »der Ort, an dem Kühe gehäutet werden«, bedeutet. Die Spuren dieser typisch rural geprägten Umgebung Krakaus können wir mittlerweile kaum mehr erahnen. Mit dem massiven Bevölkerungswachstum der Stadt wurde das Areal praktisch in einem Zug verbaut, was sich an der relativ homogenen Architektur ablesen lässt. Der Park dient heute primär sportlichen Zwecken, hier finden sich mehrere Ballspielplätze sowie Outdoor-Fitnessgeräte und dergleichen mehr. Auf den Bänken zwischen den mit Blumen geschmückten Wegen treffen sich die Menschen aus dem Viertel zum Nachmittagstratsch. Eine kleine Reihe von steinernen Schachtischen steht ebenso bereit. An sonnigen Tagen sitzen meist ältere Herren beim Spiel, manchmal auch nur einer, der den ersten Zug gesetzt hat und darauf wartet, dass jemand mitspielt.

Ich lasse mich auf einer Bank nieder und betrachte meine Côte d'Azory. Während ich den Blick zwischen den Korallenhäusern schweifen lasse, mache ich mir Gedanken zum Unterwegssein. Besonders auf Reisen scheinen viele auf der

Suche nach »authentischen Erfahrungen« zu sein – was immer das auch heißen mag. Wahrscheinlich ist es die Antwort auf den allgegenwärtigen Erleben-Sie-Imperativ, der Reisenden entgegenschlägt.

Was ist Authentizität? Auf diese schwierige Frage kann man meiner Ansicht nach nur eines mit Gewissheit sagen: dass sie ein völlig überhöhter und niemals einzulösender Anspruch ist. Etwas »authentisch« zu nennen, suggeriert den Umstand, dass es Dinge gäbe, welche aufgrund ihrer Nicht-Authentizität, so die Logik, zu meiden seien. Sie verspricht so etwas wie Echtheit, Reinheit – vielleicht sogar Wahrheit. Doch im Grunde lassen sich all diese Konstruktionen auf den immanenten Auftrag eines individualistischen Daseins, auch als Reisender, zurückführen: Abgrenzung. Durch das, was man nicht ist, definiert man, wer oder was man ist. Und nur allzu häufig besteht der Wunsch, nicht wie andere sein zu wollen, sich von der Mehrheit, dem Mainstream abzugrenzen.

Dieser Gedankengang führt mich zu einer Modeerscheinung aus der Zeit der Volksrepublik in Polen, über die mich mein Onkel Arkadiusz einmal aufklärte. Ich hatte ihn gefragt, warum in seinem Block jede Wohnungstür anders aussehe. Der Anblick hatte bei mir einen bleibenden Eindruck hinterlassen. Beim Betreten des Stiegenhauses war es in etwa so, als würde man durch eine Modellschau eines Türfabrikanten wandern, quasi im Vorbeigehen durch den Produktkatalog blättern. Hölzerne Türen mit unterschiedlichsten Maserungen, glatte und matte Türen, Türen mit Verstrebungen, gemusterte Türen. Dann die besonders originellen Modelle, welche mit Lederpolsterung ausgestattet waren. Als Kind musste ich jedes Mal gegen die Tür des Nachbarn drücken, da sie so einladend aussah wie eine Chesterfieldcouch. Weiters Türen aus Metall, welche ein erhöhtes Sicherheitsgefühl zu versprechen schienen. Schließlich auffallend bunte Türen, wo ich nicht sagen konnte, aus welchem Material sie bestanden.

Mein Onkel Arkadiusz erzählte mir, dass es zu der Zeit, als die Wohnungen in den Plattenbausiedlungen neu waren und an die Menschen verkauft wurden, praktisch keine Anpassungsmöglichkeiten gab. Alles war standardisiert: Grundriss, Ausstattung, Lebensentwurf. Dies war Bestandteil der *realia komuny*, wie man heute sagen würde, also der Lebensumstände im kommunistischen System jener Tage. Aus dieser Situation heraus entstand wohl der Wunsch nach einer etwas eigenständigeren Identität. Nach und nach wechselten Eigentümer ihre Wohnungstüren aus – einerseits, weil die »Serienausstattung« von minderwertiger Qualität war, andererseits, weil das Bedürfnis nach Sicherheit und Individualität genauso vorhanden war (unter den gegebenen Umständen sogar noch stärker als in der Gegenwart, denn in jüngeren Bauten ist dieses Phänomen nicht mehr zu beobachten).

Die Wohnungstür als Statussymbol? Eine reizende Idee, noch dazu erscheint sie in einer recht homogenen Umgebung durchwegs plausibel. Mittlerweile übernehmen ganz andere Güter diesen Part. Doch wer weiß, vielleicht lag dem Türentausch auch eine Note des Protests zugrunde. Werfen Sie einen Blick in ein Mehrparteienhaus und machen Sie sich selbst ein Bild.

Für den Tagesbedarf

Eines der Dinge, die ich häufig außerhalb Polens vermisse, ist das Gemüse. Es ist nicht nur die Qualität der Waren, sondern auch das hiesige Einkaufserlebnis. Winzig kleine Buden, an denen Waren des täglichen Bedarfs verkauft werden, dominieren in den Vorstädten das Straßenbild. Einzelkaufleute bieten ihrer unmittelbaren Nachbarschaft die alltäglichen Notwendigkeiten wie Lebensmittel, Kleidung oder Schreibwaren an. Schnell hat man als Einheimischer »seinen« *warzywniak*, also den *Gemüsestand* des Vertrauens, gefunden und zur Händlerin ein Stammkundenverhältnis aufgebaut. Zuerst werden Erzeugnisse von Bauern aus der Krakauer Umgebung sorgfältig ausgesucht, abgewogen und eingepackt, danach beginnt das ewige Spiel mit dem Suchen von passenden Münzen in der Geldbörse. Eine der polnischsten Erfahrungen für mich ist der notorische Mangel an Wechselgeld in diesem Land. »Haben Sie es nicht kleiner?« oder »Hätten Sie vielleicht die Endung?« wird das Erste sein, das Sie zu hören bekommen, wenn Sie eine Banknote aus dem Portemonnaie ziehen. Die *Endung*, auf Polnisch *końcówka*, meint dabei den Groschenbetrag nach der Kommastelle. In den großen Supermärkten und andernorts bezahlt man heutzutage ohnehin kontaktlos, und das im wahrsten Sinne des Wortes. Hat man beim bekannten Händler einmal die Summe zusammengekratzt, steht man noch gut eine Viertelstunde gehbereit und mit den Säcken behangen in der Tür, um über die Probleme des Alltags zu sprechen.

Ein gar nicht so kleines Problem ist etwa der Alkoholismus. Hier zeigt sich ein Paradoxon, denn an überproportional vielen Stellen in der Stadt finden sich sogenannte *sklepy monopolowe*, also Geschäfte, die fast ausschließlich Alkohol verkaufen – und das rund um die Uhr, 24 Stunden am Tag. Die Bezeichnung geht auf das staatliche Spirituosenmonopol zurück, welches bis 1989 bestand und den Vertrieb von Destillaten regelte. Der Konsum von Alkohol ist in der Öffentlichkeit – mit Ausnahme

der Gastronomie – jedoch verboten. Dies befördert häusliches Trinken, was die Alkoholsucht nicht nur vermeintlich unsichtbar macht, es kann sie mitunter auch noch verstärken, etwa durch soziale Isolation. Was bleibt, sind die zahlreichen Beschaffungsorte, welche sichtbarer nicht sein könnten.

Wir streifen weiter durch Azory und machen Halt am Wendeplatz des öffentlichen Nahverkehrs. Dort steht bereits ein Linienbus bereit, der es nicht immer eilig hat, wie die folgende Anekdote bekunden soll. Damals machte ich indirekt Bekanntschaft mit dem Wert der Pünktlichkeit. Die Uhr zeigte 14:43, als ich in den Bus stieg. Laut Plan würde dieser in zwei Minuten abfahren. Ich setzte mich auf einen freien Platz und betrachtete meine Umgebung. Nur wenige Passagiere waren an Bord. Hinten eine Gruppe von Jugendlichen, die kollektiv auf ein Mobiltelefon starrte, daneben eine junge Frau, ein Buch lesend. Vorne war ein älterer Mann zu sehen, er saß direkt hinter der Fahrerkabine in der ersten Reihe. Er wirkte in Eile, überprüfte ständig den Zeigerstand seiner Uhr. Um 14:44 hat der Mann bereits viermal die Zeit überprüft. Ich dachte mir, die Aufregung würde sich jeden Moment legen, sobald der Busfahrer den Motor anwerfen werde. Indessen begann das rechte Bein des Gehetzten nervös auf und ab zu wippen.

Nun zeigte die Uhr 14:45, Abfahrtszeit, doch der Motor schwieg. Ich sah, wie das Wippen in ein Zucken überging, immer schneller. Die Blicke des Mannes auf sein Handgelenk zählte ich nicht mehr. Noch bewegten wir uns nicht. In Krakau ist man nicht immer gut beraten, sich auf die Öffentlichen zu verlassen, wenn die zeitliche Kalkulation eng ausfällt. Beträchtliche Teile der ein oder anderen Lehrveranstaltung sind mir auf diese Weise schon entgangen. Wenig später wagte ich selbst einmal einen Blick auf die Uhr – 14:46. Jetzt ist es passiert, die Abfahrt war verspätet. Der Mann in der ersten Reihe wusste längst Bescheid, die Tatsache ließ sich nicht von der Hand weisen. Angesichts der Faktenlage sah er sich dazu veranlasst, für seine Fahrgastrechte aufzustehen. Bestimmt, aber voller Ehrfurcht klopfte der Passagier an die Rückwand der Fahrerkabine und sagte: »Mein Herr, ich bitte vielmals um Verzeihung, aber wissen Sie, mir taut der Fisch im Schoß!« Wortlos startete der Busfahrer auf diese Beschwerde hin seinen Wagen, ein Hauch von Tauwetter.

Fisch ist ein gutes Stichwort für eine echte Empfehlung in Sachen Lebensmittel. Wir fahren deshalb in die ulica Krowoderskich Zuchów, wo sich die Fischbraterei Marlin befindet. Seit 1992 kann man hier Frischfang kaufen oder auch gleich zubereiten lassen und vor Ort genießen. Das Geschäft erinnert an eine Bude, wie man sie an einem Hafen vermuten würde. Im winzigen Verkaufsbereich im Innenraum stehen Fisch, Meeresfrüchte sowie hausgemachte Salate zur Auswahl. Draußen wurde ein permanentes Zelt direkt ans Gebäude gestellt, in dem man sich auf einer der wenigen Holzbänke niederlassen kann. In dieser maritimen Atmosphäre lassen Sie sich am besten ein Filetstück frisch panieren und abbraten, dazu gibt's standesgemäß Pommes und Rohkost. Lassen Sie sich nicht vom Einweggeschirr, auf dem die Mahlzeit serviert wird, irritieren – dies ist schlichtweg Teil des Erlebnisses. Die Qualität der Produkte weiß zu überzeugen, zudem ist das Personal äußerst freundlich und erfüllt einem jeden Wunsch.

Wenn Sie doch lieber von »richtigem« Geschirr essen wollen oder Ihnen Meereskost nicht ganz so liegt, möchte ich Ihnen zum Abschluss unserer Erkundung das quasi einzige Restaurant von Azory ans Herz legen. Es heißt Stacja Cucina und befindet sich genau gegenüber dem Lokalbahnhof Kraków Łobzów. Die »Küchenstation«, wie die polnisch-italienische Wortkreation in etwa lautet, hat sich in ihrer Aufmachung ganz der Eisenbahnromantik verschrieben und bietet Kulinarisches vom gesamten Kontinent.

Das Lokal machte im Jahr 2016 auf, etwa zur selben Zeit, als ich in die Gegend gezogen bin. Durch diese glückliche Fügung wurde ich Zeuge dessen, wie die gefühlt erste Gastwirtschaft überhaupt im Viertel seine Pforten öffnete. Man muss hierzu anmerken, dass es in plattenbaudominierten Wohngegenden lange Zeit eine absolute Ausnahme darstellte, auf nur irgendeine Form von Gastronomie zu stoßen (daran hat sich bis heute im Wesentlichen nichts geändert). Doch nach und nach tauchen neben den omnipräsenten Fastfoodketten vereinzelt Restaurants und Cafés auf. Sie bedienen den ansässigen Mittelstand, bei dem es immer gängiger wird, auch mal auswärts zu essen oder private Feierlichkeiten in den öffentlichen Raum zu verlegen. Frühere Generationen kennen derlei Annehmlichkeiten nicht oder betrachten es als entbehrlichen Luxus. Zusammenkünfte fanden fast ausschließlich in den eigenen vier Wänden statt.

Das Restaurant Stacja Cucina ist liebevoll eingerichtet und wirkt wie eine Mischung aus Trattoria und Landhaus. Im Speiseraum ist prominent ein zylinderförmiger Pizzaofen positioniert. Er sieht aus wie ein riesiges gemauertes Fass, darunter stapeln sich Holzspalten. Der Stilmix spiegelt sich in der Speisekarte, wo die Eisenbahnthematik aufgegriffen wird: Das Angebot gliedert sich in Bahnsteige und Sektionen, an Werktagen wird zudem ein empfehlenswertes und günstiges Mittagsmenü serviert. Eine Besonderheit sind die regelmäßig erklingenden Lautsprecheransagen im Lokal, welche im Sommer sogar draußen im Gastgarten zu hören sind. Diese machen einen derart wahrhaftigen Eindruck, dass ich anfangs geglaubt habe, sie würden tatsächlich von der Lokalbahnstation gegenüber stammen und so etwas wie einen Service für Reisende darstellen. Doch schnell stellte sich heraus, dass es sich hierbei um rein fiktive Einspielungen handelt. Womöglich liegt ihre Überzeugungskraft darin begründet, dass man trotz genauen Hinhörens nicht in der Lage ist, die für einen entscheidenden Informationen zu dechiffrieren.

Ein Besuch zahlt sich in jedem Fall aus, und der Erfolg gibt den Betreibern recht. Denn es zählt sicherlich zu den riskanteren Unternehmungen, als Erster ausgerechnet in Azory ein Restaurant zu eröffnen. Das dürfte sich auch die Konkurrenz von Mamma Toscana gedacht haben. Nur zwei Häuser weiter war eine Baustelle im ewigen Stillstand zu beobachten. An den Außenwänden waren Zettel angeschlagen, welche eine Eröffnung »in Kürze« verkündeten – wovon, das war bis zum Schluss nicht bekannt. Nach gut einem Jahr erfolgreichen Bestehens des Restaurants Stacja Cucina verwandelte sich besagte Baustelle urplötzlich in ein geöffnetes Lokal. Meine These: Die Betreiber von Mamma Toscana gaben den Wegbereitern ein Jahr, bis der Laden pleitegeht. Da dies nicht geschehen ist, wollen sie nun am Erfolg teilhaben. Mit dem Gebotenen wird das aber nicht so leicht werden.

Es gibt ihn wirklich

Bronowice

Ahn:
Feine Herrn, große Damen,
zwei verschiedne Stände feiern,
was, Gevatter, sagt Ihr dazu?

Vater:
Was sind Stände.
Sie gefiel dem Herren eben,
alle Menschen sind sich gleich.
Herren langweiln sich allein,
feiern drum mit unserein'm.

Fragment aus: *Die Hochzeit* von Stanisław Wyspiański

Es gibt ihn wirklich, den Ort Bronowice. Wer schon einmal *Die Hochzeit* (im polnischen Original *Wesele*) von Stanisław Wyspiański gelesen oder gesehen hat, weiß, wovon die Rede ist. Das Stück aus dem Jahr 1901 ist das wahrscheinlich bekannteste Drama der polnischen Literaturgeschichte und handelt von einer ländlichen Hochzeitsfeier. Die reale Vorlage dazu bildete die Vermählung des mit Wyspiański befreundeten Dichters Lucjan Rydel mit der Bäuerin Jadwiga Mikołajczykówna, welche in Bronowice stattfand, zu jener Zeit noch ein Dorf westlich von Krakau. Das Haus, in dem gefeiert wurde, ist erhalten geblieben und wird Rydlówka genannt. Es beheimatet das Museum der artistischen Strömung Młoda Polska (Junges Polen), in dem zeittypische Gemälde, Möbel und Kleider ausgestellt sind. In Wahrheit ist das Museum ganz und gar der *Hochzeit* gewidmet. Bis heute zählt das Drama zu den am häufigsten inszenierten Texten auf polnischen Theaterbühnen. 1972 wurde der Stoff durch Andrzej Wajda auf die Kinoleinwand gebracht. *Wesele* ist ein Werk, welches wie kein anderes seine Zeit spiegelt – ein Stück, das sofort nach seinem Erscheinen zum Symbol geworden ist. Man kann es hierzulande ohne Weiteres zum kulturellen Gedächtnis zählen.

Durch *Die Hochzeit* ist das alte Bronowice zum Mythos stilisiert worden. Gegen Ende des 13. Jahrhunderts wurden hier Bauern und Bäuerinnen angesiedelt, um die nahe gelegene Stadt Krakau mit Lebensmitteln zu versorgen. Wenig später stand das Dorf unter der Obhut der Marienkirche, der zentralen Krakauer Diözese. Da Bronowice auf diese Weise zur städtischen Pfarre gehörte, waren seine Einwohner sowohl auf den Märkten als auch in der Kirche präsent. Besonders die bunten Hochzeitszüge und Gewänder der Menschen sorgten in der Stadt für Aufsehen. Viele Maler und Dichter zeigten sich davon inspiriert und begaben sich in das Dorf, um nach Motiven für ihre Kunst zu suchen. Dies führte zu einem Phänomen, das man später in der Kunstgeschichte als »Bauernschwärmerei« bezeichnen sollte. Zudem gab es auch einige junge Bronowicerinnen, die in Kleparz an der Akademie der Schönen Künste, gleich neben dem Rynek, gegen einen Obolus den Studierenden Modell standen.

Größere und kleinere Berühmtheiten waren hier zugegen, davon zeugen die zahlreichen Darstellungen des ländlichen Lebens in der epochalen Strömung Junges Polen. Zu den Meistern jener Zeit zählen etwa Józef Mehoffer, Olga Boznańska, Włodzimierz Tetmajer oder eben Stanisław Wyspiański. Sie alle gingen zum Studium in die damaligen Zentren der Malerei – Wien, Paris und München. Die Männer kehrten schlussendlich nach Krakau zurück, Boznańska wiederum ließ sich in der französischen Hauptstadt nieder und wurde eine erfolgreiche Malerin. Zudem unterrichtete sie an mehreren Akademien.

Damit gehört Olga Boznańska zu den wenigen Frauen in der Kunst, denen es frühzeitig gelang, in der Lehre Fuß zu fassen. Ihre Werke sind heute unter anderem im Nationalmuseum in Krakau zu sehen. Dafür wird die vergleichsweise Unterrepräsentiertheit im Diskurs um die polnische Malerei der Jahrhundertwende ihrem Rang als Künstlerin weiterhin nicht gerecht.

Heirat auf dem Lande

Das Dorf Bronowice entwickelte sich zu einer beispiellosen Begegnungszone zwischen der Krakauer Intelligenz und der Landbevölkerung. Der aufkommende Impressionismus ließ die Bohème ausschwärmen. Bemerkenswerterweise lieferten die Künste so einen entscheidenden Impuls für die Annäherung zwischen den Milieus. Nicht selten kam es vor, dass sich Menschen verschiedener Herkunft ineinander verliebten – so waren etwa Tetmajer, Rydel und Wyspiański selbst mit Bäuerinnen verheiratet. Häufig waren solche Vermählungen von lautstarken Zwischenrufen und Interventionen seitens der mitunter adeligen Familien begleitet. Die abgekühlte Stimmung zwischen den Ständen resultierte nicht nur aus den unterschiedlichen Lebensweisen, sondern etwa auch aus der Erinnerung an den blutigen Bauernaufstand von 1846, bei dem in Galizien ein aufgebrachter Mob ganze Landstriche mit adeligen Gutsherren liquidierte. Dass die lynchende Bauernschaft zuvor durch das Streuen von Gerüchten seitens österreichischer Beamter gegen ihre Landsleute aufgehetzt worden war, ist eine andere Geschichte.

Włodzimierz Tetmajer wurde von seinem Vater verstoßen, als dieser von der Verlobung seines Sohnes mit einer Bauerstochter erfahren hatte. Die materielle Lage des jungen Paares gestaltete sich daraufhin als schwierig. Das Bronowicer Leben des Malers war in der Anfangszeit mehr von der Arbeit am

Hof, den er zusammen mit seiner Frau Anna Mikołajczykówna bewirtschaftete, als von künstlerischer Tätigkeit geprägt.

Als Tetmajers enger Freund Lucjan Rydel im November des Jahres 1900 die Schwester seiner Frau, Jadwiga Mikołajczykówna, heiratete, veranstalteten sie die Hochzeitsfeierlichkeiten an ihrem Wohnsitz in Bronowice. Später, als sich die ökonomische Situation der Tetmajers besserte, verkauften sie das Haus an die Rydels, wofür diese fortan namensgebend wirkten: Rydlówka. Unterdessen bezogen die Tetmajers einen größeren Hof in nächster Nachbarschaft. Dieses Anwesen wird seither Tetmajerówka genannt und befindet sich nach wie vor im Besitz der Nachfahren. Teile des Gebäudes werden als Privatmuseum geführt, der Zutritt ist allerdings nur gegen Voranmeldung möglich. Zu den historischen Festivitäten erschien das Who's who der Krakauer Kunstszene – darunter Stanisław Wyspiański – sowie weite Teile der Bronowicer Dorfgemeinschaft.

Die Übersetzung der Bim

Wie einst der Autor von *Wesele* folgen wir der Einladung »aufs Land« und begeben uns vom Stadtzentrum aus nach Bronowice, um den Ort des Geschehens zu besichtigen. Zunächst besteigen wir standesgemäß die technische Nachfolgerin der Droschke, eine Straßenbahn. Doch die Wahl fällt nicht auf eine beliebige Tram – wir nehmen einen *wiedeńczyk* (*Wiener*), wie es im hiesigen Sprachgebrauch heißt. Seit knapp zwei Jahrzehnten sind in Krakau alte, ausgemusterte Straßenbahngarnituren aus der österreichischen Hauptstadt unterwegs. Bis ins Jahr 2010 musterten die Wiener Verkehrsbetriebe ihren kompletten Bestand der nostalgisch verehrten Wagen des Typs E1 aus den 1960er- und 1970er-Jahren aus. Die letzte Fahrt eines in Wien verbliebenen Exemplars führte ins städtische Verkehrsmuseum, wo das Gefährt seither als ausgelaufenes Modell präsentiert wird.

Die restlichen »musealen Artefakte« aus der Serie der Lohner-Werke verkehren heute unter anderem durch Krakau

und das niederländische Utrecht. Ursprünglich war sogar die philippinische Hauptstadt Manila als Abnehmerin vorgesehen, doch das Vorhaben scheiterte an logistischen Herausforderungen. Also kam Krakau im wahrsten Sinne zum Zug und kaufte den Wiener Linien ihre ausrangierten Garnituren des Typs E1 sowie die dazugehörigen C3-Anhänger ab. Mehrere Dutzend davon wurden im Laufe der Jahre überstellt. Die Gefährte wurden anschließend technisch überholt und mit einer neuen Innenausstattung versehen.

Der erste *wiedeńczyk* tingelte am 7. Februar 2004 durch die Stadt. Dieser Pionier mit der Nummer 101 (ehemals 4488 in Wien) behielt für seine Jungfernfahrt die originale rot-weiße Farbgebung der Wiener Linien. Sowohl das Stadtwappen Krakaus als auch das der österreichischen Hauptstadt zierten damals die Front. Die weiteren Garnituren wurden gemäß dem städtischen Farbschema in Blau-Weiß umlackiert. Auf dem Höhepunkt in den Jahren 2013 und 2014 waren in Krakau ganze 76 Modelle in Betrieb, heute sind es immer noch 45. Hin und

Die Wiener Straßenbahn ist aus dem Krakauer Stadtbild nicht wegzudenken.

wieder begegnet man den raren Exemplaren, bei denen das historische Rot die Zeit überdauern konnte. Überliefert ist zudem die Anekdote vom Wagen Nummer 125, welcher extra von Blau-Weiß zu Rot-Weiß umgestaltet wurde und als »patriotische Straßenbahn« zu bestimmten Anlässen seine Runden durch die Stadt zog – etwa am 11. November, an dem die Unabhängigkeit des Landes gefeiert wird. Die Tram wurde aber wenig später wieder in die Krakauer Palette zurückgefärbt.

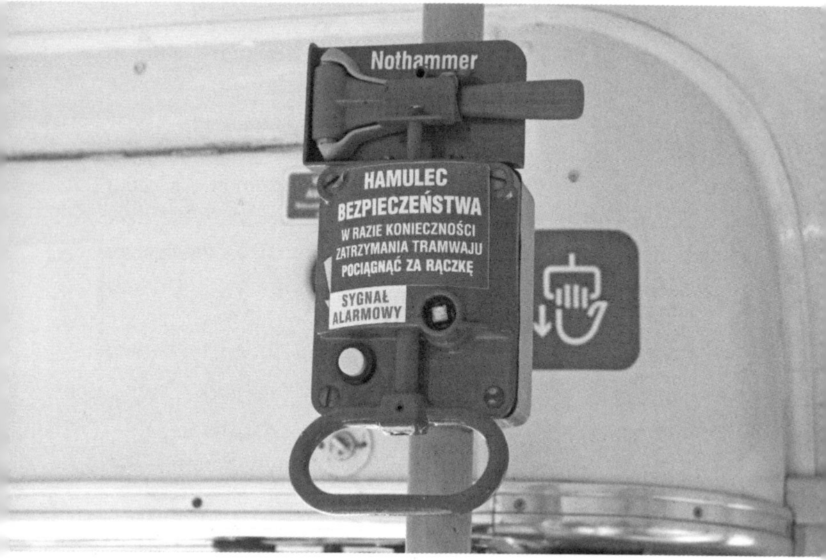

Wie wichtig kann ein Nothammer schon sein?

Die technische Adaption der aus Österreich stammenden Gefährte erforderte seinerzeit auch die Übersetzung sämtlicher Kommunikate an den Gerätschaften. Hierzu zählen etwa Beschriftungen an Druckknöpfen, Hinweistafeln und dergleichen mehr. Alles wurde penibel polonisiert – an sich erinnert heute nichts mehr daran, dass die Straßenbahn, die den Reisenden augenblicklich durch Krakau befördert, selbst eine gewisse Migrationsgeschichte birgt. Nur ein kleines Detail scheint der Übersetzung nicht dringlich genug gewesen zu sein: der Nothammer, welcher im *wiedeńczyk* wie ein angestaubter Austriazismus fortbesteht. Das Traditionsbewusstsein der Krakauer kennt eben keine Grenzen.

Vorhang auf...

Die Fahrt führt uns nach Bronowice Małe, wo wir die ulica Zielony Most den Hang hinaufwandern. Oben kreuzt sich die Straße mit der ulica Katowicka, und schon bemerken wir, dass sich die Umgebung deutlich ruraler präsentiert als noch wenige Meter zuvor. Fortan dominieren bei den Straßenbezeichnungen die Namen berühmter Persönlichkeiten, die mit Bronowice und der Epoche in Verbindung stehen. Durch das Viertel führt ein beschilderter Kulturpfad, der an markierten Stellen über die Geschichte konkreter Orte informiert.

Wir biegen in die ulica Włodzimierza Tetmajera und bewegen uns in Richtung Rydlówka. Auf dem Weg sichten wir einige Häuser aus vergangener Zeit, als hier noch ein kleines Dorf vor Krakau lag. Manche sind im Verfall begriffen, andere nach wie vor bewohnt und in gutem Zustand. Im dicht besiedelten Gebiet von heute ragen die historischen Bauten heraus, sie sind buchstäblich aus der Zeit gefallen. Wir passieren ein liebevoll dekoriertes Bauernhäuschen zu unserer Rechten, kurz darauf erreichen wir eine verlassene Hütte aus weiß gestrichenem Holz. Das Dach fällt bereits in sich zusammen, die Fenster sind mit Brettern vernagelt. Es ist ein Uraltbestand, wie man ihn in den Umgegenden der Stadt häufiger sehen kann. Typisch für die Region sind die folkloristischen Bemalungen der Fensterrahmen, welche erhalten geblieben sind. Diese Muster begegnen uns heute öfter im Zusammen-

hang mit allerlei Souveniers aus Krakau.

Gegenüber befindet sich der Eingang zur Rydlówka. Von der Straße ist das Gebäude nicht zu sehen, also betreten wir das Grundstück durch das Tor und schreiten einen mit Kieselsteinen ausgelegten Pfad zum Gutshof hinauf. Der Weg führt uns an gewöhnlichen Einfamilienhäusern auf den Nachbargründen vorbei. Eine Katze nähert sich, um die Neuankömmlinge zu begutachten, bevor sie sich wieder zurückzieht. Im Hintergrund verrichtet ein Rasenmäher lautstark seine Arbeit. Dann stehen wir auf dem Vorplatz und blicken auf ein Stück Literaturgeschichte.

Eine Holzhütte aus dem einstigen Bronowice

... Bühne frei!

Wie es bei Hochzeiten üblich ist, wurde auch beim Fest Lucjan Rydels ausgiebig gefeiert und getanzt. Stanisław Wyspiański war an jenem Abend aber nicht nach tanzen zumute. Heute würde man sagen, er habe sich nicht amüsiert. Der Überlieferung nach schlüpfte der Autor in die Rolle eines scharfen Beobachters, über mehrere Stunden soll er still am Türstock gelehnt und das Geschehen studiert haben. Dort sah und hörte er sein Drama, und in der Tat ist *Wesele* eine verblüffend präzise Darstellung der Wirklichkeit.

Wyspiańskis Umgang mit der Realität war spielerisch. Das Stück besteht aus einer Aneinanderreihung von Dutzenden miniaturhaften Szenen – Anekdoten aus Begegnungen zwischen den Gästen, die der Autor im Verlauf des Abends eingefangen hat. Besonders charakteristisch ist das standesübergreifende Moment, das Zelebrieren in Eintracht, das in *Wesele* vermittelt wird. Die kurzen Auftritte der Figuren spiegeln die Dynamik des Fests, etwa wenn wilde Tänze mit wechselnden Partnern stattfinden, ungeahnte Zusammenkünfte an der Tafel entstehen oder debattengeschwängerte Trinkgelage geführt werden. Wyspiański wählte diese Form bewusst, nicht um die Bindung seiner Literatur an die Wirklichkeit zu verwischen, sondern diese zu unterstreichen. Gleichzeitig weitete er das Geschehen in Bronowice gedanklich auf die polnische Gesellschaft des beginnenden 20. Jahrhunderts aus. Damit wird das Drama zu einem Schlüssel zum Verständnis des den Autor umgebenden Zeitgeists.

Mit seiner Dichtkunst hat Stanisław Wyspiański etwas geschafft, was nur klingende Namen wie Heinrich Heine oder Johann Nestroy im deutschsprachigen Raum erreichen konnten: Einfluss nehmen. Schon allein der Auftakt der *Hochzeit* erreichte in der polnischen Sprache den Status eines geflügelten Worts. *Cóz tam, panie, w polityce?* (*Was gibt's Neues in der*

Politik, Herr?) ist eine gängig-universelle wie auch außergewöhnliche Art, ein Gespräch zu beginnen. Mit dieser Formel können Sie sich wie ein Einheimischer über das Befinden Ihres Gegenübers sowie alles Mögliche Auskunft geben lassen. So beginnt eben Wyspiańskis Drama mit der berühmten Frage des Czepiec an einen Journalisten: »Was gibt's Neues in der Politik, Herr? Wacker haun sich die Chinesen, was?« Der Czepiec steht prototypisch für einen Landbewohner aus Bronowice und zählt damit zum Stand der Bauern. Die schichtspezifische Zugehörigkeit drückt sich bereits in der Wortwahl aus.

Zugleich deutet Wyspiański just in der Eingangsszene einen zentralen Leitgedanken an, verbirgt sich hier eine Anspielung auf den Boxeraufstand zwischen 1899 und 1901. Dies war eine chinesische Bewegung, die sich unter Anwendung von Gewalt gegen imperialistische Bestrebungen der herrschenden Großmächte, darunter auch das Deutsche Kaiserreich und Österreich-Ungarn, auflehnte. Namhafte Schriftsteller wie Leo Tolstoi oder Mark Twain sympathisierten seinerzeit mit den Boxern, die aufgrund ihrer Kampfkunsttradition so genannt wurden. In der Geschichtsschreibung ist die Deutung dieses Verbands höchst umstritten und oszilliert zwischen patriotischen und nationalistischen Motiven. In jedem Fall stellt Stanisław Wyspiański an dieser Stelle die Möglichkeit eines polnischen Aufstands sowie den Wunsch nach der Souveränität des Landes unausgesprochen in den Raum.

Allerdings bräuchte es dazu der Vereinigung der Menschen im Land. Zweifellos positioniert sich der Autor mit der *Hochzeit* als Proponent einer Annäherung zwischen den Ständen. Er richtet sich vor allem an die Intelligenz, die er vom hohen Ross steigen sehen möchte. Während Rydels Feierlichkeiten beobachtete Wyspiański sehr genau, wie die zahlreichen Begegnungen vonstatten gingen, wo die Unterschiede lagen, wo Missverständnisse entstanden und diese aufgelöst werden konnten, wo sich die Fronten auch einmal verhärteten. Das

Drama thematisiert auf anschauliche Weise, wie problembehaftet die ersehnte Annäherung mitunter sein kann, plädiert aber gleichzeitig dafür, einen produktiven Umgang mit Dissonanzen zu finden.

Am Ende zeigt sich Stanisław Wyspiański pessimistisch. In seiner Darstellung bleibt die polnische Gesellschaft fragmentiert. Es fehle ihr an Einigung, weiterhin bestehen starke Antagonismen zwischen den Ständen, zwischen Tradition und Moderne. Die polnische Nation sei längst verschwunden, ihr einstiger Glanz längst verblasst, auf politischer Ebene herrsche weitgehende Antriebslosigkeit, und es gelinge schlichtweg nicht, die breite Bauernschaft für den Kampf um die Unabhängigkeit zu erreichen. Kurzum: Ein Leben in Freiheit sei nicht in Aussicht, des Autors Zeitgenossen dafür nicht fähig. Überliefert ist die Reaktion des Publikums im Saal bei der Premiere in Krakau im März 1901. Nachdem der Vorhang gefallen war, wurde für eine bedrückend lange Zeit nicht applaudiert. Es herrschte Stille, denn die konservative Bourgeoisie hatte die Botschaft des Stückes offensichtlich verstanden und sah sich mit einer nicht gerade frohmütigen Zukunftsvision konfrontiert.

037

Gravitation überwinden

Rakowice, Czyżyny

Früher war im östlichen Teil Krakaus auf der Linie vom Rakowicki-Friedhof bis zum Botanischen Garten der Jagiellonen-Universität sozusagen Ende Gelände. Die Stadt verwandelte sich plötzlich in Brachland, welches sich kilometerweit bis zur ehemaligen Satellitenstadt Nowa Huta ausbreitete und mehrheitlich der Kirche gehörte. Sowohl der Besuch des Botanischen Gartens als auch ein Gang durch den weitläufigen Friedhof in Rakowice zählen zu den empfehlenswerten Aktivitäten abseits des Getummels in der Innenstadt. Vor allem an Allerheiligen sollten Sie in Polen generell einmal einen Friedhof nach Einbruch der Dunkelheit erlebt haben. Egal wie klein und abgelegen, in der Nacht auf den 2. November gleicht der Totengrund einem intensiv leuchtenden Kerzenteppich. Kein Grab wird im Dunkeln gelassen, dazu erklingen die Gesänge der Gläubigen – eine magische Atmosphäre ist das.

Rund um die Stadtteile Rakowice und das angrenzende Czyżyny wird auf eigene Weise einer Gruppe von Menschen gedacht, die auf anderem Weg mit dem Himmel in Berührung gekommen sind. Im Viertel der Aviation, wie ich es nennen möchte, finden wir die Überreste eines der ältesten Flughäfen des Landes – ein Areal, das bereits im Jahr 1912 zum Einsatz kam. Auch dieses Stück historischer Infrastruktur geht auf die Besatzung durch die Habsburger zurück. Neben dem Ring aus massiven Fortanlagen rund um Krakau schufen sie den ersten Militärflugplatz der Region, den sogenannten Flugpark 7. Er bildete einen strategisch wichtigen Stützpunkt nahe der Grenze zum russischen Reich, zudem wurden von hier aus bedeutende Schritte in der Etablierung ziviler Luftfahrt gesetzt. Gegen Ende der Donaumonarchie bestand erstmalig eine Direktverbindung zwischen Wien und Kiew, mit Stopps in Krakau, Lemberg und Proskuriw (heute Chmelnyzkyj).

Als 1918 der Erste Weltkrieg zu Ende gewesen war und Polen die nationale Unabhängigkeit wiedererlangt hatte, übernahm das heimische Militär den Flugplatz und baute ihn zum zweitgrößten des Landes aus. In den 1930er-Jahren wurde die Verbindung zwischen Warschau und Budapest via Krakau zum Prestigeprojekt der jungen polnischen Luftfahrtgesellschaft. Nach dem Einmarsch der Nationalsozialisten wurde das Feld als Stützpunkt der Luftwaffe verwendet. Jeglicher Flugbetrieb wurde schließlich im Jahr 1963 eingestellt, als man die zivile Nutzung fortan dem Militärflughafen Balice westlich der Stadt anschloss. Die Rollbahn des ehemaligen Flugparks 7, welche zu gut einem Drittel erhalten geblieben ist, war also stets ein wichtiger Knotenpunkt. An ihr spiegeln sich sowohl Zugehörigkeiten als auch Orientierungen wider.

Tempelhof war gestern!

Zugegeben, den Vergleich mit dem Tempelhofer Feld in Berlin strebe ich nicht ernsthaft an. Die Bundeshauptstadt ist bei stillgelegten Flughäfen zahlenmäßig deutlich überlegen. Diesen Triumph gönnen wir der Bärenstadt, denn beim Bau jener Verkehrseinrichtungen hat sie sich in der Vergangenheit nicht gerade mit Ruhm bekleckert. In einem Punkt hat aber Krakau die Nase vorn: Das ehemalige Flugplatzareal samt der Rollbahn ist rund um die Uhr zugänglich. Es ist ein beliebter Freiraum,

Auf der Rollbahn herrscht Bewegung.

hier trifft man auf alle, die sich irgendwo zwischen Flaneur und Jogger ansiedeln sowie mit vierbeinigen Begleitern unterwegs sind. Abends bilden sich auf dem betonierten Streifen kleine Grüppchen von Jugendlichen, welche fern der Ordnungshüter das ein oder andere gemeinschaftliche Bier zelebrieren.

Bis 2019 fand auf dem Gelände einmal jährlich, meist im Juni, eine spektakuläre Air Show statt, das Picknick der Lüfte (*Piknik Lotniczy*). Insgesamt fünfzehn Mal konnten Kunstflieger und andere verrückte Piloten ihre halsbrecherischen Fähigkeiten unter Beweis stellen und damit das Publikum begeistern. Seit Ausbruch der Pandemie ist jedoch ungewiss, ob das Event wieder stattfinden wird. Kurz vor Drucklegung dieses Buches ließen sich keinerlei Anzeichen für eine baldige Fortsetzung finden. Dafür konnte der Klub Kwadrat am östlichen Ende der Rollbahn seinen Betrieb wieder aufnehmen. Dieses Kulturzentrum ist für die nähere Umgebung von größter Bedeutung, finden hier zahlreiche Veranstaltungen rund um Musik, Tanz, Bildung und Begegnung statt. Es lohnt, das Konzertprogramm des quadratischförmigen Klubs im Blick zu behalten – nicht selten verschlägt es auch international bekannte Acts hierher. Die Konzerthalle ist klein, aber fein und verfügt sogar über eine Galerie, von der aus der Musikgenuss nochmals gesteigert wird. Zudem ist das Kwadrat ein Traum für Auto-

Gestützte Überreste

grammjäger, denn der Hinterausgang des frei stehenden Gebäudes ist kinderleicht zu erreichen. Da ergibt sich schnell einmal ein Plausch mit der angehimmelten Band auf dem Parkplatz.

Vom einst bedeutungsträchtigen Flughafen Rakowice-Czyżyny ist nicht mehr allzu viel übrig geblieben. Womöglich wurde das Gelände zu spät unter Denkmalschutz gestellt. Ein Streifzug über die betonierten Gründe bietet heute lediglich Spuren in Form von Bodenmarkierungen und Fragmenten verfallender Gebäude. Eine Handvoll Ruinen vermittelt eher den Charme eines Urban-Explorer-Ziels als die pionierhafte Geschichte der polnischen Luftfahrt.

Diese Aufgabe erfüllt wiederum das Krakauer Luftfahrtmuseum, welches sich am Rande des aufgelassenen Feldes befindet, auf bravouröse Weise. Es ist eines der größten seiner Art und steht bei Aviationsenthusiasten aus aller Welt hoch im Kurs. Vor allem die extrem raren Exponate aus den Anfängen der Fliegerei machen die Ausstellung einzigartig. Hierzu zählen etwa eine altösterreichische Etrich Taube aus dem Jahr 1910 oder eine deutsche Halberstadt CL. II von 1916, ein Kampfflugzeug aus dem Ersten Weltkrieg, dessen Camouflage-Bemalung von impressionistischen Malern der Münchner Kunstakademie angefertigt wurde. Ein weiteres besonderes Stück ist eine Tupolew Tu-154M, einst die polnische Regierungsmaschine, welche im musealen Fuhrpark im Freien besichtigt werden kann. Es handelt sich hierbei um die exakt gleiche Maschine, die beim Landeanflug auf Smolensk im April 2010 abstürzte und insgesamt 96 Todesopfer forderte – darunter de facto die gesamte Staatsspitze vom Präsidenten Lech Kaczyński abwärts. Bis heute wird das Wrack von den russischen Behörden zurückgehalten, was nicht gerade zur Besänftigung der ohnehin schon angespannten Beziehungen zwischen den beiden Ländern beiträgt.

Die Krakauer Sammlung von über 200 Flugobjekten besteht zu einem großen Teil aus seltenen Kampffliegern und

Das neue Hauptgebäude des Museums

Motoren aus der Zeit rund um die beiden Weltkriege. Ein interaktives Experimentierfeld zu physikalischen Gesetzen und aerodynamischen Vorgängen samt Flugsimulator ergänzt das breite Angebot. Wer danach noch immer nicht genug hat, kann in der hauseigenen Bibliothek zwischen rund 30 000 Bänden sein Aviatikwissen aufpeppen.

2010 wurde das Luftfahrtmuseum mit einem sehenswerten Neubau erweitert und auf den neuesten Stand gebracht. Für die Umsetzung zeichnete dabei das Architektenteam rund um den Berliner Justus Pysall verantwortlich. Es war die erste internationale Ausschreibung in Polen seit dem Beitritt zur Europäischen Union. Ob damit von polnischer Seite symbolisch die Hand ausgestreckt wurde? Denn im Falle dieses Museums wiederholt sich in kleinerem Rahmen die Geschichte. Ähnlich der »Berlinka« in der Jagiellonen-Bibliothek, wie wir im Kapitel *Der Zuckergürtel* erfahren, stammt ein kleiner Teil der Flugzeugsammlung in Krakau ursprünglich aus Berlin, wo einst das weltweit größte Fliegereimuseum stand. Im Sommer 1943 wurden dessen Bestände von den Nationalsozialisten

Das eine kann fliegen, das andere nicht mehr.

nach Pommern evakuiert, wo sie vorerst in Sicherheit waren. Doch dann gingen in den Wirren des Krieges zahlreiche Objekte verloren, wurden zerstört oder landeten irgendwo anders, wo sie die Zeit überdauerten. Nach Kriegsende fiel der östliche Teil des pommerischen Landes an Polen, und etwa zwanzig Flugobjekte gelangten schließlich auf Umwegen nach Krakau. Jedoch fand dieser Restitutionsstreit nicht ansatzweise so viel Beachtung, als es bei der »Berlinka« der Fall war.

Blutiges Ende

Rund um den ehemaligen Flugplatz Rakowice-Czyżyny wird die Huldigung der Fliegerei, insbesondere der polnischen Luftstreitkräfte, am Boden fortgeführt. Eine Vielzahl von Straßen, Plätzen und Denkmälern erinnert an die unterschiedlichsten Angehörigen der Armee: an Generäle, Piloten, Fallschirmjäger, Bataillone, Divisionen. Eine zum überregionalen Mythos aufgestiegene Heldenerzählung handelt von der legendären Division 303 (*Dywizjon 303*), einer polnischen Jagdstaffel innerhalb der britischen Royal Air Force im Zweiten Weltkrieg. Nachdem sich die polnische Regierung im Londoner Exil eingerichtet hatte, verständigte sie sich mit den Briten auf ein Abkommen, welches geflohenen Militärs aus Polen die Möglichkeit gab, aufseiten der britischen Streitkräfte zu kämpfen. Viele Soldaten waren über Frankreich nach England gelangt, das als einigermaßen sicherer Hafen galt. Zudem kam der britischen Armee die tatkräftige wie hochmotivierte Mitwirkung der Polen sehr gelegen, brauchten sie alles und jeden, um gegen Nazi-Deutschland zu bestehen.

Polnische Piloten bildeten damals die größte Gruppe an nichtbritischen Kämpfern innerhalb der Royal Air Force. Sie zählten zu den versiertesten überhaupt, mussten sich aber zunächst gegen Vorbehalte seitens der Briten behaupten. Die Division 303 ging schließlich in die Geschichte ein, da sie bei der Luftschlacht um England die mit Abstand erfolgreichste Staffel war. Die Polen hatten als Minderheit die höchste Abschussrate, selbst die »Hausherren« konnten da nicht mithalten. Daraufhin entstand eine unglaublich populäre Siegeserzählung rund um diese Einheit, es wurden Bücher geschrieben und Filme gedreht. Die Heroisierung polnischer Exilierter gefiel jedoch nicht allen. In den 1940er-Jahren waren Menschen aus osteuropäischen Regionen in England nicht immer mit uneingeschränkter Zuneigung empfangen worden. Für manche waren *bloody Poles*, also *verdammte Polen*, nur eine von mehreren Gruppen unerwünschter Zuzügler im Land.

Allerdings setzte nicht zuletzt aufgrund der höchst erfolgreichen 303er-Staffel im Verlauf der Zeit eine ironische Wendung im Falle der Polen ein. Als Reaktion auf missliebige Töne solcher Art wurden gängige Schimpftiraden positiv umgedichtet, etwa in: *Bloody Poles, coming over here and protecting us from fascism in World War II* (*Verdammte Polen, kommen hier rüber und beschützen uns vor Faschismus im Zweiten Weltkrieg*). Als im November 2019 eine terroristische Messerattacke auf der London Bridge unter Mitwirkung eines zufällig anwesenden polnischen Hilfsarbeiters vorzeitig abgewendet werden konnte, titelte die englische Presse tags darauf: *Bloody Poles rescuing London again* (*Verdammte Polen retten London erneut*). In manchen Kreisen entwickelte sich der Ausdruck zum geflügelten Wort – »verdammte Polen«, die den eigenen Leuten zeigen müssen, wo der Hammer hängt. Den berühmten Piloten der Division 303 ist im Krakauer Luftfahrtmuseum sogar ein eigener Raum gewidmet.

Eine Stadt entdeckt sich selbst

Dębniki

Das Viertel Dębniki befindet sich südwestlich von Kazimierz und ist eine beschauliche Vorstadt, welche nicht unbedingt durch rege Besucherströme auffällt. Abseits des Rynek Dębnicki, eines kleinen Marktplatzes unweit des Weichselufers, trifft man in der Regel auf Einheimische, die zwischen ihrem Zuhause und der Gemüsehändlerin des Vertrauens ihre Runden ziehen. Es braucht also einen guten Vorwand, um sich in dieses Eck, kartografisch vom Fluss abgetrennt, zu begeben.

Den liefert uns der Zalew Zakrzówek, im Volksmund nur Zakrzówek genannt, dem wir im Folgenden nachspüren werden. Hierbei handelt es sich um einen künstlich angelegten See, den die Stadt Krakau jahrzehntelang ignoriert hatte und nun wieder für sich entdeckt. Zurzeit ist das Areal eine Mischung aus Sperrzone, Baustelle und teilweise wild genutzter Fläche auf dem Weg zu einem neu geschaffenen Naherholungsgebiet für die Bevölkerung – ein Paradies für abenteuerlustige Entdeckertypen.

Mit der Straßenbahn gelangen wir zunächst zur Station Kapelanka, danach schreiten wir über die ulica Twardowskiego auf direktem Wege zum großen Landschaftspark Skałki Twardowskiego. Dieser umfasst mehrere Steinbrüche, welche in früheren Zeiten einen bedeutenden Industriezweig im Süden Krakaus bildeten. Später wurden die ehemaligen Abbau-

Kletterer kommen im Park auf ihre Kosten.

plätze zu einem Naturschutzgebiet zusammengefasst. Dank dieser Maßnahme kann man heute zwischen teils imposanten Felsen auf Wanderung gehen. Die Wege führen durch dichte Waldstücke, aufwärts und abwärts, vereinzelt sogar an Höhlen vorbei. An ausgewiesenen Stellen sind eigens präparierte Wände für Freunde des Klettersports zu finden.

Das Highlight des Parks ist nicht das unfassbar hässliche wie brutale Elvis-Presley-Denkmal, welches dem King völlig *random* am Stadtrand Krakaus den Rest gibt (Elvis ertrinkt darin in milchigem Harz!), sondern der oasenhafte See Zakrzó-

Warum musste Elvis ein weiteres Mal sterben?

wek. Dieser ist zu Beginn der 1990er-Jahre im ehemaligen Steinbruch gleichen Namens entstanden, in dem schon vor geraumer Zeit Kalkstein abgebaut worden war. Die Spuren dieser Arbeiten sind nach wie vor zu sehen. Mit Beendigung des Abpumpens von eindringendem Grundwasser wurde das Gewässer permanent angelegt. Steile Felswände mit einer Höhe von bis zu dreißig Metern säumen eindrucksvoll die grünlichblaue Wasseroberfläche.

Am Ufer des Sees befindet sich seit 1999 der Tauchverein Kraken, welcher einen Teil des Geländes von der Stadt pachtet und seither aus dem Zakrzówek eine Art Unterwasserparkour gemacht hat. Hierzu wurden zahlreiche Gegenstände versenkt, darunter ein Fiat 126p, der legendäre *maluch* (auf Deutsch *Knirps*) – ein Auto, dem in Polen ein ähnlicher Kultstatus zukommt wie dem Trabant in weiten Teilen Deutschlands. Tauchbegeisterte aus dem ganzen Land kommen hierher, um die Objekte in Tiefen zwischen sieben und 32 Metern aufzusuchen. Neben dem erwähnten Kultauto harren in dem Gewässer auch mehrere andere Fahrzeuge und Boote, ein Flugzeugwrack, eine Freiluftumkleidekabine sowie diverse Sportgeräte ihrer Entdeckung. Nicht zu vergessen eine Gedenktafel aus Granit, die an den jungen Karol Wojtyła, welcher später Papst Johannes Paul II. werden sollte, erinnert. Dieser musste während des Zweiten Weltkriegs in ebenjenem Steinbruch Zwangsarbeit leisten. Selbst unter der Oberfläche bleibt der Papst in Krakau allgegenwärtig.

Recht auf Erholung!

Offiziell ist der Zakrzówek seit vielen Jahren unzugänglich, und es herrscht strenges Schwimmverbot. In der Vergangenheit war es immer wieder zu tragischen Badeunfällen gekommen, weshalb das Gelände praktisch zur Gänze und gegen alle Widerstände eingezäunt wurde. Es tauchen dennoch regelmäßig neue Schlupflöcher und Schleichwege auf. Die meiste Zeit hatte man das Gewässer sich selbst und dem Tauchverein Kraken überlassen. Besonders bei Jugendlichen entwickelte sich der See zu einem beliebten Hotspot mit anarchischem Flair. Wegen seiner zahlreichen Buchten und mitunter gefährlichen Hanglagen haben die Behörden nie ernsthaft den Versuch gestartet, Kontrollen und dergleichen durchzuführen. Hier werden unter freiem Himmel Lagerfeuer und Trinkgelage veranstaltet. Nicht nur aus einer jugendlichen Perspektive erscheint dies als eine beglückende Vorstellung, im wild anmutenden Ambiente ein paar Würste auf selbst geschnitzten Spießen zu grillen und vielleicht dazu ein Bier zu trinken. Dass dies verboten sein soll, leuchtet niemandem ein.

Gesetze sind aber immer auch eine Frage der Auslegung. Rund um den Zakrzówek hat sich in letzter Zeit eine aktivistische Praxis etabliert, die ich großartig finde. Hat man die

Sieht aus wie eine Carrera-Bahn, ist aber ein Badesteg.

Barrieren einmal überwunden, finden sich im »Sperrgebiet« an einigen Stellen Anschläge auf Bäumen, welche mit einem Verweis auf das polnische Wassergesetz Art. 32 in aller Deutlichkeit verkünden: »Du hast das Recht, den Zakrzówek zu benutzen!« Genannter Passus im Gesetzbuch besage, so die Flugschrift weiter, dass allen Menschen das Recht zustehe, öffentliche Binnengewässer zum Zwecke der Erholung zu nutzen. Und so wird dies auch von einigen praktiziert. Leider, das ist die Kehrseite der Medaille, fühlen sich manche dabei so frei, dass sie die geschätzte Natur mit ihren Hinterlassenschaften bedenken müssen.

Unterdessen schreiten die Bauarbeiten für den großen neuen städtischen Park munter voran. Rund um das Gewässer wurden Wege geebnet und gesichert, zudem Seezugänge angelegt. Im südlichen Teil des Zakrzówek, der aus der Luft betrachtet wie eine Acht anmutet, entsteht auf der Wasseroberfläche

eine gigantische Stegkonstruktion, die in Zukunft ein sicheres Badevergnügen ermöglichen soll. Die Ausmaße dieser »Seewege« sind äußerst großzügig. Hinzu kommen zwei geräumige Bauten, welche ebenfalls direkt am Wasser geschaffen werden. Noch ist nicht genau bekannt, in welcher Form diese genutzt werden sollen. Zu erwarten ist jedenfalls ein gastronomischer Betrieb sowie ein neuer Stützpunkt für den Tauchverein Kraken. Nicht alle in Krakau zeigen sich erfreut über dieses Projekt. Viele bewerten den Eingriff in die Landschaft als zu gewaltig. Vor allem missfällt die Tatsache, dass ein beträchtlicher Teil des Baumbestands in der Umgebung der Neugestaltung zum Opfer fiel. Mehrmals wurde die Eröffnung des Areals aufgeschoben, aktuell soll die Fertigstellung im Jahr 2023 erfolgen. Angesichts des sichtbaren Fortschritts erscheint dieser Termin als durchaus realistisch.

Dame schlägt König

Vom King of Rock 'n' Roll, der am Rande des Landschaftsparks Skałki Twardowskiego ersäuft, kommen wir zur Queen of the Suburbs, dem Café Królowa Przedmieścia. Wir lassen den malerischen See und den Wald hinter uns und bewegen uns in östlicher Richtung gen Zentrum. Dabei durchqueren wir das alte Dębniki, so wie es im Bewusstsein der Krakauerinnen und Krakauer verankert ist. Wunderschöne alte Häuser, teils dem Verfall nahe, teils liebevoll revitalisiert, zeugen davon, dass jenseits der Weichsel eine autonome Kleinstadt existierte, die über den prächtigsten Ausblick auf den Wawel verfügt. Vor allem aufgrund der Nähe zur Altstadt wird das Viertel in jüngster Zeit wiederentdeckt. Bestimmte Kreise orten hier »größtes Potenzial«.

Unser Ziel erreichen wir in der ulica Barska, wo die kleine, aber feine Kaffeebar Królowa Przedmieścia Tür an Tür neben einem Sanitätshaus besteht, dem man die Jahre bereits etwas ansieht. Auf dem Vorplatz ist ein kleiner Gastgarten eingerichtet, von welchem aus man den Blick auf ein fast schon märchenhaftes Wohnhaus samt Türmchen richten kann. Im Inneren ist die Stimmung gediegen, aber nicht aufdringlich. Den Stil des Lokals könnte man als eine gelungene Mischung aus Art Deco und Industrial bezeichnen. An der Bar bekommt man hervorragenden Kaffee, die Sorten und Bezugsregionen wechseln regelmäßig. Zudem werden belegte Brote und Kuchen angeboten, jeden Tag etwas anderes. Die Auswahl entspricht dem Geist des Cafés – nicht zu viel, dafür aber ausgesucht.

Seit Neuestem werden an den Wänden eine Handvoll Arbeiten von lokalen Künstlerinnen und Künstlern gezeigt. Die Idee erinnert stark an das legendäre Rio in der Altstadt, das im Laufe der Zeit eine Wandlung von der zentral gelegenen Kaffeebar für den Gelegenheitsespresso hin zum etablierten Ausstellungsort für die heimische Kunstszene vollzog. Möge die Amtszeit der Königin der Vorstadt dazu beitragen, dass das

Erlesene Kaffeesorten stehen ebenfalls zum Verkauf.

Viertel Dębniki weiterhin an Attraktivität für alle gewinnt. Der Cortado an ihrem Hof besitzt auf jeden Fall royale Qualitäten.

A wie Apothekenantiquariat

Die beste Begleitung zum Kaffee am Nachmittag ist das geschriebene Wort. In Krakau mangelt es nicht an Buchhandlungen und passenden Orten für eine Lektüre. Einen zusätzlichen Pluspunkt erhält die Stadt für ihre hervorragenden Antiquariate, in denen auch deutschsprachige Werke erhältlich sind. Für meinen liebsten Handelsplatz für gebrauchte Bücher überqueren wir die Weichsel über den nahe gelegenen Most Dębnicki, wo wir in der ulica Tadeusza Kościuszki das Antykwariat Abecadło ansteuern.

Es ist *der* Rettungsanker für Lesehungrige, befindet sich das Geschäft in einer alten Apotheke aus dem späten 19. Jahrhundert. Mit ihrem unendlich anmutenden Blätterbestand vermag diese Offizin jegliche Form ästhetischen Leids zu lindern. Das Interieur ist zu einem Großteil erhalten geblieben, und auch der spezifische Geruch von Arzneien und Heilkräutern hat sich in den Räumlichkeiten festgesetzt. In den massiven Regalen aus Holz, die mit chemischen Begriffen beschriftet sind, stapeln sich Bücher aus vergangenen Tagen. Jedes hat seine eigene Zeit, viele von ihnen sind zeitlos. Hier wird man immer fündig, das zuvorkommende Personal ist einem dabei stets behilflich. Nicht selten war ich davon beeindruckt, wie gut die Angestellten ihre Bestände kennen. Der fachgerechte Griff ins Regal entbehrt jeder Willkür.

Der Beschaffungsort für guten Lesestoff – garantiert rezeptfrei

Im Abecadło findet man mitunter wunderschöne alte Ausgaben polnischer Literatur, welche sich auch für Menschen, die des Polnischen nicht mächtig sind, als Mitbringsel eignen. Etwa die ganz kleinen, in Leinen gebundenen Ausgaben bedeutender Dichterinnen und Dichter des Verlags Czytelnik. Einmal blätterte ich in einem Bändchen dieser Reihe und stieß auf ein Gedicht aus dem Jahr 1927 von Maria Pawlikowska-

Jasnorzewska, einer großen Poetin, die außerhalb Polens viel zu unbekannt ist. Der Titel *trzeba chodzić w masce*, den ich mit *Maske anlegen* übersetze, entriss mich damals für einen Moment dem »normalen« Alltag. Als ich das Büchlein im Spätsommer des Jahres 2020 erwarb, tat ich dies, aus bekannten Gründen, eine Maske tragend. Das fast hundertjährige Gedicht hat mich tief berührt, und ich möchte im Folgenden versuchen, diese Erfahrung zu teilen.

poszłam w masce zwinięta w pelerynę ciemną
z oczami zwężonymi
w migocące sierpy
szczęście mnie nie poznało
i tańczyło ze mną
nie wiedząc że to jestem
ja której nie cierpi
i los też mnie nie poznał
i pomyślał sobie
czemuż nie mam dogodzić
tej *obcej osobie*

——

ich ging vermummt und in dunkle Pelerine gehüllt
mit Augen gekniffen
wie funkelnde Sicheln
das Glück erkannte mich nicht
und tanzte mit mir
nicht wissend, dass ich es bin,
die es nicht aussteht
und das Schicksal erkannte mich auch nicht
und dachte sich
warum sollt' ich mich nicht annehmen
dieser *fremden Person*

Am anderen Ufer

Podgórze

Jenseits der Weichsel erstreckt sich das Viertel Podgórze, dem seine Geschichte manchmal etwas stigmaartig vorauseilt. Häufig wird der Stadtteil darauf reduziert, das ehemalige Krakauer Ghetto gewesen zu sein. Diese Sichtweise eröffnet aber nur einen fragmentierten Blick auf den heute zu den aufstrebendsten Gegenden zählenden Bezirk. Vor allem Studierende und Menschen aus einem künstlerisch geprägten Umfeld entdecken ihn für sich. Immer mehr Restaurants und Kneipen hauchen dem Viertel zusätzlich neues Leben ein. Würde man Podgórze mit nur einem Wort beschreiben müssen, so lautete dieses: wechselhaft. Hier liegen Aufstieg und Niedergang, alt und neu so nah beieinander wie kaum anderswo in Krakau, und dies lässt sich am hiesigen Stadtbild besonders gut erkennen. Unsere Erkundung führt uns an Orte mit gewaltvoller Vergangenheit wie an Orte des Keimens neuer Möglichkeiten.

Bis 1915 war die Siedlung am Südufer des Flusses eine eigenständige Stadt, welche im Jahr 1784 als Josephstadt gegründet worden war. Das Rathaus der ehemals altösterreichischen Kleinstadt steht bis heute am zentralen Marktplatz Rynek Podgórski und trägt nach wie vor die Aufschrift *Magistrat*. Anfangs zierte sich Podgórze noch mit der Eingliederung in die Krakauer Verwaltung – mehr als eine Dekade lang musste Stadtpräsident Juliusz Leo um das Viertel buhlen, das er für den Ausbau seines geschichtsträchtigen Städtchens zur modernen Metropole vorsah. Neben viel Land war dort mit dem Unternehmen Liban & Ehrenpreis auch der größte Industriebetrieb und Rohstofflieferant der Region zu finden, ein echtes Asset für Expansionspläne.

Der Industrielle Bernard Liban gründete gegen Ende des 19. Jahrhunderts die Firma, welche durch den Abbau von Kalkstein im großen Stil zur Speerspitze der heimischen Zementproduktion avancierte. Rund um die Betriebsanlagen entstanden in Podgórze die ersten Arbeiterviertel. Ihre relative Eigenständigkeit sowie die wirtschaftliche Stärke sah Franciszek Maryewski, der letzte Bürgermeister der Kleinstadt, mit Ausbruch des Ersten Weltkriegs in Gefahr. Also wurde Podgórze schließlich in Krakau eingemeindet, und es wurde kräftig in den Ausbau investiert. Da kam der aktive Liban-Steinbruch mit seinen Kapazitäten gerade recht.

Kein Stein auf dem anderen

Die Geschichte des Steinbruchs steht stellvertretend für den wechselhaften Charakter des Stadtteils. Das Unternehmen Liban & Ehrenpreis wurde von den Nationalsozialisten enteignet und zu einer Zwangsarbeitsstätte umgewandelt. Dort schufteten hauptsächlich polnische und ukrainische Gefangene unter den widrigsten Bedingungen. Nach dem Krieg wurde die Firma nicht restituiert, sondern von der kommunistischen Führung einverleibt und als staatlicher Produktionsbetrieb weitergeführt. 1986 wurde die Förderung von Kalkstein im Steinbruch Liban schließlich eingestellt.

Einige Jahre später diente das stillgelegte Areal der Crew rund um Steven Spielberg als Kulisse für die Dreharbeiten zu *Schindlers Liste*. Nach dem Abzug des Filmteams wurde die Grube im Grunde genommen sich selbst überlassen und ist seit-

Spuren vom letzten Take

her zu einem Stück unberührter Natur in der Stadt geworden. Bis zu 38 Meter hohe Felswände säumen ein heute dicht überwuchertes Gebiet, in dessen Mitte sich ein sumpfartiges Gewässer und die rostigen Überreste der einstigen Förderanlagen befinden. Sogar einige Relikte von Requisiten der Hollywoodproduktion von 1993 verharren nach wie vor im Steinbruch, darunter gepflasterte Wege, die aus Attrappen jüdischer Grabsteine bestehen, oder Repliken elektrischer Zäune von Konzentrationslagern.

Offiziell ist es streng untersagt, das Innere des Steinbruchs zu betreten. Für abenteuerlustige Entdeckertypen wirkt das Gelände dadurch umso anziehender. Es liegt direkt neben dem uralten Hügel Kopiec Krakusa, welcher einem eine fantastische Aussicht über die Stadt bietet. Vom Podgórzer Zentrum kommend, führt der Weg zunächst über eine Fußgängerbrücke über die aleja Powstańców Śląskich unweit der Lokalbahnstation Kraków Podgórze. Auf der anderen Seite der Überführung erreichen wir eine Straße mit dem Namen Za Torem. An dieser Stelle würde uns der Weg nach links direkt zum Kopiec Krakusa leiten – wir gehen aber in die entgegengesetzte Richtung und folgen der Trasse, bis sich ihr Name in ulica Swoszowicka

Blick über die Grube bis zum Kopiec Krakusa

ändert. Nach einer lang gezogenen Kurve gelangen wir dann in den Wald, und es beginnt ein sachter Anstieg. Diese Straße verläuft parallel zum westlichen Rand des Liban-Steinbruchs.

Weiter oben erkennen wir zu unserer Linken, dass der Baumstreifen neben dem Weg nicht allzu dicht ausfällt. Dahinter verbirgt sich bereits die Kalksteingrube, also treten wir zwischen die Bäume und nähern uns ihrem Rand. An dieser Stelle ist größte Vorsicht geboten, denn das Areal ist in keinster Form gesichert und die Wege sind abschüssig! Plötzlich tut sich vor uns der Steinbruch wie ein überdimensioniertes Loch in der Landschaft auf. Gerade haben wir noch die Stadt hinter uns gelassen, nun blicken wir auf ein Stück Wildnis. Nicht nur die Ausmaße flößen einem Respekt ein, sondern auch die Aura des Zurückgelassenen. Von oben sieht man verfallende Reste der Industrie, welche vereinzelt zwischen der Flora herausragen. Ein ausgetretener Pfad entlang des Steilhangs ermöglicht die Umrundung der u-förmigen Grube. Mit jedem Zwischenstopp ändert sich die Perspektive auf die Umgebung. Nur schwer kann man sich an ihr sattsehen. Meistens ist man für sich allein, da und dort trifft man auf gleichgesinnte Spurensucher, die verträumt in die Weite blicken.

Nach und nach nähern wir uns dem Kopiec Krakusa auf der gegenüberliegenden Seite des Steinbruchs. Wir wenden uns aber erneut von ihm ab und bleiben auf dem etwas ver-

Verbrannte Erde

wilderten Weg, welcher uns, am Podgórzer Friedhof vorbei, durch leicht passierbares Gebüsch in östliche Richtung leitet. Nur wenig später erreichen wir ein großes lichtes Areal, das im ersten Moment nichts über seine dunkle Geschichte preisgibt. Das ehemalige Konzentrationslager Plaszow, das sich just vor uns ausbreitet, ist heute so gut wie vollständig mit Gras überwachsen – eine äußerst bedrückende Symbolik. In brutaler Manier zerstörten die Nationalsozialisten nach ihrem Einmarsch den dritten großen jüdischen Friedhof der Stadt, welcher einst in diesen Gefilden zu finden war. Nichts ist davon übrig geblieben, so akribisch gingen die Aggressoren vor. Auf der liquidierten Erde errichteten sie zunächst ein Lager, wo zwischen 1942 und 1944 primär jüdische Insassen Zwangsarbeit verrichten mussten. Dann wurde im Jahr 1944 der Ort in ein reines Konzentrationslager umgewandelt, in dem auch Gaskammern vorgesehen waren – deren Bau wurde jedoch nicht mehr umgesetzt. Das KZ Plaszow (abgeleitet vom hiesigen Stadtteil Płaszów) wurde im September desselben Jahres aufgelöst, die Gefangenen wurden daraufhin entweder ins nahe gelegene KZ Auschwitz-Birkenau deportiert oder bereits vor Ort in massenhaften Erschießungen umgebracht. Insgesamt kamen hier rund 20 000 Jüdinnen und Juden aus Krakau und der näheren Umgebung ums Leben.

Im Jahr 2020 wurden endlich großformatige Tafeln auf dem Gelände verstreut positioniert, welche über die Geschichte des ehemaligen Konzentrationslagers informieren und auch Fotografien davon zeigen. Über eine viel zu lange Zeit war nur ein einziges nüchternes Schild zu sehen, das lediglich darüber kundete, dass man dahinter das Areal des aufgelösten KZ Plaszow betrete. Die neuen, nummerierten Tafeln bilden nun einen in sich geschlossenen Historienpfad, den es lohnt abzugehen und die jeweiligen Texte zu lesen – diese sind sowohl in polnischer als auch in englischer Sprache verfasst. Auf diesem Weg erfährt man ausführlich über den Aufbau und die Vorgänge im Lager. Zudem werden Gebäude, die am Rande des Gebiets erhalten geblieben sind und heute in Privatbesitz stehen, vorgestellt, darunter etwa *szary dom*, das sogenannte *graue Haus*, in dem einst eine Folterkammer der SS untergebracht war.

Im Schatten geblieben

Wir lassen nun die Spuren der Vernichtung in Płaszów hinter uns und begeben uns wieder zurück ins historische Zentrum von Podgórze, wo als Vorbereitung zur systematischen Liquidierung ein regelrechter Bevölkerungsaustausch stattfand. Im Jahr 1941 mussten in einem mehrwöchigen Exodus alle Jüdinnen und Juden Krakaus binnen kürzester Zeit ihre Häuser verlassen und ans andere Ufer der Weichsel übersiedeln, wo für sie ein abgeschlossenes Ghetto errichtet wurde. Die Mauer rund um das Gebiet bestand zu einem Teil aus Grabsteinen geschändeter jüdischer Friedhöfe. Heute ist davon nur mehr ein Fragment in der ulica Lwowska zu sehen. Unterdessen wurden die nichtjüdischen Einwohner aus der Gegend nach Kazimierz umgesiedelt, damit »alles Jüdische« an einem Platz zusammengepfercht war.

Untrennbar mit dem Podgórzer Ghetto sind auch die Geschichten zweier bekannter »Gerechter unter den Völkern« verbunden: Oskar Schindler und Tadeusz Pankiewicz. Beiden von der israelischen Gedenkstätte Yad Vashem ausgezeichneten Persönlichkeiten ist an ihren einstigen Wirkungsstätten ein Museum gewidmet. Doch neben der Emailfabrik Schindlers und der Apotheke Pankiewicz' am heutigen plac Bohaterów Getta (*Platz der Ghettohelden*) gibt es noch einen weiteren nennenswerten Ort, an dem zwischen 1941 und 1943 Hilfe geleistet und Leid gelindert werden konnte. Der Wiener Textilkaufmann Julius Madritsch, im Jahr 1940 zur Wehrmacht einberufen, wurde in Krakau als Treuhandverwalter jüdischer Geschäfte eingesetzt. Am Rynek Podgórski, in unmittelbarer Nähe zum Eingangstor des Ghettos, unterhielt er eine Fabrik und beschäftigte darin so viele Jüdinnen und Juden wie irgend möglich, um sie vor Schlimmerem zu bewahren. Der Betrieb produzierte hauptsächlich Uniformen für die Wehrmacht, weshalb er als »kriegsrelevante Produktionsstätte« fortbestehen konnte.

Wo sich einst Madritschs Fabrik befand

Zu Spitzenzeiten sollen unter Madritsch rund 800 Arbeiter in Krakau sowie im unweit entfernten Tarnów beschäftigt gewesen sein. Ähnlich zu Oskar Schindler bestand auch im Fall von Julius Madritsch eine gewisse Ambivalenz in Bezug auf die Textilfabrik, war es zu jener Zeit auch ein brummendes Geschäft. Doch unter dem Wiener fanden die Arbeiter verhältnismäßig bessere Bedingungen vor und erhielten größere Essensrationen. Eine Handvoll Komplizen, darunter Madritschs Kumpane Raimund Titsch, schmuggelten immer wieder diverse Hilfsgüter oder versteckten Menschen in den Räumlichkeiten der Fabrik. Mit diesen Aktionen setzten sie regelmäßig auch ihre eigene Sicherheit aufs Spiel.

Selbst nach der Auflösung des Ghettos 1943 konnte der Betrieb noch eine Weile aufrechterhalten werden. Hierzu wurde die Produktionsstätte direkt ins Lager nach Płaszów verlegt, wo etwas abgeschottet weitergearbeitet werden konnte. Bei der schlussendlichen Räumung ein Jahr später gelang es Julius

Madritsch, zumindest einige seiner Schützlinge auf Oskar Schindlers berühmte Liste setzen zu lassen und sie vor dem sicheren Tod zu bewahren. Unter den wenigen Überlebenden genoss Madritsch einen vergleichbar guten Ruf wie Schindler. Auch er erhielt die Auszeichnung als »Gerechter unter den Völkern«. Allerdings findet sich heute an der ehemaligen Wirkungsstätte kein einziger Hinweis darauf. Das Haus selbst steht weiterhin am Rynek Podgórski, wenn auch nicht im besten Zustand. Hoffentlich wird sich zukünftig noch eine Initiative des Gedenkens annehmen.

The Place to Pizza

Nach dieser ausgiebigen Wanderung durch Raum und Zeit südlich der Weichsel ist nun eine Stärkung angesagt – ganz im Stile des Viertels samt themenhaftem Wechsel. Es mag vielleicht keinen offensichtlichen Grund dafür geben, doch in Podgórze versammeln sich auf engstem Raum alle Pizzerien der Stadt, die eine Pizza in neapolitanischer Qualität kredenzen, welche den Namen auch verdient. Die erste Adresse für den italienischen Ofengenuss lautet ulica Nadwiślańska 7, direkt am oberen Boulevard nebst dem Flussufer. Dort befindet sich das Olio, welches vom Styling her eigentlich mit jeder auch nur annähernd pizzaverwandten Konvention bricht. Im Lokal dominiert trendiges Interieur und vor allem ein Farbton: Rosé. Ein wenig fühlt man sich so, als würde man bei einem Flamingo zu Hause sitzen. Dazu gibt es im Innenhof einen charmanten Garten, wo sich der rosa Traum gepaart mit Strandmöbeln fortsetzt. Die Auswahl an Pizzen ist mehr als ausreichend, und zu den fantastischen Desserts hat das Olio besonders ansprechende Getränkekreationen im Angebot. Im Olio isst das Auge immer mit, dementsprechend gestaltet sich auch die Anrichtung von Speis und Trank.

Für die nächste Pizzagelegenheit sollten Sie vorher unbedingt reservieren. Die Pizzeria 00 in der ulica Kalwaryjska ist mein persönliches Lieblingslokal, wenn es um neapolitanische Pizza geht. Es ist ein sehr kleiner und puristischer Ort, immer gut besucht und niemals enttäuschend. Obwohl ich nicht nur einmal dort gegessen habe, bin ich immer wieder daran vorbeigelaufen, so unscheinbar fügt es sich ins Straßenbild, welches von Supermärkten, Banken und leer stehenden Geschäftslokalen geprägt ist. In dieser Pizzeria wurde mit Sicherheit der Siegeszug richtig guter Pizza ohne Schnickschnack initiiert. Das Herzstück bildet der Holzofen hinter der Theke, wo man dem Meister bei der Zubereitung auf die Finger schauen kann. Auf der Getränkekarte finden sich ausgewählte Weine und saisonal wechselnde Craftbiere. Leider wurden Desserts aus dem Angebot genommen, was mir für immer ein Rätsel bleiben wird. Früher gab es ausschließlich an den Wochenenden selbst gemachte Panna Cotta, die zum Niederknien war. Die Pizzen sind aber nach wie vor so gut, dass man das dem freundlichen Personal nachsieht.

Wenn Sie in der Pizzeria 00 keinen Platz ergattern konnten oder der Flamingostyle des Olio nicht ganz Ihrem Geschmack entspricht, dann habe ich eine weitere, etwas außergewöhnliche Bezugsquelle für hervorragende Pizza in petto. Die Rede ist von der Piekarnia Pizzy, eine Art mobile Pizzeria im Kleinformat. Diese hält permanent am Kreisverkehr Rondo Antoniego Matecznego, wo die ulica Kalwaryjska in die ulica Wadowicka mündet. Von außen mag das »Lokal« ein wenig wie ein billiger Imbiss für nächtliche Sünden wirken, doch seien Sie versichert, hier wird auf gekonnte Weise und mit den besten Zutaten frisch Pizza gebacken, und zwar vom Kneten des Teigs an. Zudem müssen Sie sich auch keine Sorgen um die Platzverhältnisse machen, denn es gibt vor Ort keine Verzehrmöglichkeit. Mobil ist also nicht nur der Holzofen, sondern auch die hungrige Kundschaft. Piekarnia Pizzy ist die beste Takeaway-Lösung für eine ganze Pizza, die ich kenne. Vor allem findet sich unter den überraschend zahlreichen Auswahlmöglichkeiten mitunter Ausgefallenes wie etwa eine Pancetta, die statt Tomatensauce als Basis Kürbiscreme verwendet – höchst empfehlenswert!

Von der Reklame zur Reklamation

Nur einen kleinen Fußmarsch vom mobilen Pizzaofen entfernt erreichen wir den Klub Forum Przestrzenie für den Drink danach. Das Forum befindet sich direkt an der Weichsel, gerade in der warmen Jahreshälfte bietet sich der großzügige Gastgarten für entspannte Abendstunden an. Vom Liegestuhl aus kann man dann auf die malerische Aussicht mit Blick auf den Wawel anstoßen. Drinnen lässt es sich auf den gemütlichen Sofas ebenso gut aushalten.

Einst war das markante Gebäude in Bestlage das modernste und exklusivste Hotel der Stadt. Ganze elf Jahre währten die Bauarbeiten basierend auf den Plänen des Architekten Janusz Ingarden (der Neffe des bekannteren Krzysztof Ingarden) – und nur dreizehn Jahre nach seiner Eröffnung im Jahr 1989 musste die Nobelunterkunft wieder schließen. In der kurzen Zeit seines Bestehens ließ das Viersternehotel Forum keine Wünsche offen, außer vielleicht eine längere Existenz. 2001 übernahm die internationale Kette Accor den Betrieb, welcher nur wenig später zur prominenten Investitionsruine geriet. Offiziell wurde das Hotel wegen baulicher Mängel stillgelegt, angeblich seien die Fundamente wegen des angrenzenden Flussbettes mit Feuchtigkeit durchzogen gewesen. Doch selbst Jahre später konnte die Krakauer Baubehörde im Rahmen einer Überprüfung infolge des großen Hochwassers im Jahr 2007 keinerlei Probleme feststellen. Wie dem auch sei, seit nunmehr zwanzig Jahren steht das Hotel in Bestlage leer, lediglich das Erdgeschoß wird seit

Bitte keine Werbung!

2013 wieder genutzt, als dort das Forum Przestrzenie eingerichtet wurde. Nach und nach ist das Lokal gewachsen, zudem eröffnete unter anderem Butter Cut eine Zweitfiliale im Haus.

Auf den Balkonen der ehemaligen Gästezimmer haben sich unterdessen kleine Bäumchen breitgemacht. In der Regel werden diese aber durch Werbung verdeckt, bildet das Gebäude die meiste Zeit den Rahmen für das größte Billboard in ganz Polen. Die riesige Werbefläche gelangte vor einigen Jahren zu kurioser Berühmtheit, nachdem eine Marketingkampagne der Brauerei Lech für Aufsehen sorgte. Besagte Reklame bildete ein Lehrstück in Sachen Kontext. Nur wenige Monate nach der höchst umstrittenen Beisetzung von Maria Kaczyńska und Lech Kaczyński in der Gruft am Wawel im April 2010 erschien auf dem Billboard, vom Ort der letzten Ruhestätte aus kaum zu übersehen, die Darstellung einer eisgekühlten Bierflasche. Daneben war zu lesen: »Spragniony wrażeń? Zimny Lech«, auf Deutsch: »Durstig nach Gefühl? Kaltes Lech«. Die Doppeldeutigkeit von *zimny Lech*, was in diesem Fall nicht nur als Erfrischung, sondern auch als *kalter Lech* verstanden werden konnte, sorgte für einen medialen Sturm der Entrüstung. Im Internet wurde sogar zum Boykott der Biermarke aufgerufen. Die Empörung über die empfundene Pietätlosigkeit reichte bis in den Sejm in Warschau. Schließlich wurde die heiße Bierreklame Ende Juli desselben Jahres entfernt. Dabei beteuerte die Brauerei, man habe die Werbung nicht wegen der Welle an Kritik eingestellt, sondern weil das dafür gebuchte Zeitfenster zu Ende gegangen sei. Zudem seien dieselben Sujets in anderen Landesteilen zeitgleich zu sehen gewesen, wo sich niemand daran gestört hätte. Gegenüber der erhöhten Empfindsamkeit jener Tage, so kurz nach der verheerenden Flugzeugkatastrophe von Smolensk, zeigte sich das Unternehmen mit diesem Vorgehen eher kalt.

Nun stellt sich die Frage: Was kam danach? Selten wurde eine neue Werbung mit so viel Spannung erwartet wie die Nachfolge des skandalisierten Biersujets. Den darauffolgenden Slot am Billboard des ehemaligen Hotels Forum hatte ein weiterer Getränkeproduzent gebucht, und dieser verkündete eine nicht minder ambige Nachricht. Der zentral positionierte Slogan *żyj i zwyciężaj* (*lebe und siege*) auf dem übergroßen Banner löste nach der Causa Lech gleich eine weitere hitzig geführte Debatte sowie Gelächter aus. Was könnte man angesichts dessen zum Forum Przestrzenie noch sagen? Vielleicht eines: dass es dort ebenfalls ganz ordentliche Pizza gibt.

Die Unvollendete

Nowa Huta

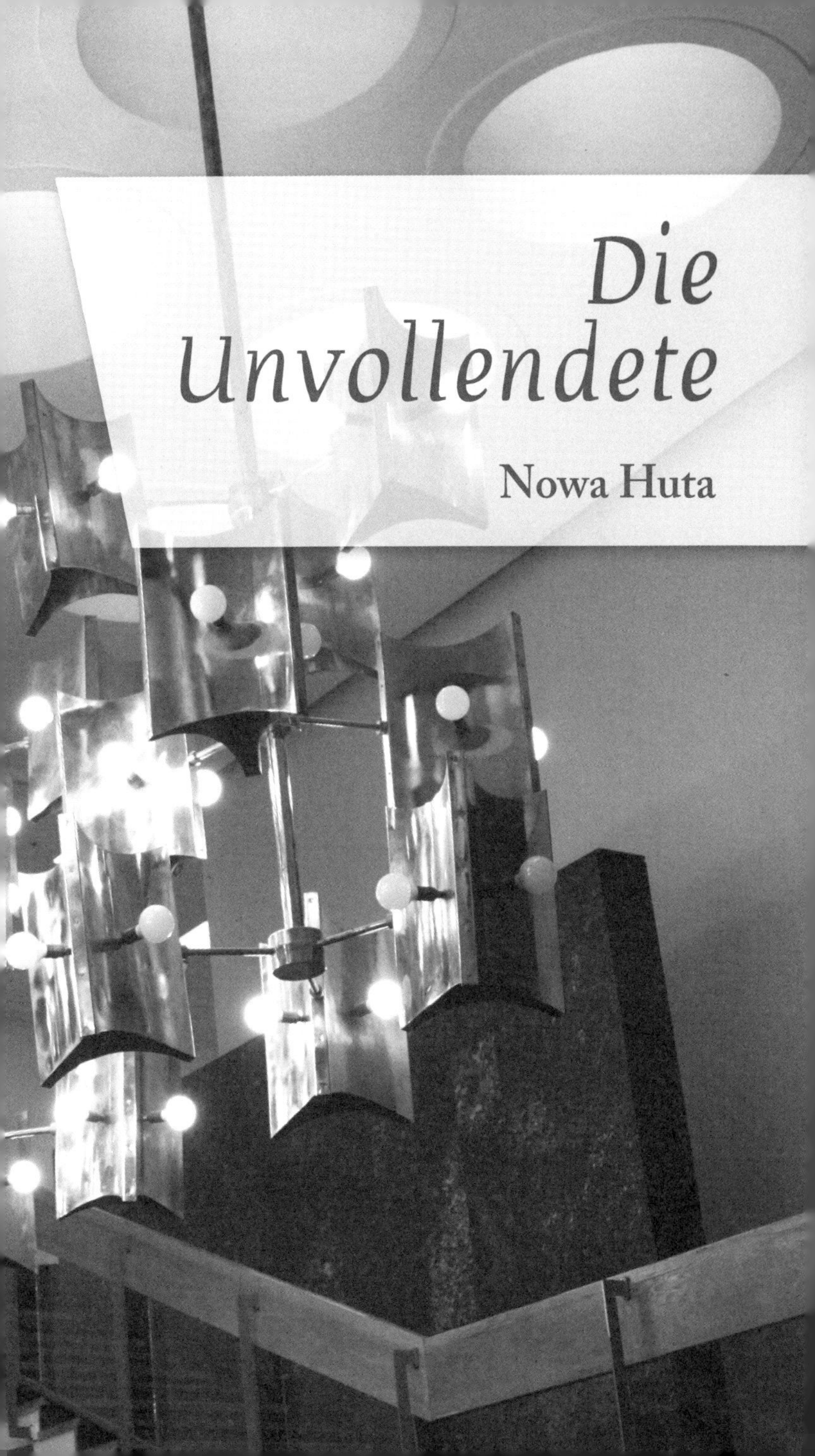

Wie so oft ist ein Ausflug innerhalb Krakaus gleichzeitig auch eine Reise in die Vergangenheit. Allerdings verhält es sich im Falle von Nowa Huta etwas anders. In der ehemaligen Satellitenstadt im Osten ist keine Rede von Jahrhunderte zurückliegenden Glanzzeiten der polnischen Krone, wir tauchen vielmehr in die deutlich jüngere Geschichte des Landes ein – eine Geschichte, die an manchen Stellen um einen Abschluss bemüht ist.

Nowa Huta war lange Zeit so etwas wie ein verstoßenes Geschwisterchen. Der heute zu Krakau zählende Stadtteil war ursprünglich als *die* Modellstadt des Stalinismus konzipiert worden. Hier sollte gemäß der herrschenden Ideologie der »neue Mensch« leben und arbeiten. Das Areal wurde so angelegt, dass man sämtliche Bedürfnisse des Alltags vor Ort befriedigen konnte und es daher nicht notwendig war, die Stadt zu verlassen – um etwa ins benachbarte Krakau zu fahren. Von Anfang an war Nowa Huta, auf Deutsch *Neue Hütte*, als bewusst gesetzter Kontrapunkt zum alten, geschichtsträchtigen Krakau gedacht. Dies betraf alle Lebensbereiche, denn der »neue Mensch« fand sich nicht nur in einer neu geschaffenen Umgebung wieder, er wurde auch als solcher herangezogen.

Im Mittelpunkt stand dabei die Errichtung des Lenin-Kombinats, einer Stahlhütte schier größenwahnsinnigen

Ausmaßes. Es war ein Prestigeprojekt der stalinistischen Nachkriegszeit, welches materiell wie immateriell von Moskau getragen wurde. Der Sozialismus sah vor, aus der Gartenstadt Krakau das industrielle Zentrum Südpolens zu machen – obwohl dieses rund um das nahe gelegene Katowice bereits existierte. Kleinbauern aus ruralen Strukturen sollten zu urbanen Arbeitern gemacht werden. Angesichts der vorangegangenen Entwicklungen über Jahrhunderte hinweg musste sich dieses Vorhaben geradezu als Schnapsidee erweisen. Krakau war stets eine vergleichsweise kleine Stadt. Sie war vornehm, von bourgeoiser und kosmopolitischer Prägung, beliebt bei noblen Leuten aus Adel und Wirtschaft. Reiche Menschen aus Polen, Litauen, der Ukraine und Frankreich residierten hier in ihren Villen. Eine Industrialisierung hatte Krakau so gut wie nicht erfahren, bis Mitte des 20. Jahrhunderts war sie eine Handels- und Handwerksmetropole. Es gab auch keine nennenswerte Arbeiterbewegung, die ihre Wurzeln hätte schlagen können. Die Stadt ist nicht zuletzt aus patriotisch motivierter Sentimentalität groß geworden – in Krakau haben Mythen mehr bewirkt als kapitalistische Schubkraft, so eine gängige Interpretation. Den Kommunisten war das alles viel zu reaktionär. Stattdessen setzten sie den »konservativen Snobs« ihre Vorstellung einer fortschrittlichen, urbanisierten Welt entgegen: eine industriezentrierte Planstadt, ähnlich dem russischen Magnitogorsk.

Der Bau von Nowa Huta war ambivalent. Auf der einen Seite war die neue Stadt das große Versprechen eines zukunftsträchtigen Wiederaufbauprojekts infolge des verheerenden Zweiten Weltkriegs. Für viele Menschen bot sich zum ersten Mal in ihrem Leben eine greifbare Gelegenheit zur Überwindung sozioökonomischer Rückständigkeit. Etwa ein Viertel der Erstbezieher von Nowa Huta hatte zuvor weder Zugang zu Elektrizität noch zu fließendem Wasser. Auf der Habenseite stand also ein beispielloser Zuwachs an Wohlstand. Zudem wurde das Großprojekt als »Bau an der Nation« verkauft, als kollektives patriotisches Moment wiedererlangter Freiheit – ein uralter wie urpolnischer Topos. Dessen Attraktivität wird wahrscheinlich nie an Relevanz verlieren, zu eindrücklich waren die zahlreichen historischen Erfahrungen aufgrund von Teilungen und Überfällen in diesem Land.

Auf der anderen Seite war Nowa Huta auch ein gewaltvoll durchgesetztes Propagandawerk, das von außen geplant und gesteuert wurde. Die Revolution startete mit einer brutalen Übernahme von Macht und Land. Zuerst legitimierte die kommunistische Partei mittels gefälschter Wahlen Ende der 1940er-Jahre ihre Regentschaft, danach begann ein regelrechter Raubzug an der Bevölkerung. Denn bevor das große Aufbruchsprojekt in Angriff genommen werden konnte, musste erst einmal das Feld geräumt werden. Polens größtes Stahlwerk – ein Industriekomplex größer als Krakau selbst – sollte auf den grünen Weiden östlich der Stadt entstehen. Hier befanden sich die fruchtbarsten Böden, welche von kleinbäuerlichen Familienverbänden bewirtschaftet wurden. Neben ein paar losen Dörfern war weit und breit nichts zu finden. Die funktionierende Agrarstruktur sicherte der Stadt die Versorgung und den Menschen ihre Existenz. Der Standort hätte also nicht ungeeigneter sein können, um eine gigantische Produktionsmaschine aufzuziehen.

Stattdessen wurde in unvergleichlicher Manier Landnahme betrieben, Bäuerinnen und Bauern wurden enteignet und verjagt, jegliche Gegenwehr niedergeschlagen. Die Trupps, die für den Bau der Hütte zuständig waren, waren militärisch organisiert. Ganze Brigaden von Männern, »Pioniere« genannt, wurden herangeschafft, um binnen kürzester Zeit die gesamte Umgebung plattzumachen. Das Land wurde regelrecht eingenommen. Der Vorgang hatte zudem einen nicht minder symbolischen Charakter: Er sollte zeigen, mit welcher Kraft der Sozialismus gesellschaftliche wie landschaftliche Strukturen verändern kann. Unterdessen ging man in Krakau auf Distanz zu dem, was sich vor den Toren der Stadt abspielte.

Zwischen Theorie und Praxis

Zwar wussten sich die kommunistischen Machthaber mit dem galoppierenden Tempo, in dem sie den Bau vorantrieben, zu rühmen – doch so groß der erzielte Fortschritt auch war, so enorm gestalteten sich die Probleme, die ihn begleiteten. Eines davon mag zunächst etwas banal daherkommen: Schlamm. Dieser erwies sich jedoch als äußerst hinderlich, denn die Erde unter Nowa Huta ist weich und nach Regenfällen besonders morastig, fast schon klebrig. Also waren unzählige Arbeitskräfte schichtenweise damit beschäftigt, stecken gebliebenes Gerät zu befreien. Dies erzeugte einen ungemeinen Mehraufwand. Hinzu kamen die schlechte Ausrüstung, viele Schadensfälle sowie der ständige Mangel an Material und Ersatzteilen. Das ließ die Arbeitsmoral nicht gerade explodieren. Außerdem waren die Bauarbeiten überschattet von gewalttätigen Übergriffen innerhalb der Belegschaft, häufig ausgelöst durch eine Mischung aus Alkoholismus und kriegsbedingten Traumata. Es muss ein Albtraum gewesen sein, unter diesen Bedingungen ein solch überambitioniertes Projekt realisieren zu müssen, sowohl für die Arbeiter als auch für die Planer.

Trotz aller Ineffizienzen entwickelte sich der Bau von Nowa Huta in der Anfangsphase gut. Vor allem war der Zustrom von aktiv an der Entstehung teilnehmenden Menschen ungebrochen. Die Anziehungskraft der neuen Stadt war dank der Propaganda mit nichts zu vergleichen. Es kamen viele junge Leute aus allen möglichen Gegenden Polens hierher. Sie alle waren auf der Suche nach einer Perspektive, nach nicht weniger als einem neuen Leben. Die meisten waren rurale mittellose Migranten, rund zwei Drittel davon Männer unter dreißig. Die prekären Bedingungen auf dem Land sowie der Verlust von familiären Strukturen im Krieg speisten am häufigsten die Motivlage, um aufzubrechen – zu dem Zeitpunkt hatte sich Nowa Huta bereits herumgesprochen. Generell ist das gesamte Projekt vor diesem Hintergrund zu betrachten, war es für eine ganze Generation ein sinnstiftendes Ereignis, eine Art Initialzündung für eine hoffnungsvollere Zeit nach dem Krieg. Ohne diesen Spirit wäre ein solches Unterfangen nicht zu denken gewesen. Dementsprechend wuchs in dieser Gemeinschaft auch ein gewisser Stolz, wenn Gebäude fertiggestellt und Siedlungen feierlich eröffnet wurden.

Der steile Aufwärtstrend flachte jedoch schon nach wenigen Jahren signifikant ab. In Warschau machte sich allmählich die Kunde breit, dass man sich bei der Vision Nowa Huta maßlos verkalkuliert hatte. Die enormen Mehranstrengungen aufgrund ungünstiger Voraussetzungen für den Bau eines solchen Megaprojekts ließen die Kosten nahezu potenzieren. Eine budgetäre Kehrtwende war unumgänglich, der Sparstift wurde angesetzt. Hinzu kam das unerwartete Ableben Stalins im Jahr 1953, was das Interesse an Nowa Huta erodieren ließ. Fortan sahen sich die Architekten mit einem oktroyierten Ideal des Billigstmöglichen konfrontiert. Einst ambitionierte und fortschrittliche Pläne landeten für immer in der Schublade. Vor allem nicht arbeitszentrierte Einrichtungen wurden eingespart, darunter ein Rathaus und mehrere Kulturstätten.

Am Bau der Stahlhütte hingegen wurde eisern festgehalten, unter allen Umständen. Daran lässt sich gut ablesen, wo in der Machtzentrale die Prioritäten lagen. Natürlich war Nowa Huta ein politisches Kalkül der kommunistischen Führung, denn für eine effiziente Stahlerzeugung waren die Gegebenheiten in der Region einfach nicht vorhanden. Neben der landschaftlichen Problematik waren nicht einmal die benötigten Rohstoffe vorhanden – diese mussten eigens importiert werden. Zudem war das nach Wladimir Iljitsch Lenin benannte Kombinat technisch von Beginn an rückständig. Trotzdem produzierten hier zu Spitzenzeiten rund 38 000 Arbeiter etwa sieben Millionen Tonnen Roheisen jährlich, der Großteil davon landete in der sowjetischen Rüstungsindustrie. Dabei waren die Arbeits- und Produktionsbedingungen mitunter katastrophal, gefährliche Unfälle standen in der Anfangszeit an der Tagesordnung. Vor allem wegen des unglaublichen Rauchausstoßes gelangte die Hütte überregional zu trauriger Berühmtheit. Die stark schwefelhaltigen Schwaden waren besonders aggressiv, sie nagten buchstäblich an den historischen Bauten in der Krakauer Altstadt – sogar das Schlossgemäuer am Wawel war ernsthaft bedroht. Damals knisterte es auf Schritt und Tritt unter den Schuhsohlen, wenn man sich durch die Straßen bewegte. Die Pflege von Hausfassaden gestaltete sich indessen als Sisyphusarbeit. Nicht zu vergessen die zahllosen Fälle von erheblichen Atemwegserkrankungen in der Bevölkerung.

Jugend ohne Gott - Pustekuchen!

Gemäß der herrschenden Ideologie sollten die Menschen an Industrialisierung glauben, geradezu im religiösen Sinn, denn für Gott hatte man nichts übrig. So wurde Nowa Huta ursprünglich als kirchenlose Stadt angelegt – das komplette Gegenmodell zu Krakau, der »Stadt der tausend Kirchen«. Doch auch hier hatten sich die Kommunisten verkalkuliert, wahrscheinlich noch mehr als in der Kostenrechnung. Denn die lokalen Kämpfe um Religionsfreiheit wirkten stärker als jede Theorie. Der Plan, eine gottlose Stadt zu schaffen, in der zum größten Teil praktizierende Katholikinnen und Katholiken lebten, konnte nur als utopisch bezeichnet werden.

Jegliche Bestrebungen der Bevölkerung, ein Gotteshaus zu errichten, wurden von Anfang an unterbunden. Den Bau einer Kirche mussten sich die Menschen in Nowa Huta förmlich ertrotzen. Ende der 1950er-Jahre stellte man demonstrativ ein hölzernes Kreuz im öffentlichen Raum auf, nachdem der Schaffung der ersten zugesagten Glaubenseinrichtung im letzten Moment die Genehmigung entzogen wurde. Daraufhin kam es zu heftigen Auseinandersetzungen zwischen der Miliz und den »Verteidigern des Kreuzes«, wie sie später genannt werden sollten. Die Ereignisse lösten landesweit einen Sturm der Entrüstung aus. Plötzlich hatte die Regierung die Arbeiter am Hals und nicht so sehr die Intelligenz oder den Klerus. Dies nutzte ein junger Bischof namens Karol Wojtyła und protestierte auf seine Art gegen die Verwehrung des Kirchenbaus, indem er regelmäßig Messen im Freien abhielt. Sein oppositionelles Engagement führte er auch als Kardinal und später als Papst Johannes Paul II. fort. Wojtyła unterstützte die Gewerkschaft Solidarność, sein Beitrag zur Überwindung des kommunistischen Regimes in Polen ist von immenser Tragweite gewesen. Er war es auch, der 1977 die erste Kirche in Nowa Huta, die Arka Pana (*Arche des Herrn*), unter enormer Teilnahme der Bevölkerung einweihte. Das originale Holzkreuz, welches den Anstoß für die Bewegung um den Kirchenbau gab, konnte die Zeit überdauern und ist heute etwas unscheinbar an der östlichen Außenwand der Arka Pana angebracht.

Dieses Gotteshaus war der Erfolg eines langen Kampfes der Gläubigen. Vor allem ist es eine Meisterleistung in Sachen »Organisation«. Es gibt im Polnischen ein Wort, das *załatwić* lautet und nur schwer zu übersetzen ist. Das Verb bedeutet in etwa so viel wie *beschaffen*, *organisieren* – allerdings mit einem entscheidenden Zusatz zwischen den Zeichen, der etwas von *herzaubern* beinhaltet. Denn es geht bei *załatwić* immer auch darum, dass etwas quasi aus dem Nichts auftaucht, dass gegen alle Widrigkeiten das Unmögliche möglich wird. Dafür darf dann auch das Wie ein wenig in den Hintergrund rücken. Für diese Form der Lebenskunst haben die Polinnen und Polen wahrlich ein Talent. Ganze acht Jahre dauerten die Bauarbeiten an der Arche, und sie waren komplett selbstverwaltet. Das Material durfte zudem nicht aus der Produktion Nowa Hutas stammen, dies hatten die Machthaber untersagt. Also mussten die Menschen sämtliche Gerätschaften sowie Rohstoffe irgendwie auftreiben. Unterstützung fanden sie dabei von kirchlichen wie weltlichen Organisationen im In- und Ausland, beispielsweise stiftete die Diözese Linz in Kooperation mit der Voestalpine Stahlträger für die Konstruktion des Kirchenbaus.

In Nowa Huta bestand im Gegensatz zur herrschenden Vorstellung kein Widerspruch zwischen Arbeiterschaft und Kirchgängern, wobei diese Unterscheidung per se unsinnig erscheint. In diesem Umfeld entwickelte sich ein starkes Identifikationspotenzial mit der Satellitenstadt als Gemeinschaftsort. Denn zu Beginn gab es in Nowa Huta im Grunde genommen keine gewachsene Gesellschaft. Es waren die verschiedensten Leute von allen Ecken Polens, die mehr oder minder zufällig miteinander an einem Platz lebten und arbeiteten. Damit war die Stadt das komplette Gegenteil von Krakau: ein geschichtsloser Ort mit entwurzelten Menschen. Diese waren in der Regel von überallher, nur nicht aus Krakau. Dort hingegen waren etablierte Verbindungen stets von großer Bedeutung. In gewisser Hinsicht hat sich die alte Stadt dadurch auch etwas isoliert.

Anfangs gab es kaum Berührungspunkte zwischen Nowa Huta und Krakau, doch dies sollte sich im Verlauf der Zeit noch ändern. Die Verhängung des Kriegsrechts im Jahr 1981 hatte die Solidarność-Bewegung in den Untergrund gezwungen. Neben Danzig wurde Nowa Huta zu einem Zentrum der illegalisierten Gewerkschaft. Fortan fanden die Aktivitäten primär in kirchlichen Räumlichkeiten statt, Menschen solidarisierten sich überregional. Zwar bespitzelten die Kommunisten Oppositionelle hartnäckig, letztlich blieben sie den Kirchen jedoch fern. Dort konnte sich »unter dem Schirm Gottes« der polnische Widerstand im Geiste eines Freiheitskampfes formieren. Somit wirkte die Katholische Kirche als Katalysator entscheidend an der Wende mit.

Der »Sieg über den Kommunismus« wird nicht selten auch als »Sieg der Kirche« gedeutet. Dies sichert ihr bis heute die Gunst der Mächtigen nach dem Systemwechsel – aber das ist eine andere Geschichte. Nowa Huta wurde auf diese Weise zu einem paradoxen Symbol: einerseits des kommunistischen Regimes, das den Glauben tabuisierte, und andererseits der Kirche, die den Kampf der Gläubigen für Freiheit und Menschenrechte mittrug. Manche meinen, die Menschen in Krakau seien nie katholischer und patriotischer gewesen als unter den Kommunisten. Hierzu sei der Schriftsteller Adam Zagajewski zitiert, der bemerkte: »Krakau nimmt die Rolle eines Zeugen ein, eines Zeugen, der die geschichtslosen Grobiane daran erinnern muss, dass Dinge auch überdauern können.« Insofern kam Krakau, und im Speziellen Nowa Huta, eine ähnliche Rolle zu wie in Zeiten der Freien Stadtrepublik – die einer Bastion. Heute gibt es in der ehemaligen Satellitenstadt neben mehreren Kirchen auch neue Bezeichnungen für prominente Straßenzüge, die einen Wechsel zum Ausdruck bringen möchten: Aus der aleja Lenina (*Lenin-Allee*) und der aleja Planu 6-letniego (*6-Jahres-Plan-Allee*) wurden die aleja Solidarności (*Solidarność-Allee*) und die aleja Jana Pawła II (*Johannes-Paul-II.-Allee*).

Good Bye, Lenin!

Einst stand in Nowa Huta die größte Lenin-Statue von ganz Polen. Im April 1973 wurde auf der aleja Róż ein monumentales Denkmal für den Revolutionär enthüllt – eine eiserne Statue, neun Meter hoch und sieben Tonnen schwer. Sie zeigte einen kräftigen Mann, der zielstrebig nach vorne marschiert. Lenin stand, wie seine Ideen, für Bewegung. Er war auch ein begeisterter Wanderer und hielt sich während seiner Krakauer Zeit häufig im Gebirge auf. Bis heute besteht in der polnischen Tatra ein Höhenweg, der nach ihm benannt ist.

Offiziell stifteten die Arbeiter aus dem Kombinat das Denkmal. Zu diesem Zweck wurden ihnen gleich mehrere Gehaltszahlungen vorenthalten. Nicht nur deswegen stieß der Koloss in der Bevölkerung auf ausgesprochen wenig Gegenliebe. Regelmäßig kam es zu Schmierereien und vandalischen Akten – beziehungsweise versuchte man es, denn die Skulptur war von unheimlicher Massivität. Erzählungen zufolge soll sie immer wieder mit Baldrian eingerieben worden sein, um streunende Katzen anzulocken. Ihr Urin soll Lenin als olfaktorisches Statement gegolten haben. Einmal kam es sogar zu einem Anschlag auf die Skulptur. Sechs Jahre nach ihrer Enthüllung platzierten Unbekannte in einer Nacht-und-Nebel-Aktion eine Ladung Sprengstoff unter Lenins Füßen. Doch die Detonation kostete dem Revolutionär lediglich eine Ferse, und rund um den großen Platz gingen reihenweise Fensterscheiben zu Bruch.

Lenin Fersenlos sollte noch weitere zehn Jahre an seinem Platz verharren, bis er im Dezember 1989 in die Peripherie versetzt wurde. Anfang der 1990er-Jahre kaufte ein schwedischer Vermögender namens Bengt Erlandsson das Relikt für kolportierte 100 000 schwedische Kronen und ließ es in seinen privaten Western-Themenpark bei Kulltorp, einer Ortschaft nahe Gnosjö, übersetzen. Damit wäre die Statue weit unter Materialwert verscherbelt worden. Dank Erlandsson kann man sich

Lenin, gone for good.

heute den Original-Lenin aus Nowa Huta im High Chaparral Freizeitpark in Schweden zeigen lassen – und das von Lucky Luke himself. Der Platz an der aleja Róż, an dem das Denkmal stand, ist seit der Verbannung des Revolutionärs weitgehend leer. In der Mitte befindet sich ein großes Blumenbeet, das dem Namen *Rosenallee* gerecht zu werden versucht. Dennoch ist dieser Ort wie eine magische Sehenswürdigkeit. Touristengruppen machen hier Halt und lauschen der Geschichte, als ringsum die Fensterscheiben zerbarsten.

Im Jahr 2014 sorgte eine Installation im Rahmen des Kunstfestivals ArtBoom für Aufsehen und hitzige Debatten. Małgorzata Szydłowska und ihr Mann Bartosz Szydłowski fertigten eine Replik der Lenin-Statue in Miniaturform an und platzierten sie am plac Centralny in Nowa Huta – vis-à-vis vom Standort des Originals. Trotz der geringen Höhe von vielleicht einem halben Meter ohne Sockel wusste die Kopie zu provozieren, denn: Sie zeigt einen zitronengelben Lenin beim vorwärtsschreitenden Urinieren. Das ulkige Werk löste heftige Kontroversen aus, es wurde sogar mehrmals versucht, die Figur mit Planen zu verhüllen. Also währte Klein Lenins Klopause in Krakau nur wenige Tage. Doch es wäre nicht Wladimir Iljitsch Lenin, wenn er nicht noch ein Comeback feiern würde. So kam es dann auch 2021, als der Revolutionär mit immerwährendem Harndrang nach Nowa Huta zurückkehrte – und dieses Mal ist er gekommen, um zu bleiben. Heute ist die Skulptur auf dem Dach des Dom Utopii (*Haus der Utopie*), dem internationalen Zentrum für Empathie, permanent ausgestellt. Dieses befindet sich an der Adresse Osiedle Szkolne 26A, gleich gegenüber dem Zalew Nowohucki, einem Teich, dessen Umrundung besonders seit seiner kürzlichen Neugestaltung lohnt.

Was auf dem Schild steht

Häufig manifestieren sich bedeutsame Differenzen an scheinbar unbedeutenden Dingen. Dies trifft besonders bei der Benennung von Straßen und Plätzen im öffentlichen Raum zu. In Nowa Huta stoßen wir auf eine Anomalie: Hier wird der Hauptplatz, wie es in der Regel auf Deutsch heißt, plac Centralny, also *Zentralplatz*, genannt. Im südlichsten Drittel Polens ist diese Bezeichnung bei Weitem nicht so verbreitet wie ihr Äquivalent Rynek Główny, wortwörtlich *Hauptmarkt*, aber wie *Hauptplatz* gebraucht. Am häufigsten ist dieses Phänomen bei Bahnhöfen anzutreffen, wenn Sie etwa von *Kraków Główny* nach *Warszawa Centralna* fahren. Das von *Haupt* abgeleitete *Główny* verweist auf das galizische Erbe der Region, welches sich an solchen Spuren zu erkennen gibt. Hingegen zeugt das von *Zentrum* abgewandelte *Centralny* von der russischen Einflusssphäre im nordöstlichen Teil des Landes. Es sind feine Unterschiede wie diese, die sich bis in die Gegenwart bewahrt haben und nach wie vor über eine gewisse Wirkungsmacht verfügen. Natürlich war die Benennung des plac

Centralny in Nowa Huta eine Vorgabe aus Moskau. Sie sollte auf diese Weise nicht nur die Nähe zum ideologischen Zentrum ausdrücken, sondern auch eine klare Abgrenzung vom Rynek Główny in Krakau darstellen.

Nach der Wende wurden in Polen einige Straßen und Plätze umbenannt. Die Frage der öffentlichen Huldigung ist immerzu eine Frage des herrschenden Systems. In Nowa Huta verschwanden Begriffe wie »6-Jahres-Plan« oder »Lenin« schnell aus dem Stadtbild – nur der plac Centralny ist geblieben. Dieser schien lange Zeit zu unschuldig für eine Säuberung, bis am 8. Juni 2004 die Krakauer Stadtregierung, welche bereits seit der Eingemeindung von Nowa Huta im Jahr 1951 über die Belange der Satellitenstadt verfügt, auf die Idee kam, den Platz nach Ronald Reagan, der wenige Tage zuvor verstorben war, zu benennen. Das Vorhaben stieß auf erheblichen Widerstand, mit dem die Behörden wohl nicht gerechnet hatten. Es war nicht einmal der ehemalige US-Präsident das entscheidende Problem, vielmehr hatte sich der Zentralplatz über ein halbes Jahrhundert zu einem Identifikationspunkt für die Stadt und ihre Bewohner entwickelt. Also musste ein Kompromiss gefunden werden, und dieser lautet: plac Centralny imienia Ronalda Reagana (*Zentralplatz, benannt nach Ronald Reagan*). Niemals habe ich das eine Person sagen hören, in ganz Krakau nicht. Am Ende stellt man angesichts dieses Kuriosums erneut fest – frei nach Wittgenstein –, dass Bedeutung im Gebrauch der Sprache entsteht und nicht in deren Vorschreibung.

Orte der Begegnung

Wie man den Hauptplatz in Nowa Huta auch nennen mag: Wir sind am rechten Ort gelandet, denn hier befindet sich mit dem NCK (Nowohuckie Centrum Kultury) die bedeutendste kulturelle Einrichtung des Viertels. Die Stadt Krakau bemüht sich seit einigen Jahren um die Aufwertung von Nowa Huta, mitunter mittels der Schaffung respektive Erneuerung von Kulturzentren. Nach mehrjährigen Renovierungsarbeiten wurde das frisch aufgeputzte NCK der Öffentlichkeit übergeben. Es liegt am südlichsten Punkt des plac Centralny, von wo aus sich die Alleen wie ein Fächer ausbreiten. Dahinter bietet sich ein fast schon ländlich anmutender Blick in die Vergangenheit – nur mehr grüne Wiesen, die sich vor einem ausbreiten, bis hinunter zur Weichsel.

Seit Oktober 2016 wird im NCK ein Teil der Dmochowski-Sammlung dauerhaft gezeigt. Anna Dmochowska und ihr Mann Piotr Dmochowski sind seit mehreren Jahrzehnten so etwas wie die Mäzene von Zdzisław Beksiński, einem der be-

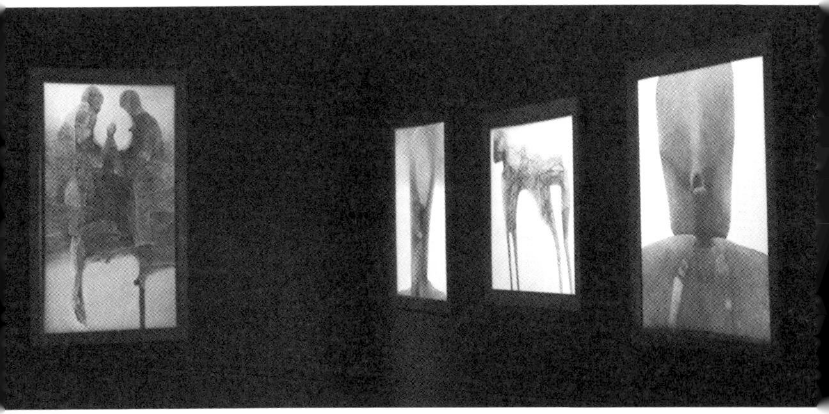

So sollen Beksińskis Träume ausgesehen haben.

kanntesten polnischen Maler der Gegenwart. 1976 war das in Paris lebende Ehepaar bei einem Heimaturlaub in Łódź auf ein Gemälde Beksińskis gestoßen. Es musste einen derart bleibenden Eindruck hinterlassen haben, dass die beiden kurz darauf damit begannen, systematisch seine Bilder zu erwerben. Die

Dmochowskis bemühten sich von Anfang an um die Popularisierung dieses außergewöhnlichen Malers, organisierten Ausstellungen in Frankreich, Belgien und Deutschland. Insgesamt besitzen die beiden rund 300 Arbeiten, welche sich in den vergangenen Jahren zu immer gefragteren Kunstobjekten entwickelten. Zdzisław Beksiński zählt zum äußerst engen Kreis von polnischen Malern der jüngeren Zeit, die über die Landesgrenzen hinaus bekannt wurden. Zudem vermögen seine Bilder enorm zu polarisieren, sie zeigen äußerst düstere Szenerien, deformierte Körper und unterschiedliche Erscheinungen von Gewalt. Im NCK ist eine Auswahl an Ölgemälden aus den 1980er-Jahren, der fantastischen Phase im Werk Beksińskis, zu sehen. Technisch eine virtuose Himmelfahrt, inhaltlich nichts für schwache Nerven. Im Kunstdiskurs wird der Maler zumeist auf diese Weise kontextualisiert.

Ein Besuch der Ausstellung ist in jedem Fall ein Erlebnis. Die Räumlichkeiten sind komplett abgedunkelt, jedes einzelne Bild ist individuell ausgeleuchtet. Sonst gibt es keinerlei Lichtquellen, nur volle Konzentration auf das jeweilige Gemälde. Der Künstler hat keines seiner Bilder tituliert, nicht einmal signiert. Dezent dramatische Klänge sind zu vernehmen, nicht zu laut, und ein markant erdiger Duft, als wäre der Raum für die Schau parfümiert worden. Auf den ersten Blick gewinnt man den Eindruck, Beksińskis Bilder seien wie Glasmalereien von hinten ausgeleuchtet. Auf diese Weise entsteht ein großartiger Kontrast zu bereits Gesehenem, denn sowohl thematisch als auch motivisch könnten die Werke nicht weiter voneinander entfernt sein. Es mag vielleicht eine überschaubare Ausstellung sein, doch mehr als genug für einen bleibenden Eindruck. Den Hauptteil von Zdzisław Beksińskis Œuvre können Sie in seiner Geburtsstadt Sanok besichtigen, außerdem sei Ihnen das hervorragende Filmporträt der Beksińskis unter dem Titel *Ostatnia rodzina* (*Die letzte Familie*) aus dem Jahr 2016 ans Herz gelegt.

In einer eigenen Schau nebenan zeigt das NCK Werke des polnischen Künstlers Jerzy Duda-Gracz, zudem finden regelmäßig Wechselaustellungen zu unterschiedlichen Themen statt. Das Haus ist aber nicht nur ein Kunstmuseum, sondern auch ein Veranstaltungsort für Theater und Musik, ein Treffpunkt samt vielfältigem Bildungsangebot und vieles mehr. Auch der Platz vor dem Gebäude ist einladender geworden, zahlreiche Sitzgelegenheiten sowie eine Reihe von Food Trucks, die mit einem abwechslungsreichen kulinarischen Angebot aufwarten, laden zum Verweilen ein

Folgen wir der aleja Róż, vorbei an dem Platz, auf dem die Lenin-Statue stand, gelangen wir nach nur wenigen Schritten zur äußerst empfehlenswerten Buchhandlung Zgody 7, in der man auch ausgezeichneten Kaffee bekommt. Einer der Schwerpunkte im Sortiment liegt auf der Geschichte von Nowa Huta, des Weiteren ist an das Geschäft eine kleine Touristeninformation angeschlossen. Hier werden Sie in einem der großen Fauteuils in der Auslage Muße finden. Bei der Lektüre mit Heißgetränkbegleitung erfährt man Näheres zur Satellitenstadt, oder man blickt einfach auf den Park gegenüber

und beobachtet Passanten. Selbst dieses Bild vermittelt einen Hauch von Historie, denn der angesprochene Park nennt sich Park Ratuszowy, also *Rathauspark*, nur dass das einst geplante Rathaus für Nowa Huta nie zu seiner Umsetzung gelang. Mit Rathäusern hat man es in Krakau nicht so.

»Stara Huta« und ihr Erbe

Neu ist an Nowa Huta zuweilen kaum mehr etwas. Gerade das rund zehn Quadratkilometer große Areal der Stahlhütte ist im Begriff, eine der größten postindustriellen Landschaften Europas zu werden. Nicht einmal ein Drittel der Fläche wird heute noch genutzt. Den Rest reißt sich nach und nach die Natur unter den Nagel. Leider ist dieses Paradies für Urban Explorer unzugänglich, denn es wird überwacht. Auf den Tag, an dem das Werk für Besichtigungen geöffnet wird, warte nicht nur ich. Zurzeit ist lediglich ein Marsch rund um das umzäunte Gelände möglich, allerdings nicht unbedingt empfehlenswert. Auch das Besteigen des nahe gelegenen Kopiec Wandy, eines aufgeschütteten Hügels, bietet mehr einen Panoramablick über Krakau als über die Stahlhütte. Wer den Gang dennoch antritt, merkt schnell, wie unfassbar groß das Gebiet ist – und wie grün und unberührt im Gegensatz dazu die gesamte Umgebung. Wie aus dem Nichts kann schon einmal ein Reh den Weg entlang der Mauer queren. Stellenweise gibt sich dahinter blickdichter Wald zu erkennen. An ein Industriegebiet erinnert herzlich wenig, hie und da sind verlassene Ruinen zu sehen. Beeindruckend zeigt sich die Wiederaneignung durch die Natur. Womöglich wird das Kombinat eines Tages zu einem Musterbeispiel für die Renaturierung industriell genutzter Flächen werden.

Das zum Symbol für Nowa Huta gewordene Haupttor zur Stahlhütte am Ende der aleja Solidarności bleibt aktuell die

Das symbolträchtige Eingangstor zum Kombinat

einzig zugängliche »Sehenswürdigkeit«. Seit 1990 trägt der große Schriftzug nicht mehr Lenins Namen, sondern den des aus Lemberg stammenden Ingenieurs und Erfinders Tadeusz Sendzimir. Zwei große neoklassizistische Bauten, die – vom Schmutz an den Außenwänden einmal abgesehen – erstaunlich deutlich an die Tuchlauben am Rynek Główny erinnern, beheimaten die Administration des Werks. Im Volksmund wird diese Zentrale der Arbeiterschaft ironisch *Watykan* (*Vatikan*) oder auch *Pałac Dożów* (*Dogenpalast*) genannt. Heute befindet sich das Kombinat im Besitz eines indischen Konzerns. Nachdem der letzte von einst neun Hochöfen vor Kurzem außer Betrieb genommen wurde, ist die Zukunft der verbliebenen Arbeitsplätze ungewiss geworden.

Generell ist mit der Geschichte von Nowa Huta ein beispielloser Niedergang verbunden. Auf die Wende folgte die sogenannte Schocktherapie ganzer Wirtschaftsstrukturen – Massenarbeitslosigkeit und später auch erhöhte Kriminalität hielten Einzug, dazu gesellte sich eine massive Aus- und Abwanderungsbewegung. Einst wuchs die Satellitenstadt in rasanter Geschwindigkeit: 1953 lebten hier 30 000 Menschen, zwei Jahre später waren es bereits 70 000. Dieser Trend setzte sich fort, bis in den 1970er-Jahren mit knapp 200 000 Einwohnern ein numerischer Höhe-

Der »Dogenpalast«

punkt erreicht war. Aktuell leben rund 50 000 Menschen in Nowa Huta. Lange Zeit bekamen sie das schlechte Image ihres Stadtteils zu spüren – dieser sei eine schmutzige, gefährliche Gegend, sozusagen die »Bronx von Krakau«.

Doch in den vergangenen Jahren machte sich ein Paradigmenwechsel bemerkbar. Nicht zuletzt wegen der extremen Preissteigerungen im Immobiliensektor wenden sich viele junge Menschen dem Viertel zu. Gerade der qualitativ hochwertigere »Altbestand« an Wohnungen ist sehr begehrt. Diese sind großzügiger und verfügen über hohe Decken sowie große Fenster. Zudem weisen sie häufig solide Ziegelwände auf, welche der ansonsten so typischen Hellhörigkeit in späteren Plattenbauten im Wege stehen. Auch aus architektonischer Sicht haben die früheren Bauten mehr zu bieten, sind diese mit stilistischen Elementen aus der Renaissance versehen. Kulturgeschichtlich ist dies eine in Polen äußerst bedeutende Epoche, die vor allem in der Krakauer Altstadt einen Höhepunkt erlebte. Es dürfte keine Überraschung sein, dass ebenjene Häuser aus der Anfangszeit, welche gegenwärtig eine massive Aufwertung erfahren, seinerzeit von den Kommunisten am stärksten kritisiert wurden. Den Architekten warf man vor, »zu polnisch« und »nicht revolutionär genug« zu sein. Später änderten sich die Entwürfe dahingehend, und Nowa Huta wurde merklich modernistischer. Außerdem sank die Qualität der Bauten drastisch, nachdem wegen des um sich greifenden Rüstungseifers die Budgets für Wohnbau massiv gekürzt worden waren. Dafür entstanden in der Satellitenstadt Hunderte Luftschutzkeller und Atombunker – diese Stadt war von Beginn an für alle Eventualitäten gerüstet. Einen Teil davon kann man im Museum Podziemna Nowa Huta im Rahmen einer Führung besichtigen.

In gewisser Hinsicht verkörpert das »alte« Nowa Huta bis heute das Moment des Unvollendeten einer Utopie. Denn innerhalb einer solchen Vorstellung beinhaltet die Welt, wie sie ist, stets eine Komponente, einen Zustand, der noch nicht erreicht wurde oder nicht erreicht werden kann – ein Soll. So steht die Satellitenstadt für einen unvollständig in Erfüllung gegangenen Traum. Zwar wird das stalinistisch geprägte Vorhaben häufig als gescheitertes Experiment bezeichnet, doch greift diese Einschätzung zu kurz. Denn trotz aller Schattenseiten trug es dazu bei, dass viele Menschen mit unterschiedlichen sozioökonomischen Hintergründen eine spürbare Nivellierung der gesellschaftlichen Verhältnisse erleben konnten.

Nie
dotyczy
KMK

Krakau abseits des Tageslichts

Das aufregende Krakauer Nachtleben spielt sich in der Altstadt und in Kazimierz ab. Dort reihen sich Kneipen und Bars stellenweise wie Hemden im Schrank aneinander, als hätte man sie bewusst dorthin verstaut. Besonders in letzterem Stadtteil kann man straßenzugweise entlang von Türen spazieren, hinter denen schummriges Licht und gedämpfte Musik einen geradezu dazu auffordern, einen Drink zu nehmen. Hier ist für jeden Geschmack etwas dabei, egal, ob es das Essen, die Getränke, das Interieur, die Musik, das Publikum oder was auch immer betrifft. Setzen Sie sich Ihren Filter selbst.

Am meisten macht eine von Entdeckungslust getriebene Lokalwanderung in Kazimierz Spaß. Nicht nur einmal hörten mich meine Freunde »Auf Krakau ist Verlass« sagen, wenn sie mich nach Ausgehmöglichkeiten fragten. Insofern lautet die erste Empfehlung: Offen sein und ausprobieren, alles Weitere richtet sich nach persönlichen Vorlieben. Abgesehen davon bleibt einem häufig auch nichts anderes übrig, denn so viele Gaststätten es in Krakau gibt, so klein können diese mitunter ausfallen, was den Lokalwechsel nicht selten unfreiwillig herbeiführen kann. Das soll uns aber nicht weiter stören, einen Mangel an guten Ess- und Trinkgelegenheiten werden Sie in dieser Stadt sicher nicht erleben.

Lokalwanderung und Wanderlokal

Viele meiner nächtlichen Streifzüge durch Kazimierz führten mich früher oder später ins Lokal Piękny Pies (*Hübscher Hund*). Dies ist eine lässige Bar, in der die Zeit schnell vergehen kann. Stets gibt es gute Musik, live oder aus der Büchse, interessante Leute und eine feine Auswahl an Craftbieren. Generationen heimischer Bands starteten hier ihre Karrieren. Hin und wieder kann es vorkommen, dass man »den Hund«, wie man in Krakau sagt, suchen muss, weil man ihn nicht wiederfindet – als wäre einem das Tier entlaufen. Ich weiß, was Sie jetzt denken werden. Einer, der seine Stammkneipe nicht mehr findet, sollte sie besser überhaupt nicht mehr finden können. Doch zu Piękny Pies gehört untrennbar die wahnwitzige Geschichte, dass dieses Lokal seit seiner Gründung die halbe Stadt »bewohnt« hat. Vor knapp zwanzig Jahren nahm die bewegte Klubgeschichte in der Altstadt ihren Anfang, wo insgesamt zwei Standorte bespielt wurden. Danach übersiedelte man nach Kazimierz, wo der erste Umzug ebenfalls schon verbucht ist. Unter den Leuten, die häufig im Piękny Pies anzutreffen sind, etablierte sich der ironische Spruch *Wiem już gdzie otwierają nowego psa*, was übersetzt bedeutet: *Ich weiß schon, wo der neue »Hund« aufmacht.* Aktuell befindet sich die legendäre Kneipe am plac Wolnica. Ich kann nur hoffen, dass dem weiterhin so ist.

Aus dem Hut gezaubert

Andere Lokale muss man suchen, weil sie bewusst etwas versteckt wurden. So kann es mitunter notwendig sein, dass man durch ein »kaputtes« Klo, eine Garderobe oder sogar eine Falltür eintreten muss. Seit ein paar Jahren lässt sich in Krakau eine gewisse Renaissance sogenannter Speakeasies feststellen. Diese versteckten Kneipen fanden in den USA der 1920er- und 1930er-

Jahre besonders regen Zulauf, da dort an den Prohibitionsgesetzen vorbei Alkohol ausgeschenkt wurde. Aus diesem Grund kannten nur Eingeweihte den Standort, und man musste sich darin recht ruhig verhalten, um den Laden nicht auffliegen zu lassen. Heutige Speakeasies, wenn man sie so nennen möchte, schützen die Gäste nicht mehr vor der Polizei, sondern eher vor Trunkenbolden oder zu viel Getümmel. Nicht selten suchen Einheimische in solchen Etablissements ein wenig Abstand zu Touristengruppen, die vollgetankt auf die Pirsch gehen, und Ähnliches. Insofern wird die etwas intimere Atmosphäre besonders hoch geschätzt.

Die Existenz dieser versteckten Bars ist in den meisten Fällen ein offenes Geheimnis. Von außen nicht zu erkennen, muss man als Gast meist eine kleine »Hürde« nehmen, um mit dem Eintritt belohnt zu werden. Es lässt sich nicht genau sagen, wie viele solcher mehr oder weniger geheimen Klubs aktiv sind. Mal schnappt man irgendwo eine Information auf, mal wird man irgendwohin mitgenommen. In jedem Fall gehört eine gewisse Exklusivität zum Konzept dazu, es vermittelt die reizvolle Illusion, für den Moment zu einem Kreis von Eingeweihten zu gehören.

Illusion liefert auch das Stichwort für eine gediegene Cocktailbar, die ich Ihnen vorstellen möchte. *William Rabbit & Co.* ist ein außergewöhnliches Lokal und gut unter der Erde versteckt. Die Betreiber bezeichnen

Treten Sie näher.

es selbst als »magischen Ort«, denn die Bar hat sich ganz und gar dem Thema Zauberei verschrieben. Der Standort von William Rabbit & Co. ist, sagen wir, halb geheim. In der Stadt und im Internet kursieren Visitenkarten mit den entsprechenden Koordinaten. Allerdings ist für den Eintritt das Durchlaufen eines spielerisch angehauchten Rituals notwendig. Zunächst suchen wir das Restaurant Hilo in der ulica Bożego Ciała in Kazimierz auf. Im Eingangsbereich befindet sich eine Klingel, die zu betätigen ist. Dann ertönt eine Stimme und fragt: »Guten Abend, hier ist William Rabbit. Womit kann ich dienen?« Darauf antworten wir, dass wir gerne den Hausherrn besuchen möchten. »In Ordnung, es kommt Sie gleich jemand abholen.« Wir treten also ein paar Schritte zurück und warten auf der Straße.

Es kann manchmal ein Weilchen dauern, bis jemand kommt. Seien Sie versichert, es wird jemand erscheinen. Dann werden wir freundlich hereingebeten. Wir folgen der Person, die wie aus dem Nichts aufgetaucht ist, und gelangen über eine Treppe in einen Keller. Unten angekommen, müssen wir uns bücken, denn der Eingang ist ganz offensichtlich an die Bedürfnisse des Hausherrn angepasst.

Innen duftet es angenehm nach Räucherstäbchen. Die Musik ist genau richtig, sie verbreitet eine entspannte Stimmung und stört die Unterhaltung nicht. Wir werden an einen freien Tisch ge-

Nicht ganz barrierefrei: der Eingang

führt und machen uns mit der Getränkekarte vertraut. Es gibt eine ganze Palette von Cocktailvariationen, die den Weg zur baldigen Wiederkehr vorzeichnen. Die Innenausstattung ist edel, aber nicht ungemütlich protzig. Zu den Highlights zählt ein Gang aus kojenartigen Séparées, in denen sich kleine Grüppchen bequem für einen gemütlichen Abend einnisten können. Der Ausflucht aus dem Alltag steht somit nichts mehr im Wege, man muss nur anläuten.

Sauber heißt nicht zwingend sober

Von einer anderen Erfahrung spätstündlicher Alltäglichkeit handelt die folgende Anekdote. Sie skizziert ebenfalls eine Problemstellung, die zu lösen war – wohl von grundverschiedenem Charakter. Meine winzig kleine Wohnung in Azory aus meiner Studienzeit verfügte trotz ihrer gerade einmal 25 Quadratmeter Wohnfläche über alles Notwendige: eine Kombination aus Vorraum und Küche, eine weitere aus Bad und WC sowie eine aus Wohnraum und Schlafbereich. In Polen wird gern und viel kombiniert, mal aus einer bestimmten Haltung heraus, mal aus reiner Notwendigkeit. Mein größter Luxus war ein Balkon mit Aussicht auf den Block gegenüber und die Flugzeuge im Landeanflug auf Balice. Das Einzige, das mir zum Glück fehlte, war eine Waschmaschine. Der ständig wachsende Berg aus Schmutzwäsche in der Nasskammer zwang mich somit regelmäßig dazu, einen Waschsalon aufzusuchen.

Kurz nach meiner Ankunft in Krakau hatte ich noch kaum Bekanntschaften gemacht. Vor allem aber war ich niemandem begegnet, der *nicht* im Besitz einer Waschmaschine war. Also suchte ich nach einer Lösung und wurde dank entsprechender Suchabfrage im Internet schnell fündig. Zudem schlug mir der Algorithmus einen Betrieb vor, dem kein Studierender Mitte zwanzig auch nur annähernd hätte widerstehen können. Die

Rede ist vom Frania Cafe in der ulica Starowiślna, einer Bar mit integriertem Waschsalon.

Das Frania führt zusammen, was zusammengehört: Wäsche waschen und die Zeit mit gesellschaftlichem Alkoholgenuss verkürzen. Es befindet sich in einem Souterrain und wirkt auf den ersten Blick wie ein ziemlich heruntergekommenes, hauptsächlich von frisch von zu Hause Ausgezogenen aufgesuchtes Lokal mit attraktiven Getränkepreisen. Ergänzt wird dieses Angebot durch einen großen Waschraum im hinteren Bereich, wo sich eine respektable Zahl von Waschmaschinen und Trocknern aneinanderreiht und nach dreckiger Wäsche lechzt.

Aus einer Binsenweisheit wurde eine Geschäftsidee: Alle müssen hin und wieder Wäsche waschen, und das kostet wertvolle Zeit. Zeit, die sich wunderbar mit die Zunge lockernden und Hemmungen abbauenden Annehmlichkeiten verbinden lässt. Meine Strategie, um in Krakau rasch Anschluss zu finden, war also gefunden. Sie führte, so die Theorie, über die eigene Schmutzwäsche, dazu ein Bierchen – welch saubere Lösung! Da verdrängte ich gleich einmal, dass schon auf halber Strecke zwischen meiner Wohnung in Azory und dem Frania Cafe ein »reiner« Waschsalon zu finden gewesen wäre.

Es war ein milder Abend im September, glutrote Abenddämmerung verkündete den Einbruch der Dunkelheit. Mit einer aus allen Nähten platzenden Sporttasche behängt, machte ich mich also auf den Weg. Eine Kombination aus Bus und Straßenbahn war nötig. Zweimal musste ich umsteigen, bevor ich das Ziel nach fast einer Stunde erreichte. Erwartungsvoll und etwas aufgeregt näherte ich mich dem Lokal, stieg die Treppen hinunter in Richtung Souterrain. Auf einem beleuchteten Schild stand in großen Lettern *Frania* geschrieben. Die Vorfreude, gleich auf durstige Gleichgesinnte zu treffen, war groß. Ich öffnete die Tür und trat ein.

Innen herrschte gähnende Leere. Hinter der Bar lehnte eine junge Kellnerin, die sich ziemlich sicher fragte, warum ich so überrascht aussah. Nicht einmal Musik war zu hören. Einzig das Geräusch einer einsam rotierenden Wäschetrommel ließ den Schluss zu, dass sich zumindest ein weiterer Gast in dieses Lokal verirrt haben musste. Es war ein recht beleibter Mann mittleren Alters aus England, der oben ohne in der hintersten Ecke des Raums saß. Still nippte er an seinem Bier und wartete darauf, dass das Trikot seiner favorisierten Fußballmannschaft wieder tragbar wurde. Weder hatte dieser Mann mehr zu waschen noch zu sagen. Ich war ziemlich enttäuscht, aber irgendwie war es mir auch zu peinlich, um wieder kehrtzumachen. Vielleicht würde sich der Laden ja nach dem ersten Waschgang füllen.

Gut, dass ich ein Buch bei mir hatte, denn wie ich im Verlauf des Abends herausfinden durfte, ist man gut beraten, sich für das Frania Cafe ein großzügigeres Zeitfenster freizuhalten. Zwei große Bier, in bedächtiger Manier genossen, waren aus Kundensicht zu optimistisch kalkuliert. Während des dritten war die Zeit reif für den Trockner. Erst lange danach, nach dem vierten und einem Glas Wasser, war die Wäsche endlich fertig und mein ganzes Bargeld aufgebraucht. Da helfen einem die Getränkepreise nur bedingt weiter. Leider war niemand mehr gekommen – ich schätze, die wussten alle schon Bescheid.

Etwas angeheitert, aber mit sauberer Kleidung im Gepäck, trat ich den Weg zurück nach Azory an. Den Briten habe ich nie wieder getroffen, weitere Bekanntschaften ergaben sich hier ebenfalls nicht. Es war dann doch mein letzter Besuch im Frania Cafe in der ulica Starowiślna. Einige Zeit später übersiedelte das Lokal an seinen heutigen Standort in der ulica Stradomska. Dort ist es ebenerdig betretbar und nicht mehr wiederzuerkennen. Man konzentriert sich seither auf eine andere Tageszeit und die damit einhergehenden Usancen. Das neue Frania konnte sich inzwischen zu einem beliebten Frühstückslokal mausern. Gleichzeitig flaute das Geschäft mit der Wäsche zusehends zu einem Nebenerwerb ab. Nach meiner einzigartigen Erfahrung im alten Frania wechselte ich zu einem Waschsalon, der den gängigen Vorstellungen entspricht. Dort wurde meine Wäsche zwar objektiv schneller fertig, doch irgendwie verging die Zeit trotzdem merklich schwungloser.

Wie der Abend sein lukullisches Ende findet

Wer kennt das nicht? Die Nacht hat ihre Jugend bereits abgestreift, durstig ist man auch nicht mehr – doch das Loch im Magen wächst beständig und gibt einem zu verstehen, dass es bis zum Frühstück noch eine Zwischenlösung braucht. Mag sein, dass die Ansprüche an eine die durchzechte Nacht abschließende Mahlzeit in der Regel nicht allzu hoch ausfallen. Ich möchte Sie aber zu meinem persönlichen Favoriten in Sachen Mitternachtswurst einladen, um Ihnen zu zeigen, was in Krakau auf diesem Gebiet kulinarisch möglich ist. In Wahrheit, muss man sagen, gibt es in dieser Stadt nur einen Würstelstand: den legendären blauen Nysa. ZSD Nysa war bis 1994 ein polnischer Produzent von Kleintransportern und in der gleichnamigen opolischen Stadt im Westen des Landes beheimatet. Seit über dreißig Jahren steht zwischen Montag und Samstag ab 20 Uhr ein azurblaues Modell 522 der kultigen Automarke am immergleichen Ort direkt vor der Hala Targowa (*Markthalle*), wo frisch gegrillte Würste von erstklassiger Güte verkauft werden.

Dies ist nicht einfach nur ein Imbiss, sondern eine Institution. In Krakau und auch darüber hinaus zählen die beiden Wurstbrater Aleksander Malik und Marek Dyląg zum kulturellen Inventar. »Wir sind immer da, dafür schätzen uns die Leute«, sagt Malik in einem Interview, »… und natürlich schmecken ihnen unsere Würste.« Dabei hatten die beiden nie geplant, zu einem Retrosymbol zu werden. Der Kauf des ikonischen Wagens sei einem Zufall geschuldet gewesen, erzählt Malik: »Ein Bekann-

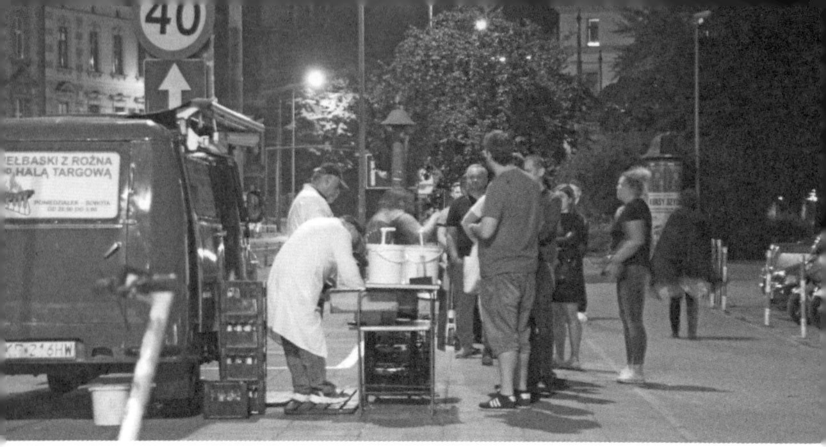

Eine Institution

ter hat den Nysa für wenig Geld verkauft, so hat es dann begonnen.« Die Idee für einen Würstelstand wurde im Jahr 1991 geboren, als beide noch als Taxifahrer gearbeitet hatten. Der Beruf brachte sie darauf, nachts Essen zu verkaufen, denn sie waren zu nächtlicher Stunde unterwegs und bemerkten, dass ihre Fahrgäste ständig hungrig waren und nach Mahlzeiten fragten. Malik und Dyląg erkannten die Marktlücke und schlossen sie. Anfangs bildeten ehemalige Kollegen und deren Fahrgäste einen kleinen eingeschworenen Kundenkreis, doch die immer verfügbare Wurst machte in Krakau schnell die Runde.

Stets in der Nacht, bei Wind und Wetter, stehen Malik und Dyląg wie selbstverständlich an ihrem Platz und bereiten ohne jeglichen Schnickschnack des Nachtschwärmers Zwischenmahlzeit zu. Die Contenance trägt maßgeblich zu ihrem Erfolg bei. Das Paradoxe an unserer Zeit ist ja, dass nichts an dem, was die beiden tun, besonders ist – und doch macht es genau dieser Umstand zu etwas Besonderem. Sie müssen lediglich eine Entscheidung treffen: mit oder ohne Semmel. Ansonsten gibt es nur die perfekte Wurst, über die Aleksander Malik bloß so viel verrät: »Die Würste kommen von unserem persönlichen Lieferanten vom Land. Er macht sie genau so, wie sie sein sollen, aus echtem Fleisch und nicht aus Resten. Wir braten sie über Buchenholz, das verleiht ihnen den guten Geschmack.«

In einer komplexen Welt scheint das Einfache auf der Siegerstraße zu sein. Malik und Dyląg erfreuen sich mittlerweile sogar internationaler Bekanntheit und einiger heimischer Auszeichnungen. Sämtliche Angebote zu expandieren, sogar nach Warschau, lehnten sie zugunsten der Qualitätssicherung ab. Selbst der in Polen angesehene Koch und Journalist Robert Makłowicz zählt zu ihren Stammgästen. Regelmäßig bilden sich längere Schlangen vor dem blauen Gefährt, dabei blicken die hungrigen Kunden gebannt auf die brutzelnden Würste über dem Feuer. Manche versuchen, ihre voraussichtliche Wartezeit zu kalkulieren, denn es wird schubweise abgefertigt – immer dann, wenn das Grillgut auf einem Spieß fertig ist. Wenn man Pech hat, muss man auf den nächsten Turnus warten. Doch ist dies ein Preis, den man gerne bezahlt, garantiert er absolute Frische.

Also: Beim nächsten nächtlichen Streifzug durch Krakau unbedingt bei den legendären Wurstbratern vorbeischauen! Sie können sogar – kein Witz! – bedenkenlos ein Taxi rufen und sich einfach *do kiełbasek* (*zu den Würsten*) oder *do nyski* (*zum Nysa*) kutschieren lassen. Ich garantiere Ihnen, dass es funktioniert, mit großer Wahrscheinlichkeit wird sich Ihr Taxifahrer gleich hinter Ihnen in die Schlange stellen. Und sollte der Fall eintreten, dass Ihr Sprachapparat infolge erhöhten Alkoholgenusses schon etwas fortgeschrittener in seiner Einschränkung ist, dann reicht für gewöhnlich auch ein einfaches *kiełbaski* (ausgesprochen etwa so: *ki-ä-u-ba-ski*) als Anweisung von der Rückbank aus.

Visualisierte Zufriedenheit

In der polnischen Sahara

Böhmen liegt am Meer, so schrieb es Ingeborg Bachmann, und ich möchte hinzufügen: Krakau liegt an der Wüste. Rund fünfzig Kilometer nordwestlich oder eine knappe Autostunde entfernt befindet sich mit der Pustynia Błędowska (*Błędów-Wüste*) das größte Sandvorkommen im mitteleuropäischen Binnenland. Ein Ausflug in die »polnische Sahara«, wie sie gerne genannt wird, ist etwas für all diejenigen, die das Ausgefallene suchen. Es ist aber auch ein Ort, an dem man auf ungeahnte Weise zur Ruhe gelangt. Eine Wanderung durch das riesige Gebiet vermag es, für einen Moment alles von außen Einprasselnde auszublenden.

Die Anreise mit öffentlichen Verkehrsmitteln ist zwar prinzipiell möglich, empfiehlt sich allerdings wirklich nur für Reisende, die sich in Region und Sprache etwas besser orientieren können. Jedoch führt der Weg in die Wüste für alle über dieselbe Strecke. Wir nehmen ausnahmsweise das Auto, verlassen Krakau im Bereich Bronowice und fahren entlang der Landstraße 94 in Richtung Olkusz. Auf halber Strecke passieren wir den Nationalpark Ojców, welcher ebenfalls einen Ausflug wert ist. In unmittelbarer Nähe dazu erhebt sich im Ort Pieskowa Skała ein wunderschönes Renaissanceschloss, welches stark an das Burgschloss am Wawel erinnert, aufgrund seiner pittoresken Lage aber noch einmal eindrucksvoller erscheint. Neben der Anlage selbst überzeugt auch das hauseigene Museum, welches die Geschichte des Schlosses beschreibt und zudem eine ansehnliche Sammlung europäischer Kunstwerke aus mehreren Jahrhunderten zeigt. Wir durchqueren indessen Olkusz und richten den Kurs gen Norden, weiter nach Klucze, das östlich der Wüste liegt. Bald sehen wir beschilderte Abzweigungen, die uns den Weg zum abgelegenen Ziel weisen.

Im ersten Moment nach der Ankunft ist einmal Staunen angesagt, denn die Reise dorthin vermittelt in keinster Weise ein Indiz für eine Sandwüste. Die Fahrt führt größtenteils durch die Definition von Einöde: schlechte Straßen mit beträchtlichen Schlaglöchern, gesäumt von Wäldern, alte und neue Einfamilienhäuser nebst Ruinen, eine Reihe von Geschwindigkeitshügeln, Hunde und Katzen, die einen willkommen heißen. Dann breitet sich plötzlich eine Überraschung vor einem aus. Die Pustynia Błędowska erstreckt sich über eine Fläche von rund 33 Quadratkilometern, sie misst eine Länge von etwa zehn Kilometern sowie eine Breite von vier. Ihre Sandschichten sind mehrere Dutzend Meter tief. Das Areal ist in zwei Hälften geteilt, deren Begrenzung das Tal des Flusses Biała Przemsza bildet. Der nördliche Teil ist merklich größer und auch etwas weniger besucht. Für Ausdauernde gibt es einen gelb markierten Wanderweg durch das gesamte Wüstengebiet mit einer Länge von über 28 Kilometern.

Entgegen so mancher Darstellung ist die Pustynia Błędowska kein unerklärliches Naturphänomen, sondern das Ergebnis menschlicher Handlungen. Vor Jahrtausenden brachte zunächst das Abschmelzen von Eisschichten in höheren Lagen Sand und feines Gestein in die Region. Mit dem Ende der letzten Eiszeit bildete sich auf den getauten Böden dichtes Waldgebiet, welches heute noch sichtbar ist. Später stießen die Menschen in der Umgebung von Olkusz auf reiche Blei- und Silbervorkommen im Boden, woraufhin sie mit der intensiven Abholzung der Wälder begannen. Für den Bau von Stollen zugunsten des Abbaus war besonders viel Holz vonnöten. Zudem wurde der Grundwasserspiegel abgesenkt, um in tiefere Lagen vordringen zu können. Diese starken Eingriffe in die ökologische Struktur sorgten letztlich für die Entstehung dieses Wüstengebiets.

Glaubt man diversen Überlieferungen, sollen in der Pustynia Błędowska seinerzeit Fata Morganas, Sandstürme und riesige Wanderdünen gesichtet worden sein. Einer gängigen Sage nach sei die Wüste deswegen entstanden, weil der Teufel die Silberminen der Menschen mit Sand zuschüttete. Die Erdenbewohner dürften bei ihrer Suche nach Bodenschätzen dem Herrscher der Unterwelt wohl zu nahe gekommen sein.

Noch vor rund hundert Jahren belief sich die ausschließlich mit Sand bedeckte Oberfläche auf gut 150 Quadratkilometer. Heute ist nur mehr ein Drittel der ursprünglichen Wüste nicht mit Wald überzogen. Klimatische Veränderungen sowie die Wiederherstellung des Grundwasserspiegels führten sukzessive zu verstärktem Auftreten von Flora. Es gibt in der Region der Pustynia Błędowska sogar eine endemische Pflanzenart. Die *Warzucha polska* (*Cochlearia polonica*) ist ein Kreuzblütengewächs und vom Aussterben bedroht. Mittlerweile ist sie aus der Wüste praktisch verschwunden, allerdings steht die Pflanze unter besonderem Schutz und wird an einigen wenigen Stellen in nächster Umgebung kultiviert.

Seit Beginn des 20. Jahrhunderts ist die Sandwüste im Schrumpfen begriffen. Lange Zeit hat man in ihr eher ein

Problem gesehen als ein schützenswertes Gebiet. In der Nachkriegszeit etwa wurden verstärkt Baum- und Sträucherzüge angelegt, um die umliegenden Siedlungen vor Sandwirbeln zu schützen. Zuvor war die Wüste in zwei Weltkriegen und darüber hinaus als militärisches Übungsfeld genutzt worden. Gewisse Bekanntheit erlangte die Pustynia Błędowska durch die Tatsache, dass die Wehrmacht in der Zeit des Zweiten Weltkriegs hier das Deutsche Afrikakorps auf seine Einsätze vorbereitete. Einige Überreste eines Bunkers sind am Rande der nördlichen Hälfte noch zu sehen. Heute werden gelegentlich Fallschirmsprünge vom polnischen Heer geübt, was für einige eine Attraktion darstellt und besichtigt wird.

Um dem potenziellen Verschwinden der Sandwüste entgegenzuwirken, begannen in den 2010er-Jahren umfangreiche Aktivitäten zum Schutz der Pustynia Błędowska. Dabei wurde das Areal von Verschmutzungen und Unkraut befreit, zudem kamen auf diese Weise einige Überreste von militärischen Manövern zutage. Eine ganze Reihe von Minen und anderen gefährlichen Gegenständen konnte beseitigt werden. Die Bemühungen lassen sich getrost als Erfolg verbuchen. Außerdem wurden Aussichtspunkte angelegt, von denen aus man die Weiten dieses speziellen Ortes erfassen kann.

In dieser Kulisse endet unsere Reise. Die Wüste gibt uns zum Schluss Raum für Gedanken, sie regt die Fantasie an und ermöglicht Reflexion. Besonders wenn man alleine durch den Sand stapft und die Verwerfungen am Boden beobachtet, wenn einem der Wind ins Gesicht bläst, oder man achtsam der ungewohnten Stille lauscht, wenn sich dieser wieder legt – dann bietet sich die Gelegenheit, gedanklich zu expandieren, dann kann man diesen Raum für sich einnehmen und einfach nur im Moment sein.

Adressen

Stare Miasto

Cechowa (Restaurant)
ulica Jagiellońska 11
restauracjacechowa.pl

Hawełka (Café, Restaurant)
Rynek Główny 34
hawelka.pl

Nowa Prowincja (Café)
ulica Bracka 3–5

Noworolski (Café)
Rynek Główny, Sukiennice
noworolski.com.pl

Pod Złotą Pipą (Restaurant)
ulica Floriańska 30
restauracja-pipa.pl

Kazimierz

Ariel (Café, Restaurant)
ulica Szeroka 17–18
ariel-krakow.pl

Austeria (Buchhandlung)
ulica Szeroka 16
austeria.pl

Bagelmama (Restaurant)
ulica Dajwór 10

Butter Cut Barbershop (Coiffeur)
ulica Kupa 2
buttercut.pl

Dawno temu na Kazimierzu (Restaurant)
ulica Szeroka 1
szeroka1.com

Jarden (Buchhandlung)
ulica Miodowa 41
jarden.pl

Lody (Eissalon)
ulica Starowiślna 83

Paul's Boutique Record Store (Plattenladen)
ulica Bożego Ciała 24
digujto.pl

Stary Sklep – Old Shop (Antiquitätenladen)
ulica Brzozowa 7

Ulica Krokodyli (Café, Pub)
ulica Szeroka 30

Zapiekanki Piecyk (Zum Mitnehmen)
plac Nowy

Nowy Świat, Piasek

Ja-Wa (Kaffeerösterrei)
ulica Karmelicka 17
palarniakawyjawa.pl

Kaffe Bageri Stockholm (Café)
ulica Łobzowska 17

Massolit (Café, Buchhandlung)
ulica Felicjanek 4
massolit.com

Michałek (Konditorei)
ulica Krupnicza 6

Pojnarówka (Café)
aleja Adama Mickiewicza 21B

Kleparz

Mandu (Restaurant)
ulica Ignacego Paderewskiego 6

Muzeum Obwarzanka (Museum)
ulica Ignacego Paderewskiego 4
muzeumobwarzanka.com

Zielone Tarasy (Restaurant)
aleja Juliusza Słowackiego 64
zielone-tarasy.eu

Wesoła, Stradom

Muzeum Stanisława Wyspiańskiego (Museum)
plac Generała Władysława Sikorskiego 6
mnk.pl/oddzial/muzeum-stanislawa-wyspianskiego

Muzeum Witrażu (Museum)
aleja Zygmunta Krasińskiego 23
muzeumwitrazu.pl

Azory

Marlin (Fischbraterei)
ulica Krowoderskich Zuchów 21A
rybymarlinkrakow.pl

Stacja Cucina (Restaurant)
ulica Józefa Wybickiego 54
stacjacucina.pl

Bronowice

Rydlówka (Museum)
ulica Włodzimierza Tetmajera 28
muzeumkrakowa.pl/oddzialy/rydlowka

Rakowice, Czyżyny

Kwadrat (Klub)
ulica Stanisława Skarżyńskiego 1
klubkwadrat.pl

Muzeum Lotnictwa (Museum)
aleja Jana Pawła II 39
muzeumlotnictwa.pl

Dębniki

Abecadło (Antiquariat)
ulica Tadeusza Kościuszki 18
abecadlo.org

Królowa Przedmieścia (Café)
ulica Barska 39
queen.coffee

Podgórze

Forum Przestrenie
(Café, Restaurant, Klub)
ulica Marii Konopnickiej 28
forumprzestrzenie.com

Olio (Restaurant)
ulica Nadwiślańska 7

Piekarnia Pizzy (Zum Mitnehmen)
ulica Wadowicka 1
piekarniapizzy.pl

Pizzeria 00 (Restaurant)
ulica Kalwaryjska 32
pizzeria00.pl

Nowa Huta

Nowohuckie Centrum Kultury NCK (Museum, Kulturzentrum)
aleja Jana Pawła II 232
nck.krakow.pl

Zgody 7 (Café, Buchhandlung)
Osiedle Zgody 7

Krakau abseits des Tageslichts

Frania (Café, Waschsalon)
ulica Stradomska 19
franiacafe.pl

Kiełbaski z niebieskiej Nyski
(Würstelstand)
ulica Grzegórzecka 3

Piękny Pies (Bar, Klub)
plac Wolnica 9

William Rabbit & Co.
(Cocktailbar)
ulica Bożego Ciała 12
williamrabbit.pl

Literatur

Augustynowicz, Christoph: Kleine Kulturgeschichte Polens. Vom Mittelalter bis zum 21. Jahrhundert. Promedia Verlag (2017).

Boy-Żeleński, Tadeusz: Erinnerungen an das Labyrinth. Krakau um die Jahrhundertwende. Kiepenheuer Verlag (1979).

Dedecius, Karl (Hg.): Bube, Dame, König. Geschichten und Gedichte aus Polen. Suhrkamp Verlag (1990).

Gnauck, Gerhard: Polen verstehen. Geschichte, Politik, Gesellschaft. Klett-Cotta Verlag (2018).

Jadczak, Szymon: Wisła w ogniu. Jak bandyci ukradli Wisłę Kraków. Wydawnictwo Otwarte (2019).

Kijowska, Marta: Was ist mit den Polen los? Porträt einer widersprüchlichen Nation. Deutscher Taschenbuch Verlag (2018).

Kijowska, Marta: Krakau. Spaziergang durch eine Dichterstadt. Deutscher Taschenbuch Verlag (2005).

Kłańska, Maria (Hg.): Jüdisches Städtebild Krakau. Jüdischer Verlag im Suhrkamp Verlag (1994).

Lebow, Katherine: Unfinished Utopia. Nowa Huta, Stalinism, and Polish Society, 1949–56. Cornell University Press (2013).

Leśnicki, Zbigniew: Kraków. Historie, anegdoty i plotki. Wydawnictwo WAM (2015).

Pawlikowska-Jasnorzewska, Maria. Wydawnictwo Czytelnik (1964).

Schraml, Lena: 111 Orte in Krakau, die man gesehen haben muss. Emons Verlag (2021).

Schulz, Bruno: Die Zimtläden. Deutscher Taschenbuch Verlag (2009).

Seltmann, Uwe von: Es brennt. Mordechai Gebirtig, Vater des jiddischen Liedes. Homunculus Verlag (2018).

Trakl, Georg: Dichtungen und Briefe. Otto Müller Verlag (2020).

Wilczyk, Wojciech: (nie)widzialne. (in)visible. Muzeum Historii Żydów Polskich POLIN (2015).

Wyspiański, Stanisław: Die Hochzeit. Reclam Verlag (1977).

Zagajewski, Adam: Ich schwebe über Krakau. Erinnerungsbilder. Hanser Verlag (2000).

Danksagung

Das Verfassen dieses Buches war für mich wie eine lange Reise. Nun, am Ende stehend, bleibt mir nur mehr die Gelegenheit, Danke zu sagen.

Zuallererst bedanke ich mich ganz inniglich bei der wichtigsten Person in meinem Leben, die mich stets mit Zuspruch und Tatkraft unterstützt. Ohne die Idee, über meine Herzensstadt zu schreiben, hätte ich dich nicht getroffen, und ich bin froh, dass du das Buch vom ersten Moment an voller Inbrunst begleitet hast. Dziękuję bardzo.

Ich danke meiner Familie und meinen Freundinnen und Freunden für ihre Präsenz, ihre Hilfe und ihr Verständnis. Allen, denen ich in Krakau begegnen durfte und die auf ihre Weise Anteil an diesem Buch nehmen, danke ich ebenfalls.

Abschließend gebührt mein tiefster Dank dem Braumüller Verlag für das Vertrauen sowie die unendliche Geduld. Ich kann mich glücklich schätzen, gemeinsam mit so engagierten und lieben Menschen dieses wundervolle Buch in die Welt gesetzt zu haben.

Bibliografische Information der Deutschen Nationalbibliothek
Die Deutsche Nationalbibliothek verzeichnet diese Publikation in der Deutschen Nationalbibliografie – detaillierte bibliografische Daten sind im Internet über http://dnb.d-nb.de abrufbar.

1. Auflage 2022

Servitengasse 5, A-1090 Wien
www.braumueller.at

Lektorat: Anita Luttenberger
Satz: Ines Flattinger
Umschlagfoto: © Zygmunt Put/Wikimedia Commons (CC BY-SA 4.0)
Abbildungen: © Kevin Mitrega; andere Bezugsquellen: S. 8–9: Karte basierend auf Wikimedia Commons (public domain); S. 14–15, 53, 54, 56–57, 79, 95, 99, 108, 141, 216–217, 277: © Anita Luttenberger; S. 21: Narodowe Archiwum Cyfrowe (public domain); S. 158: © Zygmunt Put/Wikimedia Commons (CC BY-SA 4.0), S. 252: Piotr Cholewa/Wikimedia Commons (CC BY-SA 3.0)
Sämtliche Literaturzitate im Text, auch in Form einer Übersetzung, beziehen sich auf Werke, die in der Literaturliste genannt werden. Davon ausgenommen sind Erstübersetzungen von Kevin Mitrega auf den S. 58, 89 und 227.

Druck: FINIDR, s.r.o., Lípová 1965, 737 01 Český Těšín
ISBN 978-3-99100-327-4